質性研究
設計與施作指南

Sharan B. Merriam
Elizabeth J. Tisdell 著

邱炳坤　　總校閱

邱炳坤　　李俊杰　　李欣霓
黃美珍　　楊宗文　　陳子軒
李建興　　陶以哲　　楊啟文
高麗娟　　姜敏君　　顏伽如　　譯

五南圖書出版公司 印行

Qualitative Research

A Guide to Design and Implementation

Implementation

(Fourth Edition)

Sharan B. Merriam

Elizabeth J. Tisdell

前　言

　　質性研究是成熟的研究領域，有獨立的文獻資料庫、研究期刊、專業團體和定期的研討會議。事實上，對任何一個人來説，保持現狀是一項艱鉅的任務。Van Maanen（2011）幽默地描述了試圖「跟上」民族誌的發展，只是質性研究的一種：

　　　民族誌的研究領域包括不斷出版的權威專著、詳盡文獻、方法手冊、概念和理論百科全書、綜合批判展示、主題選集、重量級手冊、已出版或準出版的出版物、學術會議的正式發表和文件、線上出版品、部落格、專題聊天室、留言板、論壇及社交網站等。獨立研究者能否跟上腳步，主要在於他能不能掌握潛在大量且相關的資料，才不至於被壓的喘不過氣。每年都有新的理論、新的問題、新的主題、新的概念，和對於先前研究新的批判。似乎最好的作法是選擇性地追求和培養一個不可避免的比例之潛在相關的工作，以一種方式，並採取對其餘資料良性忽視的態度（頁146）。

　　雖然進行質性研究的資源正在迅速成長中，然而設計和應用質性研究指南的價值則保持不變。《質性研究：設計與施作指南》解釋了質性研究對於新手和有經驗的研究人員，是一個易於實施的途徑。

　　本質上，它是一個實用的指南，而不僅僅是進行質性研究的「食譜」；讀者也能夠了解研究典範的理論和哲學基礎。這一版的《質性研究：設計與施作指南》呈現思考和理解質性研究的最新進展。在1988年本書出版的時候，它主要著重在個案研究；而1998年的再版則主要重點在於質性研究，對於個案研究則放在第二位。2009年第三版進一步減少了對質性個案研究的關注。第四版的重點主要是詮釋／建構主義的質性研究，其中質性個案研究是一種常見的設計，以及我們所謂的「基本」質性

研究、民族誌、紮根理論、敘事探究和現象學質性研究。事實上，我們保留並更新了關於質性研究「類型」的章節，因為從我們的教學和研討會的經驗中，對於質性研究新手的研究者們，這些方法之間的差異並不容易搞清楚。因此，有一專章說明與區分常見類型，以利探索其重疊性。

第四版《質性研究：設計與施作指南》還有兩個實質性的變化。首先，我們增加研究設計新的章節，其中質性方法與其他定量和/或原創性研究的方法被大量使用。本章回顧了混合方法、行動研究、批判性研究和藝術基礎研究。本版本的第二個實質性變化是更多地關注科技如何應用到研究流程中，例如：線上資料來源和質性資料分析軟體應用。

本書持續定位於實務領域之中。我們主辦的研討會和課程的參與者有來自護理、社工、管理、健康、行政、諮詢、宗教、商業、古生物學和人力資源開發等，以及教育的次領域。雖然我們的實務領域是成人教育，因此有很多案例是從教育和成人教育發展出來，我們亦努力發掘各實務領域的案例。當然，這些領域的質性研究設計和實施方式是相同的。

本書的另一個特徵是它的實用性與實務取向，其中進行質性研究的機制以簡單、直接的方式呈現。質性研究設計、蒐集和分析資料以及撰寫研究報告，都是符合邏輯呈現的主題，有助於新研究者在研究過程中獲得引導。自第三版以來出版後的近十年，我們獲得的額外資源，包含我們自己的研究、指導的質性研究論文，特別是Sharan在南非、新加坡、馬來西亞和韓國的質性研究方法的認證課程，這些都對於章節的修訂大有助益。從這些實務研討會中，獲得有助於學習者理解和進行質性研究的技術、資源和策略。因此，對於這第四版，我們利用最近的文獻以及質性研究的經驗，使這本書的目標讀者包含實務領域的工作者和研究生，他們對於如何設計和進行質性研究有基本的了解。

▶ 內容概述

本書的內文組織架構反映出處理質性研究調查的過程。第一部分包含四個章節：第一章是質性研究的本質、第二章涵蓋質性研究的類型、第三章則呈現質性研究主要方法的設計、第四章解釋質性研究建立的步驟，包

括定義知識基礎範圍、透過文獻建構問題與選擇樣本。第二部分包含三個章節,詳細介紹資料蒐集技術。第三部分有三個章節,針對資料分析,處理可信賴程度和研究倫理相關問題,並且完成報告。同時在附錄中將質性研究方法以範本式呈現,讓研究生更容易完成質性研究論文。

第一章介紹質性研究的定位、特點以及討論其在社會學與人類學中的研究傳統,同時簡述較早的質性研究的貢獻與發展。接下來的章節回顧了質性研究的哲學/認識論基礎,因為它與實證主義(或量化研究)、批判性和後現代研究傳統形成對比。從其哲學基礎、本章定義,然後介紹質性研究的特點。最後對進行質性研究者所需的特徵和技能進行討論。

作者已經將各種類型的質性研究組織成各種傳統或途徑。第二章綜述實務領域常見的六種質性研究類型。第一種類型是「基本」質性研究,這是迄今為止在教育領域最常見的質性研究類型。它也在其他實務領域中應用,其他關於質性研究的文本若無法詮釋事實,所進行的質性研究並非特定類型(例如:現象學研究、敘說探究等)則可歸類於此。其他類型的質性研究具有基本類型的特徵,但仍保有額外的思維。本章中討論的其他類型及其獨特特徵是現象學、紮根理論、民族誌、敘事分析和質性個案研究。

第三章介紹最近和常見類型的研究,它們是由主要的質性研究方法組成,並且協助過去十年來擴展質性研究的典範。這些包括利用質性和量化整合方法、行動研究、批判研究和藝術為基礎的研究(arts based research, ABR)的混合方法設計。行動研究旨在解決實務中的問題,並在研究過程期待事件的發生;批判研究則專門用於挑戰權力關係;藝術為基礎的方法,則是將一種或多種形式的藝術結合到資料蒐集和分析過程中。在這些類型的研究中可能有一些重疊,例如:藝術為基礎的研究方法可以納入行動研究、批判性研究或其他類型的研究。

先前研究和理論的知識,可以協助研究者聚焦於感興趣的問題,並選擇與問題最相關的分析方式。第四章解釋理論架構,並展示如何審查相關文獻不僅有助於確定研究的理論架構,同時形塑問題陳述。問題陳述闡述了研究的邏輯和目的,對於樣本選擇、資料蒐集和分析的決策至關重要。

資料蒐集技術在第二部分的第五、六、七章呈現,將三個在質性研究

過程中蒐集資料的主要方法加以討論。第五章討論訪談的架構，包括從預先決定訪談的問題到沒有前提的自由訪談。成功的訪談取決於受訪者與採訪者之良好互動，與採訪者能否提出好問題的技巧。本章也提到要如何記錄和評價訪談的資料。

　　觀察不同於訪談，因為研究人員能獲取第一手關心現象的敘述而不是倚賴其他人的詮釋。第六章討論什麼是觀察，觀察與被觀察者間的互相依存關係，和怎麼在研究場域中記錄觀察。第七章提及第三個主要質性研究資料來源：文件與人工製品。文件資料被寬廣地定義，包括書寫記錄、物理蹤跡和視覺圖像。雖然有一些資料可能應調查者的要求而被發展，然大多數的資料是獨立地產生，提供有價值的資源並經由訪談和觀察確認與理解。第七章包含不同類型資料在質性研究過程中的使用，以及他們作為資料來源的優點和限制。

　　很多關於質性研究的文章，對方法學和資料蒐集理論比對管理和資料分析，付出更多的空間討論。然而，我們在多年的教學和進行質性研究的經驗中發現，整個過程中最困難的部分是分析質性資料。我們也堅信，要學習如何進行分析、實際從事分析，使用自己的資料是無可替代。然而，在第八章中，我們試圖盡可能詳細地討論如何分析質性資料。強調在蒐集資料時分析資料的重要性，還包括研究早期資料蒐集期間的建議。管理質性研究中典型的大量資料，是本章討論的另一個主題。本章的核心提出歸納分析策略，用於構建成為研究結果的類別或主題。本章還包括對電腦軟體在質性資料分析中進行討論。本章的最後一節，回顧了第二章中討論的質性研究類型的資料分析策略（如現象學和敘事性探究）。

　　所有研究人員都關心寫出具有效和可靠性的發現。第九章探討在質性研究過程中有效和可靠性的問題。尤其，內部的有效、可靠性和外部的有效皆被討論，並且提供策略以處理這些問題。同時關心研究人員是怎樣在符合研究倫理之下實施可被信賴的研究工作。第九章討論研究倫理的部分，並對於在質性研究過程中可能出現的倫理兩難問題特別注意。

　　許多教育工作者已經能夠設計研究、蒐集相關資料，甚至分析資料，但卻無法完成最後重要步驟——完成寫作工作。如果沒有這步驟，研究很難有機會對教育有貢獻或對實務工作產生影響。第十章係協助質性研

究人員藉由書寫調查研究報告而完成研究過程。本章的上半部提供對於組織寫作過程的建議——確定研究報告的讀者、選定主題，並且略述全文。本章的其餘部分將重點討論報告的內容——其組成部分以及配置，如何在描述和分析之間實現良好平衡，以及如何傳播研究結果。

　　最後，附錄中提供研究生和研究者研究指引的範本，希望在質性研究的方法論章節或建議中提供一些指引。該範本是研究方法的大綱，解釋了每個部分必須的內容。這個大綱也能夠應用在申請研究計畫中方法學部分中呈現。

▶ 致謝

　　我要感謝對於此次第四版改版所做出貢獻的所有人。首先，第三版的三位審稿人為更新與重組第四版提供了非常實用的建議。我們還要感謝世界各地質性研討會的參與者，他們提出了非常好的問題，並且開展小型先驅研究，所有這些活動都是能夠強化思想和導引。

　　我們還要特別感謝我們的博士生們，雖然他們已經修習了許多質性研究課程，但足以挑戰我們，以改善我們的指導和提供建議。事實上他們的學習過程，我們已經從他們的論文中獲得證實。

　　最後，非常特別的感謝Anne Greenawalt，賓州州立大學成人教育計畫的博士生，透過她的廣泛研究、技術和整理使手稿能夠順利出版。

Sharan B. Merriam
Athens, Georgia

Elizabeth J. Tisdell
Harrisburg, Pennsylvania

作者簡介

Sharan B. Merriam是喬治亞州雅典市喬治亞大學成人繼續教育的教授，她的職責包括教授成人教育研究所的課程和質性研究的方法，與指導研究生的研究工作。她在1965年取得Drew大學的英國文學學士學位；1971年取得俄亥俄大學的英語教育碩士學位；1978年取得Rutgers大學的成人教育博士學位。在任教於喬治亞大學之前，她曾在北伊利諾大學和維吉尼亞理工學院暨州立大學（Virginia Polytechnic Institute and State University）擔任教職。

Merriam的主要研究和寫作重點集中在成人教育、成人發展和學習，以及質性研究方法。她曾擔任北美成人教育研究年會的指導委員，並主持每年在喬治亞大學之教育研討會質性研究會議和擔任成人教育教授委員會之委員。她是美國成人繼續教育協會和美國教育研究協會中的一名活躍的成員。她過去曾擔任五年《成人教育季刊》（*Adult Education Quarterly*）的共同編輯者，該季刊是成人教育方面的主要研究和理論刊物。她同時也是《成人教育與終生學習之專業實務》（*Professional Practices in Adult Education and Lifelong Learning*）系列書籍的共同編輯者。她有四本有關成人教育的著作榮獲 Cyril O. Houle World Award。她有多本著作被翻譯成中文、韓文、日文與法文出版。近期著作包含與 Patricia Cranton合著的《成人教育者與訓練者研究指南》（*A Guide to Research for Educators and Trainers of Adults*, 2015）、與Laura Bierema 合著的《成人學習》（*Adult Learning*, 2014）、與Rosemary Caffarella 和Lisa Baumgartner合著的《成人學習》（*Learning in Adulthood*, third edition, 2007）、《非西方觀點的學習與領會》（*Non-Western Perspectives on Learning and Knowing*, 2007），以及第三版的《成人學習理論》（*Adult Learning Theory*, 2008）。

基於Merriam對於成人教育領域的廣泛貢獻，她被選入國際成人與終生教育名人堂，同時她也是第一位榮獲美國成人與終生教育協會終生成就

獎的榮譽。她經常前往北美與海外指導成人教育及質性研究的工作坊和研討會，其足跡遍及巴西、非洲南部、東南亞、中東與歐洲。1988年她榮獲傅爾布萊特獎助前往馬來西亞進行國際學術交流研究，同時也以訪問學者的身分前往韓國與南非的大學。

　　Elizabeth J. Tisdell是賓州州立大學哈里斯堡成人教育教授和成人教育研究所的教授，也是研究生課程主任。她的教學職責包括研究生課程中的成人教育、精神和文化在健康和醫療的專業以及質性研究法。她還指導研究生進行研究。

　　Tisdell 在1977年於緬因大學獲得數學學士學位，1979年獲得福特漢姆大學（Fordham University）宗教學碩士學位，1992年在喬治亞大學（University of Georgia）獲得成人教育博士學位。在成為賓州州立大學教師之前，她是芝加哥國立路易斯大學（National-Louis University in Chicago）成人和繼續教育副教授，在西雅圖安提阿大學（Antioch University）教書。她於1979年至1989年在中央密歇根大學（Central Michigan University）和洛約拉大學－新奧爾良（Loyola University– New Orleans）擔任天主教會的校園部長。

　　Tisdell 的主要研究和寫作集中在成人和高等教育的精神和文化方面、成人教育和醫學教育中的多樣性問題，以及質性研究方法。她是《探索成人和高等教育中的靈性與文化》（*Exploring Spirituality and Culture in Adult and Higher Education*, Jossey-Bass, 2003）的作者。她同時也有許多學術著作出版在相關期刊和編輯的書籍中。Tisdell 曾在北美成人教育研究年會擔任指導委員，並且擔任2012年至2014年成人教育委員會的主席。2006年至2011年擔任《成人教育季刊》（*Adult Education Quarterly*）的共同編輯者。Tisdell喜歡探索心靈，透過瑜伽、音樂和藝術體現在實務之中，以及探索自然中的智慧與智慧的本質。

目　錄

質性研究的設計

　　教育、健康、社會工作、管理和其他有關社會活動被視為是應用社會科學的領域，或是潛在的研究人員已經透過其個人經驗，存在於個人的日常生活當中，並且嘗試解決相關問題。有興趣去知道更多的領域，去改進教育實務所引導出詢問研究性的問題，其中有一些問題的最佳途徑就是經由質性研究設計。實際上，我相信研究集中在觀點的探索、洞察力和理解力，以提供知識和教育實務為人類生活做出偉大而顯著貢獻的承諾。

　　當進行系統性實務探討時，也就是進行研究時，將涉及理解能使這項研究相符的哲學基礎。你應該評估是否有一個好的設計，使研究符合你的世界觀、人格和技能。而理解不同類型研究的哲學思維是相當重要，如此才能夠在設計與操作之間抉擇並且成為設計選擇範圍內有利的條件。這本書第一部分，為這類研究提供概念性的基礎，並提供一些在處理質性研究過程中，你將要做出的選擇和決定。

　　質性、詮釋或是自然的研究範例，是最適於定義蒐集與分析資料的方法和技術。質性調查是聚焦於脈絡中的意義，因此在蒐集資料的方法或工具必須要能夠對於詮釋資料有敏感度。人類可以說是最適合於做這項任務，特別是因為訪談、觀察和分析是質性研究的重點活動。第一章在發掘質性研究的基礎，定義調查方式與確立質性研究基本特質。

　　當所有質性研究都持有許多共同的假設和特質時，它在不同的學門基礎上仍各有不同，主要在於訓練基礎方面的變化，研究如何被設計、研究的目的如何被設定，以及研究內容為何等。因此，聚焦於文化的質性民族誌研究，將與敘事生活史研究或者是實質性的理論研究有所區別。第二章在區分六種常見的質性研究方法於研究領域當中。

　　隨著質性研究領域繼續發展和擴大，我們認為有回顧質性研究設計與

其他研究方向的章節將更有用處。第三章綜述了混合方法、行動研究、批判性和藝術性為基礎的研究。

其他考量則是有關於確認理論架構，以形塑研究的整體架構或是研究的基礎。檢閱回顧相關文獻，或在文獻中檢視先前思想和研究，有助於啟發你的架構，同時也能形成真實的問題陳述和研究的目的。另外，你如何選擇你的樣本，與你所問的問題和你如何建構研究問題有直接的關聯。這些考慮的方向將在第四章中舉例說明。

第一部分的四個章節設計成讓你不只熟悉質性研究的本質與質性研究共同類型，同時也協助建構你的問題或興趣，界定你研究的問題與選擇樣本。第一部分為隨後章節，著重於資料蒐集和資料分析預做準備。

第一章

什麼是質性研究？

　　這本書是談論質性研究，然而質性研究究竟為何呢？要如何進行質性研究呢？在我們進入質性研究之前，讓我們先定義我們認定的「研究」是什麼。研究的定義有許多，然而共同的觀點是以系統性所進行的詢問與調查為主。在日常生活當中，我們常提到「做研究」則是為了進行決策或是要決定某件事情。例如：當要購買新車時，你將會進行研究，包含研讀消費者報導及數個汽車網站以比較價錢、品質消費者滿意度、安全性及其他因素。所有這些「研究」再加上車輛試乘，將讓你做出決定。

　　身為對於研究有更多期待的讀者，以下的文字將讓你更能找到解答。研究通常被歸類為基礎研究與應用研究。基礎研究是基於對知識興趣的現象以及期待知識的擴展為目標。雖然基礎研究最終能夠提供實務應用，但是其主要目的在於更加了解現象。高爾（Al Gore）在其得獎電影《不願面對的真相》（*An Inconvenient Truth*）中提供許多基礎研究資料，例如：北極冰帽融冰速率，以作為全球暖化的證據。這些基礎研究也絕對會影響人們對於阻止全球暖化的作為。

　　應用研究則在於促進某特定領域的實務品質。應用社會科學研究者通常與基礎研究者有不同的對話族群。他們期待自己的研究工作能夠被管理者或政策決策者所採用，以改善處理模式。例如：公共衛生研究者也許透過研究了解到更健康的學校午餐計畫能夠改善學童的肥胖問題。這樣的研究成果能夠告知立法者修訂政策，而學校的體重控制人員與行政管理人員也能夠應用此一政策。

　　應用研究有許多類型，評估研究是在社會領域中所常見。而評估與研究兩者皆為系統調查的形式，而其不同點在於詢問的問題，而非使用的研究方法。評估研究主要對於計畫、過程或技術蒐集有價值、或有意義的資

料或證據。其主要的目的是建立決策基礎，「對於計畫做出判斷、改善計畫效能及通知未來計畫決定之進行」（Patton, 2015，頁18）。其他共同的應用研究形式為行動研究與欣賞探究，兩者皆聚焦在促進創新。行動研究著重於特定問題上以實務為基礎的場域，例如：教室、工作場所、計畫或是一個組織（Herr & Anderson, 2015）。相對地，欣賞探究則在於組織環境的應用上，有任何正面與欣賞的故事可以述說，以促進組織效能與創新，而非聚焦於問題（Cooperrider, Whitney, & Stavros, 2008）。

　　這兩種研究通常涉及研究過程的參與者，因此模糊了改變程序和研究之間的界線。此外，雖然一些研究培訓是有幫助的，但行動研究和欣賞探究通常由對該研究有興趣的研究者來進行其工作、社區或家庭之創新。他們在記錄嘗試新的策略或創新時，決定「實驗」的情況。通常，參與者會隨時間推移實施許多介入或策略。同時不斷記錄結果和展開的過程，明確地找到最有效的解決實務基礎問題（行動研究）的過程；或當組織關注於成員之間分享積極正面的故事（欣賞探究）時出現的創新。

　　從廣泛的角度來看，研究是一個系統性的過程，它讓我們更能夠通透事理。而我們也能夠在這個過程中充實知識領域（純研究）、改善特定領域的實務（應用研究）、評估事物的價值（評估研究），或是解決特定或局部的問題（行動研究）。

質性研究的特性

　　多數人都能夠了解實驗或是問卷調查的進行當進行減重實驗為例時，將受試者分為三組：一組僅僅實施節食、一組同時實施節食與運動、另一組除了節食與運動之外，再加上使用食慾抑制劑。而這個隨機分配的實驗主要是了解哪一種「處理方式」最為有效。大家對於問卷調查也很熟悉，當我前往購物中心時，常常被要求填答問卷，以了解我們使用何種產品、觀賞過哪些電影等。問卷調查會描述「什麼」，也就是在人口統計或是現象中所呈現的分布情況。例如：我們對於哪些人喜愛哪些電視節目，以及他們的年齡層、種族、性別、教育程度和職業。

　　這些實驗設計有許多的變項，但是基本上實驗取逕試圖確認事件的成

因與預測未來相似事件的發生。問卷調查或描述性設計是著眼於系統性描述既成的事實與特徵，或是事件與現象之間的關係。有時候這些設計是分組或是以「量化」方式呈現，主要是因為關注的結果為數字的型態。

除了要確認因果關係、預測或描述某些屬性在人口統計變項的分布，我們可能更有興趣揭示涉及現象的意義。質性研究人員通常有興趣了解人們如何詮釋他們的經驗、他們如何構建他們的世界，以及他們的經驗的意義。例如：研究退休的成年人除了透過問卷調查來完成，以了解在退休後從事兼職工作的百分比和特徵。我們可以更關心人們如何適應退休，他們如何思考關於這一階段的生活、他們從全職工作轉換到退休期間所從事的過程等。這個理解他們退休過程的經驗，視為質性研究設計。雖然Braun和Clarke（2013）在質性和量化研究之間的區別有點簡化，他們提到：「質性研究的最基本的定義是它使用**文字作為資料**……蒐集和分析的方式。相反地，量化研究使用數字作為資料，並使用統計技術加以分析」（頁3-4，原文強調）。

質性研究從何而來？

數十年前當所謂的「質性研究」或「質性調查」為人們所接受前，人類學家和社會學家就提出欲了解關於人們的生活、他們居住的社會和文化背景、他們理解他們的世界之方式等問題。人類學家和社會學家進入非洲村莊還是美國城市的「田野」，去觀察發生了什麼事，採訪了這些環境中的人們，並蒐集和分析與理解相關的文物、個人和公共文件，以了解他們正在學習與鑽研的事物。

這些研究的書面記錄在性質上是質性的。Bogdan和Biklen（2011）指出，1920年代和1930年代的芝加哥社會學家強調了「社會背景和傳記的交集」是植基於「當代描述根源的質性研究**整體論**」（頁9）。

此外，特別是在芝加哥學派社會學家所寫的生活史中，強調了從那些很少被聽見的觀點，如犯罪者、流浪者和移民的角度都是強調的重點。雖然不使用這個短語，他們知道他們是在為社會邊緣

人的觀點發出「**聲音**」（頁10）。

　　除了人類學家和社會學家的工作之外，在教育、法律、諮商、健康和社會工作等專業領域的工作者，經常對理解特定情況的現象感到興趣。例如：皮亞傑（Piaget）透過研究他自己的兩個孩子，而發展出認知發展理論。調查性新聞，甚至人文科學和藝術也總是對描繪人們在特定社會環境中的經驗感興趣。

　　關於我們現在稱之為質性研究的發展，有兩本重要的二十世紀中期出版著作必須要提到。1967年社會學家Barney Glaser和Anselm Strauss發表了《探索紮根理論：質性研究的策略》（*The Discovery of Grounded Theory: Strategies for Qualitative Research*）一書。這本書不僅測試理論，而且透過**歸納**分析社會現象來建立理論。這本書為類似研究提供了理論架構和實踐策略。這本書以及後來Strauss和他的同事的工作，繼續定義和影響我們對質性研究的理解。

　　我們在定義質性研究中，第二本重要的著作是Egon Guba在1978年所出版的《在教育評量中的自然調查方法論》（*Toward a Methodology of Naturalistic Inquiry in Educational Evaluation*）專著。研究是「**自然**」的，因為它發生在一個真實世界的場域而不是實驗室，任何被觀察和研究允許「**自然**」的發生。在自然調查中，研究者不控制或操縱其研究。它也是發現導向的研究，其中的發現沒有預先設定結果。

　　1970年代末和1980年代初期，越來越多的出版物有助於調查研究的理解（參見Bogdan & Taylor, 1975; Guba & Lincoln, 1981; Patton, 1978, 1981）。人類學和社會學等傳統學科以外，有更多領域的研究人員開始採用質性方法，例如：教育、衛生、行政管理、社工等。特定領域的期刊開始出版質性研究，並建立數個專門的質性研究期刊。

　　如今有數百本關於質性研究各方面的書籍，也有許多關於質性研究的期刊和定期舉行研討會。事實上，根據研究的目的和理論取向，現在有許多可供選擇的調查和分析方法的範例和策略（Lincoln, Lynham, & Guba, 2011）。雖然對於從事質性研究的研究人員，提供豐富多樣的選擇肯定是一個好消息，但是要將所有資料全部理解，對於新手和有經驗的研究人

員來說仍然是一項艱鉅的任務！

✎ 哲學觀點

在上一節我們介紹當今所謂的質性研究出現的梗概。要了解這種類型研究的本質，也可透過其哲學基礎得知。可惜的是，幾乎沒有作者對於質性研究有一致性的觀點。有些人談論傳統和理論基礎（Bogdan & Biklen, 2011）、理論傳統和方向（Patton, 2015）、典範與觀點（Denzin & Lincoln, 2011）、哲學假設和詮釋架構（Creswell, 2013）或認識論和理論觀點（Crotty, 1998）。在真正的質性研究形式中，每個作者以他或她自己的方式理解潛在的哲學影響，在本節中我將分享我的理解。

首先，在所有形式的研究當中，有助於以哲學觀點來定位質性研究。這樣的定位涉及人們相信現實的本質（也稱為本體論）和知識的本質（認識論）。大多數關於質性研究的文本涉及哲學基礎，而這就是與其他研究類型相異之處（Creswell, 2013; Denzin & Lincoln, 2011; Patton, 2015）。Prasad（2005）對於詮釋、批判和「後」（如後現代主義、後結構主義和後殖民主義）傳統的討論，Carr和Kemmis（1995）與Lather（1992, 2006）提出的類型學是有幫助的。 Carr和 Kemmis在三種形式的研究——實證主義、詮釋和批判中做出區分。而Lather對於類型學，則添加後結構和後現代思維。

實證主義導向假設真實在某處（out there），它是可被觀察、穩定和可測量的。透過對這一現實的研究獲得的知識被標記為「科學」，並且包括所建立的「規範」。實驗研究採取實證主義的立場，這種強烈的觀點也逐漸接受邏輯經驗主義和後實證主義。後實證主義體認到知識是相對而不是絕對的，但「使用經驗證據，來區分似是而非之處是可能的」（Patton, 2015，頁106）。

詮釋性研究是最常見的質性研究類型，假設真實是社會所建構的；也就是說沒有單一的，可觀察的真實存在；相反地是單一事件多樣的真實或詮釋。研究人員不「尋找」知識，而是他們構建它。建構主義一詞通常與詮釋主義互換使用。Creswell（2013）解釋說：

在這個世界觀中，個人尋求對他們生活和工作世界的理解。他們
發展他們經驗的主觀意義……這些意義是因人而異且是多種多樣
的，引導研究者尋找不同觀點的複雜性……通常這些主觀意義在
社會和歷史上談判。換句話說，它們不是簡單地印記在個人上，
但卻是透過與他人的互動（因此社會建構主義）和透過在個人生
活中運作的歷史和文化規範而形成（頁24-25）。

　　除了社會建構論影響了闡釋研究或質性研究之外，現象學和符號互
動論也有重要貢獻。哲學家埃德蒙・胡塞爾（Edmund Husserl）和阿爾弗
雷德・舒茨（Alfred Schutz）在二十世紀初提出了現象學以作為社會科學
的主要方向。Patton（2015）解釋，「通過現象學胡塞爾（1913）意味著
研究是人們透過他們的感覺，進行描述事物和體驗的學問。其最基本的哲
學假設是，我們只能透過了解喚醒我們意識的感知與意義，**才能知道我們
所經歷的一切**」（頁116）。一個人的經驗包括經驗的詮釋方式，然而在
詮釋之外並沒有「客觀」的存在。符號互動論最常與喬治・赫伯特・米德
（George Herbert Mead）提起，他也著重於意義和詮釋，特別是人們透
過他們的互動創造和共享的所有。「符號互動論對於質性探究的重要性，
在於它明顯強調符號的重要性，以及將交互作為理解人類行為基礎的詮釋
過程」（Patton, 2015，頁134）。
　　批判性研究超越了發掘人們對他們世界理解的詮釋，批判性研究根源
於幾種傳統方式與整合最新的研究方法。早期影響包括馬克思（Marx）
對社會經濟條件和階級結構的分析；哈伯馬斯（Habermas）關於技術、
實踐和解放知識的概念；以及佛雷勒（Freire）的轉型和解放教育。批判
性研究的一個基本假設是，「所有的思想都是由歷史和社會建構的權力關
係所調解的」，並且「探究渴望命名為『批判』必須與企圖面對特定社會
的不公正有關」（Kincheloe, McLaren, & Steinberg, 2011，頁164）。今
日批判性研究借鏡了女性主義理論、批判種族理論、後殖民理論、酷兒理
論及批判民族誌等理論。在批判性探究中，目的是批判和挑戰、轉型和培
力。Crotty（1998，頁113）寫道「這只是一種旨在理解的研究和挑戰研
究之間的對比……是存在於了解互動和社區關係的研究與看見衝突和壓迫

的研究之間……在接受現狀的研究和尋求實現變革的研究之間。」參與批判性研究者從權力著手，以了解誰擁有權力、如何談判、社會中什麼結構加強當前的權力分配等問題。

　　第四個方向是Lather（1992, 2006）的後結構主義或後現代主義的架構。後現代觀點的研究與前面討論的三種形式有相當的差異，對這些「後」方法論有許多不同和細緻的討論（Lather & St. Pierre, 2013）。然而，它正在影響我們對於詮釋質性研究和批判性研究的思考。後現代世界是現代世界的理性、科學方法和確定性不再存在的世界。根據後現代主義者的觀點，詮釋世界上事物的方式只不過是迷失或是長篇大論而已。沒有單一或唯一的「真實」；相反地，是有多重或多樣的「真實」存在。後現代主義者在人、思想和機構中存在著多樣性。透過接受多樣性和世界的差異性，沒有一個元素比另一個元素特別重要或是特別強勢。秉持此一觀點，後現代研究是高度實驗性、活潑和創造性的，同時也沒有兩個後現代研究是相同的。Grbich（2013）指出，「大多數形式的質性研究現在都有一個確定的後現代立場，例如：民族誌、紮根理論、行動研究、評價研究、現象學和女性主義研究。後現代主義傾向於描述性的和個人詮釋的迷你敘事，它為特定背景下的小規模情境提供了解釋，沒有涉及抽象理論、普遍性或概括性的前提」（頁8）。這種觀點有時結合女性主義、批判理論和酷兒理論。

　　在表1.1中，總結了這四個研究觀點。在表格的上方是剛剛討論的四個觀點：實證主義／後實證主義者、詮釋／建構主義、批判和後現代／後結構。從每個研究觀點都考量研究的**目的**、研究**類型**以及每個觀點看待的**真實**。這個摘要表並不意味著要來解釋與嚴格區分這些觀點的不同——事實上在實際研究設計和方向上常常存在著重疊之處，例如：在「批判民族誌」和「後結構女性主義研究」中，該表格有助於釐清研究的假設。Lather（2006）讓她的學生「玩」這些類別——問說「如果這個研究範例是一個人格障礙……或一種運動……或一杯飲料」（頁36），它可能是什麼樣子或被稱為什麼呢——以此來幫助他們了解另一個層面上的差異。例如：對於不同範例當作公共事件來看，以精確和規則主導的軍樂隊或古典芭蕾舞，它可以是實證主義的；社區野餐是一項合作、互動和人文的表

現，它符合詮釋論；三月的樂捐勸募活動是批判主義的觀點，因為它關注弱勢或者邊緣群體族群；馬戲團、遊樂園或狂歡節因為它的多樣性觀點和刺激，沒有單一的參考點是屬於後現代主義的觀點。

透過展示不同觀點的研究，對於高中生輟學或未完成學業的主題進行探討，就可以說明這四種哲學取向在研究中的差異。從實證主義／後實證主義的角度來看，你可能假設學生係因為低自尊而中斷學業。然後，你可以設計一個提高有風險學生的自尊心介入計畫，同時過程中盡可能控制相關的變數，最後測量介入之後的結果。

若從詮釋或質性角度來看研究，就不會是測試理論、建立實驗或測量任何事物。相反地，你可能有興趣去了解從未完成學業者本身的角度審視看輟學的經驗，或者你可能有興趣發現哪些因素使處於高風險輟學者，但仍然可以完成高中學業者的區別。你需要訪談這些學生，或者在學校內、外觀察他們，以及檢視諮商報告以及個人日記等文件。

從批判研究的角度來看，你會感到有興趣的是學校的社會制度如何建構，這使得成員在社會階層間有利益的獲得以及犧牲其他人的利益。身為研究者你會對學校的組織架構、重現某些反應模式的機制（例如：出席率、考試、成績水準）等進行調查。你也可以與高中中輟生合作共同設計與展開這項研究。這種集體調查與分析潛在的社會經濟、政治和文化原因，並採取集體行動來解決問題（如果中輟問題被確定是學生本身的問題）。

最後，後現代或後結構探究會質疑和「**破壞**」研究問題中固有的二分法（例如：完成者與未完成者、成功與失敗、畢業與中輟）。這種後現代研究的「**發現**」可能以敘事、田野筆記和如戲劇與詩歌的創意形式來呈現。重要的是呈現原觀點、多種聲音和多重詮釋高中生輟學到底意味著什麼。

應該注意的是，這四個研究取向可能在各種研究中相互重疊。例如：可以結合後結構和女性主義的研究取向，如English（2005）用她對女性主義的觀點探討與分析學習在非營利組織的關係；或是如Liu, Manias和Gerdtz（2012）以批判民族誌探討護理師和患者，在病房交班時對於照護資訊交流的研究。

著手進行研究時，首先是檢視你自己對於現實性質、研究目的以及知識產生類型的基本原則之方向。何種研究取向最適合你的觀點？哪個是最適合回答你所想的問題？

表1.1　知識論觀點

	實證主義者／後實證主義者	詮釋的／建構主義的	批判的	後現代／後結構
目的	預測 控制 推論	描述 理解 詮釋	改變 解放 培力（賦權）	解構 問題化 懷疑 干涉
類型	實驗 調查 半實驗	現象學 民族誌 詮釋學 紮根主義／質性	新馬克思主義 女性主義 參與式行動研究（PAR） 批判種族理論 批判民族誌	後殖民 後結構 後現代 酷兒理論
真實	客觀的 外在的 真實在某處	多樣的真實 脈絡結合的	多樣的真實 建立在政治、社會、文化脈絡下（一個特許的真實）	問題假設是否有真實存在的地方（真有這樣的地方嗎？）

質性研究的定義與特質

當我們了解到質性研究源起於哲學、學科和歷史的影響，毫無疑問地就可以知道它擁有簡單的定義。雖然如何對它有最佳術語的使用——自然主義、詮釋或質性仍有爭論。Preissle（2006）認識到使用**質性**的缺點，但認為「它模糊、廣泛與包容性，足以涵蓋學者們開發的各種研究領域。我們有了期刊和工作手冊……當其他期刊或工作手冊以民族誌或訪談作為呈現質性研究的案例時，我們就可以確認質性研究是個有效的標籤」（頁690）。

　　大多數質性研究者指出反映研究方法複雜性的定義。例如：Denzin 和Lincoln（2013）在他們的長篇大論中定義，「質性研究是個將觀察者放置於世界的活動，質性研究是一系列的詮釋與實踐使世界被看見」（頁6）。在了解上述對質性研究實踐的說法後，得出結論：「質性研究人員在自然環境中進行研究，試圖從人們給他們的意義的角度來理解或解釋現象」（頁3）。Van Maanen（1979）提出更簡潔，雖然年代稍久但是人們特別喜歡的定義是：質性研究此術語涵蓋系列非頻率的詮釋技術、尋求描述、解碼、轉譯或以其他方式，達到社會世界中某些或多或少自然發生現象的意義（頁520）。基本上，質性研究人員對於**了解人們構造的意義感到興趣**；也就是人們如何理解他們的世界和他們在世界上的經驗。

　　對複雜的質性研究加以定義，不會比開始了解這類型的研究是什麼來的複雜。另一個策略是描繪其主要特徵。正如可以預期的，雖然不同的作者強調了不同的特徵，但是其中必然有重疊的部分。以下四個特徵被認為是理解質性研究本質的關鍵：關注過程、理解和意義、研究者是資料蒐集和分析的主要工具、過程是歸納的、與厚實的描述結果。

關注意義與理解

　　從建構論、現象學和符號互動論的哲學思維中得知，質性研究者對人們如何詮釋他們的經驗、如何建構他們的世界以及他們的經驗所賦予的意義感到興趣。質性研究的具體目標是要了解人們如何從他們的生活中理解，描繪意義的過程（而不是結果或產品），並描述人們如何詮釋他們的經驗。Patton（1985）解釋說：

　　　　〔質性研究〕是來了解他們在特定情況下的獨特性經驗，作為特定脈絡與互動的一部分。這種理解本身就是一個目的，所以它不是試圖預測未來可能發生什麼，而是要理解情境的本質——參與者身在那情境中意義是什麼、他們的生活是什麼樣子、對他們來說是什麼、他們的意義是什麼、在那個特定情境中的世界是什麼樣子，並且在分析中能夠忠實地傳達給對該情境感興趣的其他

人……這些分析試圖進行深入地了解（頁1）。

關鍵的思維是從參與者的角度來理解興趣的現象，而不是從研究者的角度出發。這有時被稱為主位或圈內人的觀點，而不是客位或圈外人的觀點。在Bohannan的經典著作《灌木叢中的莎士比亞》（*Shakespeare in the Bush*, 1992）中，可以看到兩個觀點差異的例子。當她在一個西非村莊向長老講述哈姆雷特的故事時，他們根據其信仰和文化價值指導了她對戲劇「真正意義」的了解。

研究者作為主要工具

所有形式的質性研究的第二個特徵是研究者是資料蒐集和分析的主要工具。由於理解是這項研究的目標，若要能夠立即反應和適應，人似乎就是蒐集和分析資料的理想方法。其他優點是，研究者可以透過非語言和口語溝通，及時處理訊息（資料）、澄清和摘錄資料、與受訪者確認詮釋的準確性，並探索異常或非預期的反應，使能立即擴大研究者對於研究的理解。

然而，以人為主的研究工具可能對於研究產生缺點和偏差，進而影響研究的結果。此外，在特定的理論架構或視角，讓研究人員可以被看見。重要的不是試圖消除這些偏見或「主觀性」，重要的是辨別與監控資料的蒐集和詮釋，係根據研究者本身研究架構與興趣。Peshkin（1988，頁18）甚至認為，一個人的主體性「可以被視為是良性的，因為它是研究者做出獨特貢獻的基礎」。「此外，後現代主義和後結構形式的質性研究致力於使研究者和參與者的主體性可見」（Lather & St. Pierre, 2013）。雖然主觀性不是大多數質性研究的焦點，但研究人員處理自己的潛在影響是很重要的。

歸納的過程

通常質性研究者進行質性研究，因為缺乏理論或現有理論未能充分詮釋現象。因此，質性研究的另一個重要特徵為該過程是歸納的；也就是

說，研究人員蒐集資料來構建概念、假設或理論，而不是像實證主義研究中去演繹實驗假設。質性研究人員從情境現場中觀察，並從中蒐集直觀的理解以構建理論。來自訪談、觀察或文件的資料片段組織整理成更大的主題，如同研究者從特定主題發展到一般面向的工作。典型的從質性研究中的資料歸納導出的結果是以主題、類別、型態、概念、初步假設，甚至關於特定面向的理論形式。

並不是說質性研究者對於研究的現象頭腦空白毫無想法，而是所有的研究調查都在特定的理論架構中，這使我們能夠聚焦於調查和詮釋資料。但是，這個理論架構無須像實驗一般進行演繹與測試；相反地，所形成的理論架構是由研究者在田野中歸納學習而得到（更多關於理論架構之介紹，請見第四章）。

厚實描述

最後，質性探究的產物是具有**厚實的描述**。使用詞彙和圖片而非數字用於表達研究者對於現象的理解，例如：描述前後脈絡、參與者的投入情況，以及有趣的活動。此外，引用的文件、現場筆記、參與者訪談、錄影帶節錄資料、電子通訊或其組合形式的資料，也能夠輔助研究結果，這些引用和摘錄的資料有助於質性研究的描述本質。

其他特質與能力

除了所有類型質性研究的共同特點之外，還有其他形式的質性研究常見的特點。理想來說，質性研究的設計是創新與彈性的，可以迅速回應於正在進行之研究的變化條件。然而情況並非總是如此，因為論文和論文審查委員會、資助機構和倫理審查委員會經常需要提前確認研究設計。質性研究中的樣本選擇通常（但不總是）是非隨機的，通常是立意取向和小規模樣本，而不是量化研究中大量的母群體需要隨機的抽樣。最後，質性研究中的研究者通常在研究的自然情境（或稱田野）中花費大量時間，通常也與參與者密切接觸。

鑑於質性研究的性質和特點，理想的研究者應有以下的能力：

- 以**質疑的立場考量你的工作和生活脈絡**。質性研究是回答問題的一種方法，因此你必須先用疑問的眼光，看看你的生活中發生了什麼事情，為什麼事情是如此的呈現呢？
- **高度容忍模糊**。質性研究的設計是彈性與靈活的、相關變項無法提前得知、發現是在資料分析過程中歸納出來等。因此，研究者必須對質性調查這一過程中的高潮起伏感到舒適和信任。
- **做個仔細的觀察者**。進行觀察是一個系統的過程，而不是偶然發生；你可以透過練習提高你的觀察能力。
- **提出好問題**。訪談通常是質性研究中的主要資料蒐集策略。在訪談當中取得良好的資料取決於你是否問對開放式的問題，並且可以更進一步引導以深入探知更多細節。
- **歸納思考**。資料分析需要具有歸納思維的能力，從具體的原始資料轉換到抽像的範疇與概念。
- **舒適地寫作**。由於研究發現採用文字（有時也使用圖像）敘述，而不是以數字為主的量化研究，因此質性研究的報告需要更多的寫作。最終的篇幅通常比量化研究之記錄更長。

　　本書的各個章節旨在協助發展上述的能力。以第四章為例，係討論如何提出適合於質性研究的各項問題。而在訪談、觀察、資料分析和書寫質性研究等章節，也將直接說明應具備的相關能力。

　　透過本章的摘要中，表1.2呈現了質性研究與量化研究特徵之間的比較。這樣的比較有助於說明兩種類型研究之間的一些基本差異。然而，正如許多有經驗的研究者可以了解，這個表格雖然在這兩種類型之間，建立了人為的二分法；然而它應該被視為協助理解差異，而不是作為不同類型研究的嚴格條件。在實際進行的研究中，兩者之間比較的差異往往不及表中所示的僵化。

表1.2　質性和量化研究的特性

特點比較	質性研究	量化研究
研究焦點	質性（自然、本質）	量化（多少、程度）
哲學本質	現象論、符號互動論、建構理論	實證主義論、邏輯經驗主義、實在論
相關片語	田野工作、民族誌、紮根、自然主義、建構主義	實驗、經驗、統計
調查目標	理解、描述、發現、意義、發展假設	預測、控制、描述、確認、驗證假設
設計特性	彈性、逐步形成、新興	預先決定的、建構的
樣本	小型、非隨機、有目的、理論性	大型、隨機、代表性的
資料蒐集	研究者作爲主要工具、訪談、觀察、文本	無生命的工具（尺規、測驗、調查、問卷、電腦）
分析的模式	歸納、比較	演繹、統計
研究結論	綜合的、整體的、擴張性、厚實地描寫	準確、數據

摘要

　　質性研究是一種包括許多哲學取向和方法的研究。我們今天所謂的質性研究的前身可以追溯到人類學、社會學和各種應用研究領域，如新聞學、教育、社會工作、醫學和法律。1960年代和1970年代，出版了許多關於研究法的出版品。而在二十世紀末期，質性研究本身就被確定為研究法的一門。

　　在本章中，我們將實證主義／後實證主義（定量）、闡釋（質性）、批判和後現代的研究方法進行了對比。我們還簡要討論了大多數質性研究的哲學思維，包括建構主義、現象學和符號互動主義。所有這些哲學的共同點是強調經驗、理解和意義的建構，所有的質性探究的特質。在本章的最後一節中，我們定義質性研究並描述了它的主要特質：關注的是理解經驗的意義、研究者是資料蒐集和分析的主要工具、採取歸納的研究過程、豐富的描述完成研究工作。

第二章

六個常見的質性研究設計

　　從教育到社會工作領域，人類學到管理科學、研究者、學生以及開業者都在從事質性研究。這並不奇怪，而是不同的學科和領域提出不同的問題，並且演變出有所不同的策略和程序罷了。雖然**質性研究**或**質性文獻**仍有共通性術語，但是撰寫質性文本（qualitative texts）的學者，已歸納出各種不同形式的質性研究。Patton（2015）討論十六種「理論性典型」；有些詳細分類如民族誌和紮根理論，另外不太常見的理論，如符號學以及混沌理論。Creswell（2013）提出的五種「研究法」：敘事研究、現象學、紮根理論、民族誌以及個案研究。Tesch（1990）將四十五個研究方法，分別歸列為設計的（如個案研究）、資料分析技巧（如文件分析），以及學科定位／導向（disciplinary orientation）（如民族誌）。Denzin和Lincoln（2011）涵蓋多個章節有關於「研究策略」（頁xi），其中幾個章節，如個案研究、民族誌、紮根理論以及參與式行動研究。本章簡要的說明，我們無法去分辨質性研究中「難解的數字選擇以及方法」（Creswell, 2013，頁7）。

　　有鑑於各種不同質性研究策略，我們從指導博士生的多年經驗、教授質性研究課程以及本身進行質性研究的過程中，選擇出六種常見的質性研究方法，分別為：基本質性研究、現象學、紮根理論、民族誌、敘事分析以及質性個案研究（近年來**質性行動研究**越普遍，側重於解決實際問題與在研究過程中的改變，我們將在下一章討論）。因為，這些類型的質性研究理論有共同的特徵，這些理論可歸納於「質性的」共通性概念中。然而，每種理論還是有些許不同的側重點，這些不同側重點導致研究問題、樣本選擇、資料蒐集與分析以及書寫描述上的變化。當然，這類的研究也可能結合兩種或兩種以上的理論，例如：民族誌的個案研究。現在，我們

先探討這六種方法，然後再針對重疊的理論進行討論。

✎ 基本質性研究

　　質性研究對於新手來說，特別具挑戰的是：努力去釐清所從事的是「哪一種」質性研究以及他們的「理論架構」。我們將於第四章討論如何理解理論架構，這與我們所熟知的知識論的特質不同，理論架構是質性研究者探討知識的本質或類型的一種觀點。質性研究是一種人們正在進行的方式，所建構的知識概念；也就是從人們的活動、經驗或現象中獲得意義（這相較於量化研究的例子，量化研究的概念傾向於已經存在的、待發現的知識）。

　　從實務經驗來看，應用的領域常見於教育、行政、保健、社會工作、諮商、商業等方面，最普遍的質性研究「形式」是基本解釋性研究。在此，研究者簡單地描述這類的研究為「質性研究論文（qualitative research study）」，並沒有特別說明是哪一類型的質性研究，像是現象學、紮根理論、敘事分析或民族誌研究。在過去幾年中，學者一直困擾著如何詮釋這些常見的質性研究用語，如**通用的、基本的**以及**解釋性的**。既然所有的質性研究都是解釋性的，而「通用的」未能傳達一個明確的意思，所以我們傾向於將這類研究定位為**基本的質性研究**。

　　所有質性研究的共同核心特徵是：建構在個體與他們實際生活的互動過程。所以，建構主義強調在於我們如何來看待基本質性研究。在此，研究者有興趣去了解所涵蓋事物的某些現象。然而，它意味著「並非是被發現的，而是被建構的。因而，並非生來即存在於物體，只等待著某人去發掘它⋯⋯，而是由人們去建構的，因為人們參與他們所詮釋的世界。」（Crotty, 1998，頁42-43）。所以，質性研究者感到興趣的基本質性研究如下：(1)人們如何詮釋他們的經驗；(2)人們如何建構他們的世界，以及(3)人們如何為他們的經驗賦予意義。這些共通性的目的，在於使人們更有意義地理解他們的人生與經驗。

　　雖然我們理解所有質性研究的特徵，但其他類型的質性文獻仍有不同的**屬性**。舉例來說，現象學的文獻探討在理解現象的本質以及內在的結

構。民族誌則不光是探討個體與他人的互動，甚至於他們所處的文化與社會的互動行為。紮根理論不只是尋求理解事實，還要建立一個他們有趣現象的實質理論。敘事分析則多方面來剖析人們所敘說的故事，去發掘故事的內涵。假如分析單位是一個有範圍的系統（一個個案，例如：一個人、一個計畫，或是一個事件），則能夠將其定位為「質性個案研究」。這類型的質性研究將在本章的後面章節來討論。某種程度上的質性研究，都在試圖解釋參與者對他們所研究的經驗。

　　在任何學科及實際應用領域中，都可以發現基本質性研究。這類教育研究的論文，都透過訪談、觀察或是文件分析來蒐集資料，是最普遍的質性研究形式。提出什麼樣的問題、觀察什麼以及什麼樣的文件，其關聯性取決於學科理論架構（詳見第四章）。舉例來說，一位教育心理學家，可能較有興趣了解翻轉教室裡的教與學；而社會學家則對同一教室裡的社會角色與社會互動模式感到興趣。資料的分析，關係到能夠辨別資料的循環模式。研究結果則來自於資料的循環模式或情節所取得。共通性的說法，將是「研究者想要了解參與者所理解的有趣現象」。

　　以本書為例的基本質性論文，Lavison（1996）研究女性發展，深度訪談15名家庭主婦、15名職業婦女、15名學者。而Tisdell（2003）研究31名成人教育工作者，探討他們如何提升自我的精神發展，以及致力於成為文化工作者。以期刊為例的基本質性論文，在各領域的研究期刊都能找到。舉例來說，Kim（2014）針對一位韓國退休人員，從事某一職業到退休後第二春的轉變過程。Fernandez, Breen及Simpson（2014）探討女性躁鬱症患者如何重新找回自我，發現失去與恢復的經驗。另一個基本質性論文的例子，則是Merriam與Muhamad（2013）研究馬來西亞傳統治療師，在診斷與治療癌症病患中自己的角色定位。

　　總之，所有質性研究目的在於意義的建構，人們對於他們有意義的生活感到興趣。基本質性研究**最主要的**目的，在於發掘與詮釋這些意義。

現象學

　　現象學的理念也強調質性研究，有些人認為所有質性研究都是現象學的一環，這些人特別確信人們可以感受到此理論是現象學的一環。現象

學與Husserl（1970）二十世紀哲學學派，也屬於質性研究的一種。從現象學哲學到注重經驗本身，以及體驗某事物轉化成意識的過程。現象學家對於現代科學所提的分類、簡化以及減少現象成為抽象定律，並不感到興趣。反過來說，現象學家對「生活經驗」感到興趣（Van Manen, 2014，頁26），比如說「我們必須直接理解『事物本身』，一直以來，阻擋在人們眼前的理論模式現象」」（Spiegelberg, 1965，頁658）。現象學是一門研究人們生活環境的意識經驗，也就是說，人們「每天的生活與社會互動」（Schram, 2003，頁71）。Van Manen（2014）解釋說：「當我們前反思（prereflective）我們的經驗，現象學是一進入世界的管道。前反思經驗是我們所生活的普遍經驗，存在我們日常生活中。假如不是生活的全部，也會是我們生活絕大部分的經驗。」

儘管所有質性研究都在強調經驗與詮釋的現象學，人們也可以透過現象學的特定「工具」來進行研究。這類型的研究是基於：

假設有一個本質或本質共享的經驗。這些本質的核心意義在於從一現象來了解普遍的經驗。從歸類、分析以及比較不同人的經驗，來分辨這些現象的本質。舉例來說，孤獨的本質、當母親的本質，或是在特定的計畫裡擔任參與者的本質。本質的假設成為定義純現象學研究的特質，比如民族誌學者假設文化的存在及其重要性（Patton, 2015，頁116-117）。

現象學家的任務是描述本質或經驗的基本架構。這些研究通常是強烈的人類經驗，比如愛、憤怒、背叛等。為了避免受到直覺要素或現象結構的干擾，須先暫時拋開信念或先把有興趣的現象括號起來。當信念擱置時，意識本身提高，並能用同樣方式來察覺意識目標及意識本身。

為了獲得本質以及經驗意義的底層結構，現象學訪談（phenomenological interview）是蒐集資料的主要方法。在訪談有經驗的人之前，研究者通常先探討他們自身的經驗。一方面為了檢視不同層面的經驗，另一方面則意識到個人偏見、觀點及假設。這樣的過程被稱作「存而不論（*epoche*）」，它是一個希臘字，意思是避免先入為主的觀念。存

而不論的過程中，我們將日常的看法、判斷以及認知先擱置，並重新檢視各個現象（Moustakas, 1994，頁33）。由於這些偏見或假設被分開來或暫時擱置，我們將能檢視意識本身。當然，在某種程度上，人們是否能夠將他們的偏見或假設分開來，仍爭論不休。然而，這些來自現象學研究的過程，影響著所有質性研究，因為現今研究者在著手研究之前，重新檢視這些有趣現象的偏見或假設，是很常見的事情。

　　除了存而不論與概括起來，在現象學研究領域還有其他獨特的策略。**現象學還原**（phenomenological reduction）是經驗持續還原到本質的一個過程，為了取得其內在結構或本身的含義。暫時脫離此一現象，來理解其現象的本質。**水平化**（horizontalization）是檢視過程中呈現所有資料，並用同一水平標準來分析這些資料。也就是說，所有資料在最初資料分析的階段，都以同等價值看待。接著，這些資料被分成各類目或主題。Moustakas（1994，頁96）解釋水平化：是由人、有意識的經驗以及現象組合而成。在顯示現象的過程中，質量常被分辨與描述，每一概念都被視為同等的價值，跟研究主題相關不重複經驗的組成，並能獲得一完整的描述。**想像變異**（imaginative variation）是從不同觀點檢視資料，就好比一個人繞著圈子從不同角度端倪一座雕像。

　　現象學研究是一個「呈現現象本質的複合描述」的產物，稱為本質的常態結構（或本質）（Creswell, 2013，頁82）。這樣的描述所呈現的正是研究的經驗架構。「讀者應該感覺到遠離現象，更好理解它是什麼，就好像有人體驗它一般（Polkinghorne, 1989，頁46）」（Creswell, 2013，頁62）。

　　如前所提，現象學研究方法非常適合研究人類情感、情緒等強烈的經驗。舉例來說，Trotman（2006）研究小學教育的想像力與創造力。他聲稱現象學研究發現了「使這些老師重視與解釋學生想像力經驗的方法」。此外，「如果要將想像力經驗合法化，並且持續作為有價值的教育過程，專業教育者必須解決特定的挑戰」（頁258）。另外一個例子，Ruth-Sahd和Tisdell（2007）研究直覺感應的意義以及直覺感應如何影響新手護士的實習工作。第三例，Ryan, Rapley和Dziurawiec（2014）進行一個精神病患模仿動作的現象學研究。這三例都在強調：現象學的質性研究，

適合進行情緒與情感狀態的相關研究。

至於其他形式的質性研究，在進行現象學研究上也有些許不同。Moustakas（1994）和Spiegelberg（1965）雙雙說明進行這樣的研究，有助於這方面感到興趣的研究人員。Van Manen（2014）的新書也提供指導方針，以及在「現象學」領域內的各種組織及準則。在此，最重要的是將現象學理解成一個影響所有質性研究的哲學；另一方面，也有其本身強調的重點及研究方法的策略。

民族誌

不同的質性研究類型中，民族誌對研究者來說是最熟悉的。此理論最早可追溯到十九世紀晚期的某「領域」（一個簡短而有趣的歷史，詳見Tedlock, 2011）進行參與式觀察（participant observation）的人類學者。人類學者「做」民族誌，民族誌不只是研究的過程，也是詳細記錄他們的研究結果。所以，民族誌既是過程也是一個結果。雖然民族誌源自於人類學領域，但是現今來自不同領域與學科的研究學者，也都在進行民族誌研究。舉例來說，Bracken（2011）於墨西哥進行關於成人教育計畫中女性社群組織研究。現今民族誌已有許多不同形式，包括生活史、自傳式民族誌（Muncey, 2010）、表演民族誌（performance ethnography）以及女性民族誌。

綜合所有類型民族誌的原因，在於將此理論聚焦於人類社會與文化上。雖然文化的定義不盡相同，文化本質上是與一群特定人群的行為模式，所建構的信仰、價值以及態度息息相關。D'Andrade（1992）針對「文化（cultural）」確定了一個標準：

說句難聽的話，以最低的標準來說，文化就是——由一大群社會團體成員所共享；行為上所制定的、身體上擁有的以及內心思考的，所有共享的感受。此外，這樣的事物還需要透過特別的方式來分辨，至少其他人期待知道這樣的事物。換言之，它必須是由主體間共享的。最後認定某物是否成為文化的標準，在於它是否

能夠傳承於新成員之間，而且能跨越時空永存於世（頁230）。

Wolcott（2008，頁22）也認為文化是「不同群體以不同方式，來了解他們的生活以及與行為相關的信仰體系」，這也正是民族誌所定義的核心特質。

要了解一群體的文化，就必須花時間與研究群體相處。如同Van Maanen（1982，頁103-104）所記錄：「民族誌探究的結果正是文化闡述，是經由研究者長期深入於特定社會背景下所描繪的結果，以及要求在這社會背景裡，呈現出第一手的活動資料；最關鍵是要跟這社會背景的消息來源，保持密切互動與高度信賴。」

主要的資料蒐集方法是參與觀察者須長期深入於研究情境中。正式與非正式的訪談、文件分析、記錄以及文物的蒐集，伴隨著每天發生的田野工作日誌、個人的感受、想法、印象或有關這些事件的看法，都是資料蒐集的一環。

民族誌的核心是——深刻描述（thick description）。深刻描述一詞因Geertz（1973）而普及化。Geertz寫道：「『文化』並非是一股力量，也不是社會事件、行為、機構或過程等，能夠隨意歸納的；『文化』其實是一種內容，是人們可以理解的事物；也就是說，人們可以深刻地描述」（頁14）。民族誌的詳細闡釋，並不單單只是描述而已。民族誌學者往往想藉由研究對象，傳達出生活中所創造的意義；相對的，研究者必須對研究對象有相當程度的認識（Wolcott, 2008）。一本由Fadiman（1997）所著，這本屢獲殊榮的民族誌，提到深刻描述的力量體現在研究上，關於美國的赫蒙族（Hmong）小孩的醫學研究情況，在醫療與治療方面兩種文化觀點所帶來的衝擊。這研究更密集的傳達了長期深入研究背景的重要性，以及取得資料延伸的必要性，以便我們能解讀現象所產生的文化。

人類學家經常利用既有的社會與文化行為及特性，加以分門別類來呈現他們的研究發現（詳見範例，Murdock, 1983, and Lofland, Snow, Anderson, & Lofland, 2006）。其他領域的質性研究聚焦於文化，很可能組織他們的研究結果成為源自他們本身的方案，這稱為「主位觀點（emic perspective）」。主位觀點是出自於文化的局內人，相對於「客位觀點

（*etic*）」而言，客位觀點著重於研究者或局外人。不論組織概念或主題的成因為何，某種資料的組織必須傳達給讀者，關於被研究族群的社會文化模式與特質。這不僅只是描述文化的表象，研究者更要闡述人們對於現象背後的文化含義。

除了基本質性研究外，民族誌研究也很普遍。民族誌研究的範例在各大期刊與實務領域都能找到。舉例來說，以民族誌研究方法進行研究，包括女性四輪溜冰聯盟（Donnelly, 2014）、健全的美國原住民印第安家庭（Martin & Yurkovich, 2014）、倫敦皇家芭蕾舞團（Wainwright, Williams, & Turner, 2006）以及華爾街投資銀行家（Michel, 2014）。還有一點可能要指出，就是與現象學質性研究的例子一樣，有時候某些研究被定位為「民族誌的」，是由於民族誌與質性研究的歷史關聯。然而，要成為民族誌研究，還必須透過文化的視域去理解某一個現象。

紮根理論

紮根理論是由社會學家Glaser與Strauss於1967年他們的著作《紮根理論的發現》（*The Discovery of Grounded Theory*）中，所介紹的特殊研究方法。其他質性研究法也是如此，研究人員蒐集資料的主要工具及分析方式，歸納出一基礎的假設，致力從資料中取得意義。這類質性研究的結果是一個理論，此理論從資料中出現或者是說「紮根」在裡面，因此稱為「紮根理論」。豐富的描述雖然重要，但並非是這類研究的主要重點。

Charmaz（2000）闡明為何Glaser與Strauss的書籍之所以如此「革新」：

> 這本書挑戰了(a)理論與研究的界線劃分、(b)質性研究的觀點需要前瞻性、以更「嚴謹」的質性研究方法(c)追求嚴謹性所造成質性研究不合理的地方、(d)質性研究方法是憑印象的、非系統性的信念、(e)資料蒐集與分析是分開的、(f)質性研究只能產生描述性個案研究，而非理論發展的假定（頁511）。

　　將紮根理論與其他類型的質性研究分開來看：紮根理論側重理論的建立（Corbin & Strauss, 2015）。這類的理論發展通常是「實質的」，而非「正式的」或「紮根的」理論。實質性理論其指涉對象多為具體的，而且是日常世界的情況，例如：回歸校園的成年學生的應對機制，或是與低收入孩子特定「工作」的閱讀計畫，又或者是處理來自於天然災害餘波的傷痛。實質性理論有其特定性，因為從實用性到實踐性往往缺乏能夠涵蓋更多全球性問題的理論。除此之外，紮根理論特別適合解決有關流程的問題；換言之，這類研究事物會隨著時間而改變。

　　紮根理論的資料蒐集，可以透過訪談、觀察以及各式各樣的紀錄素材來取得。與其他類型的質性研究法相比，紮根理論在進行研究時，有自己的術語與程序。首先，資料的蒐集遵循理論抽樣法（theoretical sampling），「分析者共同蒐集、編碼、分析資料，並決定接下來要蒐集何種資料、該去哪裡蒐集，以便在資料飽和出現時發展理論」（Glaser & Strauss, 1967，頁45）。第二，資料運用經常比較法（the constant comparative method）進行資料分析。基本上，經常比較法包含比較資料的不同屬性，以利於決定類目的異同。在相似的資料層面上分門別類，接著將這類目加以命名，以利將它形成一主題軸。這個分析的整體目標，在於辨別資料中的模式，這些模式安排在不同的關係之中，以便紮根理論的建立（詳見第八章，討論有關經常比較法）。

　　在資料分析的範疇裡，不論研究者建立紮根理論與否，經常比較法被廣泛運用於各項質性研究。或許這正說明了「紮根理論」一詞，被亂用於其他類型的質性研究的理由，或者研究者只是利用紮根理論指導方針來分析描述資料，便稱其為「紮根理論研究」，這可能造成新手研究人員的困擾。事實上，Charmaz（2011，頁360）寫道：「到目前為止，很少有關探討社會正義方面的紮根理論研究。然而，紮根理論主要在於使議題分析得更清晰。」紮根理論的歸納比較用來分析資料庫，本質提供一個系統性策略。然而，資料分析的經常比較法，不需要實質性理論為結果。我們認為只有當實質性理論在資料經鑑別後而得到結果，才是稱某一理論為「紮根理論」。

　　建立一實質性理論涉及核心類目（core category）的特性，為紮根理

論的第三識別特徵。核心類目是主要的概念元素，使所有元素及其他類目及屬性相連結。Strauss（1987，頁36）解釋核心類目「必須是『中心的』，也就是說，盡可能與其他類目有越多屬性的關聯越好……必須是資料中經常出現的……如此才能發展出理論。」除了核心類目外，理論是由類目、屬性與假說所組成。定義或解釋類目與屬性，是理論的概念元素，它們全都是從歸納中取得，或是「紮根」於資料中。假說建立於項目與屬性間的關係，這些假說是暫時性的，而且從研究中取得。它們並不是在實驗之初就設定好，也沒有在質性研究中驗證。

　　至於其他形式的質性研究，紮根理論研究方法在時間的遷移下不斷演化；近期出版的紮根理論是來自於建構主義學者的觀點（Charmaz, 2014）與後現代的視角（Clarke, 2005）。雖然紮根理論起源於社會學家Glaser與Strauss，但是紮根理論都可在每一學科或是實務領域被發掘。Al Lily（2014）以紮根理論研究方法探討教育科技的國際學術社群，如同「部落」般的功能，如何像沙烏地阿拉伯貝都因人在文化、政治及社會上運作的方式一樣。Stanley（2006）研究關於年長者對幸福看法的紮根理論，其中包含「感覺控制」的核心類目與基本社會過程相互「權衡」的關係；也使用紮根理論的研究方法，探討拉丁美洲農夫暴露在殺蟲劑危害原因的研究上（Hohl, Gonzalez, Carosso, Ibarra, & Thompson, 2014）

敘事分析

　　「最古老且最自然的敘說形式」之正式故事或敘事（Jonassen & Hernandez-Serrano, 2002，頁66）。故事是將我們的經驗賦予意義的方法，也是我們與他人溝通的方法，更是我們了解所處生活的方法。我們看電視、網路接收新故事，在工作時講述故事，透過文字或電影閱讀或看其他人的故事。正如同Daiute（2014，頁xviii）所說「敘事的力量並非僅是生活，而是在於生活中的互動。敘事即是實踐了人類古代文化，增強了我們今日的科技、個人流動與文化間的關聯性。」敘事是我們分享生活的方式，不論是古代透過洞穴壁畫傳遞，或是現代透過臉書貼文傳達，Daiute稱之為「大規模現代史詩般的敘述」（頁2）。故事可以稱為「敘事」，

儼然成為質性研究普遍的資料來源。此研究方法的關鍵在於利用故事作為資料，更嚴謹來說，故事中的經驗描述須以第一人稱的形式來敘述，包含開頭、中間、結尾。其他用於這些經驗故事的用詞，有傳記、生活史、口述歷史、自我民族誌以及自傳。

1990年代早期，故事便成為舞臺中心，成為了解人類生活經驗意義的來源。大量敘事研究的文本——例如：一個五卷系列的敘事研究，近期的敘事分析研究手冊《他人的意義：關係間的敘事研究》（*The Meaning of Others: Narrative Studies of Relationships*）（Josselson, Lieblich, & McAdams, 2007）以及期刊《敘事研究》（*Narrative Inquiry*）與《敘事與生活史期刊》（*Journal of Narrative and Life History*），促成這類型的質性研究方法的普及。第一人稱敘述的經驗，組成此研究方法的敘事「文本」。我們蒐集的資料，不論是記述成自傳、生活史、訪談、期刊、手札、信件或其他素材等形式，文本所分析的意義在於他的作者。

由於故事的「文本」形成這類研究方法資料組的分析，詮釋學（hermeneutics）是書面文本的研究，經常被引註為敘事分析報告。詮釋學側重解釋，Patton（2015）解釋道：

> 詮釋學提供一個解釋性理解或意義的理論架構，特別關注內容／情境（context）與原目的……詮釋學提供傳說、故事或其他文本一個觀點……解釋文本並使其有意義。了解作者欲傳達的事物、了解引申的含義，以及將紀錄放置於一個歷史與文化的情境中，是很重要的（Palmer, 1969）（頁136-137）。

Patton（2002）指出，雖然詮釋學「源自於書面文本的研究……敘事分析延伸文本的概念至包含深入的訪談紀錄、生活史敘事、歷史回憶錄以及創造性文學。」此外，「詮釋學的觀點強調解釋及情境、告知敘事研究，也包含解釋主義者的社會科學、文學紀實以及文學批評（頁115）。」他也提到現象學的影響，如同敘事是生活經驗的故事。

與其他形式的質性研究相比，敘事分析利用多元的研究方法來分析故事（De Fina & Georgakopoulou, 2012; Riessman, 2007）。在某種程

度上，每一種方法驗證故事如何建立、使用哪些語言學工具、以及／或故事的文化情境。最常見的方法有傳記的、心理學的以及語言學的。在Denzin（1989, 2014）的語言學方法中，故事就性別與種族的重要性及影響方面分析，也分析了家族的起源、生活事件與轉捩點經驗，以及分析參與者生活中的其他人。心理學方法則大多聚焦於「人」，包括思想與動機。此方法「強調歸納過程、知識的前後關係以及人們的企圖……它包括認知、情感以及動機層面所創造的整體性意義。它也考慮到生物以及環境層面發展的可能性影響」（Rossiter, 1999，頁78）。語言學方法或者是Gee（2014）所提出的話語分析（discourse analysis）側重故事的語言或是口語文字，並且關注說話者的語調、音調以及停頓。Gee提供十八個問題，以利於分析基礎的建立。最後，藉由語言學方法，分析敘事的結構（Labov, 1982; Schiffrin, Tannen, & Hamilton, 2001）。在此，有人總結敘事的要義，並辨別事件以及發生的順序、動作的意義與解決方法，或者最後的結果。

敘事的日益普及是一種獲取人類行為及經驗的方法，接著討論如何以最好的方式講故事、研究者在過程中角色如何扮演，以及這些敘事的真實性方面有多少可靠程度。Mishler（1995，頁117）提醒「我們不是發現故事，而是創造故事。」事實上，

> 我們透過分析受訪者的言語來重述故事。透過我們的概念以及方法，我們也是說書人——我們的研究策略、資料樣本、轉錄過程、敘事認知的設定以及解釋觀點——我們建立故事與其意義。在這故事與意義上總是緊密的，不論是在受訪者引發知覺的過程或是間接的描述，進而改變他人的文字或話語（頁117-118）。

敘事分析受到這麼多關注，這類質性研究也有許多例子與變化。舉例來說，敘事分析的廣泛討論，伴隨著健康地理學的例子而來；也就是說，人的健康關係經驗是受到物理環境的影響（Wiles, Rosenberg, & Kearns, 2005）；Brockenbrough（2012）他給5名男性參與者「多次機會講述並建立他們的人生故事」，其中一則為黑人男性教師在都市學校任教的故事

（頁746）。McAdams, Josselson和Lieblich（2013）編輯一本敘事研究書籍，講述人們在生命轉捩點的故事，像是在中年時離婚的處理、從學生進入社會中工作的轉變，以及從海洛因藥癮中戒除的例子等。另一個例子，Wilensky和Hansen（2001）請非營利組織的高階主管講述故事，揭示他們對於工作的信念、價值以及假定。最後，Piersol（2014）採用敘事研究去深入了解人與人之間的關係，以及影響戶外教育者與土地的關係。換言之，研究者如何「傾聽」地方的聲音，進而加強生態關係。

質性個案研究

「個案研究」一詞經常與「質性研究」交替使用，特別是新手研究者對質性研究感到壓力，而他們認為這些研究不僅是質性研究而已。然而，與其他已討論過的質性研究類型（現象學、民族誌、紮根理論、敘事分析）：「質性個案研究」除了有其他質性研究類型相同的特點外，更有明確的特質。部分的混淆是來自於有些個案研究，同時採用質性與量化研究方法（詳見第三章，討論混合方法）。然而，在這一「質性研究方法類型」的章節裡，我們討論過質性個案研究的限制。所以，質性個案研究與其他類型的質性研究方法，共通點在於尋找意義與理解，研究者作為資料蒐集與分析的主要工具，更要歸納出研究的策略，以及最後能做出豐富的論述。

現代個案研究承襲自人類學、社會學以及心理學。此外，律師、醫師、社會工作者，甚至於警察都可能參與「個案」研究。然而，直到個案研究在研究方法上受到重視之後，個案研究才得以演變成質性研究方法之一。1960年代到1970年代，研究方法的教科書均記載實驗設計與統計方法的變化。這些包羅萬象的教科書都包含了「個案研究」的章節。在這章節中，個案研究都被證實存在個別的歷史，或是深入描述現象的研究。1980年代，Stake（1988）, Yin（1984）, Merriam（1988）及其他人均將個案研究，列成質性研究的一環。

個案研究是一個深入描述以及有範圍的分析系統。個案研究常遇見的困惑，是來自於個案研究的實施過程，常發生對研究（個案）的認知與

這類研究結果混為一談。舉例來說，Yin（2014）將個案研究定義為研究過程。「個案研究是一種經驗研究，研究當代現實生活環境中的現象（簡稱「個案」），特別是當現象與情境的界線，並不是顯而易見的」（頁16）。如Yin（2014）觀察，個案研究是一個特別適合某種情況的設計，無法從他們的情境中區分出現象的變化。然而，Stake（2005）的重點在於試著找出研究的部分——個案。Wolcott（1992）將個案視為「田野調查研究的最終產物」（頁36），而不是一種策略或方法。

當然，這每一個方法揭開了個案研究的序幕，也通盤的理解這些類型研究的本質，並做出貢獻。因而我們理出一個結論，個案研究最根本的特色，在於界定研究對象：個案。如Stake指出「多數質性研究的目的在於深入了解一件事：一個遊樂場、一組樂團、一位體重監察員（2010，頁27）」。此外，個案研究不只是研究方法的選擇之一，還是「選擇要研究的議題」（Stake, 2005，頁443）。研究「什麼」是一個有範圍的系統（Smith, 1978），是一個單一實體，其周圍的單位是有限的。當你要研究時，你可以「圍起柵欄」。個案可以是某一特定現象例子的人，甚至是一個計畫、一個群體、一個機構、一個社群或是特定的政策。舉例來說，Sprow Forté（2013）針對拉丁裔婦女理財知識計畫的個案研究。Coady（2013）針對在新斯科舍省的成年健康學習參與者，進行有關特殊社群基礎的心臟修復計畫的個案研究。Perry（2008）於迦納進行國家衛生政策的個案研究。Miles, Huberman和Saldaña（2014）認為個案是「發生在有限情境裡的現象」（頁28），他們以圖像的方式呈現：一個中心在圓圈的中央處。這個中心是整個研究的重點，而圓圈「定義個案的邊界：不會被研究的區域」（頁28）。

分析單位是質性研究的特點，而非探討的主題。舉例來說，一個關於年長者如何使用電腦學習的研究，可能會是質性研究而非個案研究，因為分析單位在於學習者的經驗，以及不確定數量的年長者使用電腦的經驗，這樣的議題可能會被選擇為研究對象。為了使它成為個案研究，選擇一個特定的計畫、或一特定學習者教室（有限系統），或一年長學習者在典型性、獨特性、成功的基礎上等，這些都是分析單位。Stake（2006，頁1）解釋：

個案是一個名詞、一件事、一個實體，它不太會是一個動詞、一個分詞、或是一個功能性的字眼。學校可能是我們的個案——能容易視覺化的事物……訓練模組可能是我們的個案——無形又抽象，但模組還是事物，而「訓練」則不是。護理師可能是我們的個案；我們通常不會定義「護理活動」為個案。「管理」、「成效」、「生育」以及「投票」是個案的功能，但並非是我們定義為個案的實體。如果要成為個案，我們可以選擇「管理人員」、「生產室」、「人力與分娩室」或「選民培訓課程」。我們有了這些個案就可找機會來檢驗功能，但是功能並非個案本身。

如果你有興趣的研究領域，本質上並沒有範圍，那它就不能成為個案。取得研究議題界限的技術，就是尋找資料蒐集的有限程度；換言之，不論參與訪談的人數是否有限或是觀察的時間是否有限，如果在實際上或理論上進行訪談或觀察的人數沒有盡頭，那麼這個現象就不足以成為一個個案。

既然是「分析單位」決定一個研究是否成為個案研究，那麼這類型的質性研究就必須與本章其他類型的質性研究區分開來。本章的其他質性研究——民族誌、現象學、敘事分析等——是由研究的重點定義，而非分析單位。事實上，既然是分析單位，也就是有限系統來定義個案，那麼其他類型的研究就能與個案合併。民族誌個案研究最為普遍，舉例來說，深入研究其中一個特定社會族群的文化。此外，我們也能以個案研究建立紮根理論，或是呈現一個人的「故事」，也就是將敘事分析與個案研究結合。

雖然我們對質性研究的定義，在於「深度描述以及有限系統的分析」，與其他定義一致（Bogdan & Biklen, 2011; Creswell, 2013; Patton, 2015; Stake, 2005），部分讀者認為Creswell的詳細定義更有幫助。對他來說，「個案研究是一個質性研究方法，此方法讓研究者透過詳細且有深度的資料蒐集，包含多元的資料來源（例如：觀察、訪談、聲音檔或影像檔、文件與報告），探索一個有限系統（個案）或是多個有限系統（數個個案），並記錄個案的描述以及個案的主題」（2013，頁97）。

最後，個案研究可以是歷史性的，作為一個組織或計畫的歷史；傳

記，其中「研究者對一個人進行蒐集，以第一人稱敘事為目的的延伸性訪談」（Bogdan & Biklen, 2011，頁63），或比較的個案研究。比較個案研究，又稱作「多個案」（multicase）或「多點」（multisite）個案研究，包含蒐集與分析多個個案，並從單一個案中分離出子單元或掛在學生或學校內的子個案。舉例來說，Taylor（2006）期望探討非正式社群的學習。他觀察兩個個案，其一位於州立公園、另一個在家飾館，在計畫與教育活動方法上，比較兩者的共同點。另一個比較個案研究的例子是Collins（2001）及Collins和Hansen（2011）的著名研究，持續十五年研究高效能的公司與平庸表現的公司之間的差異。研究中，與表現平庸的公司相比，有十一家公司達成嚴苛的選擇標準，由表現尚可進步到表現優異。Miles, Huberman和Saldaña（2014）指出研究中包含個案越多，彼此間的差異就越大，更能有引人信服的解答。「透過觀察相似與相異的個案，藉由建立詳細的方法及地點，我們可以了解單一個案的結果，如果可行的話，持續了解它進行的原因。我們可以提高可信賴程度，以及結果的穩定性」（頁33）。多元個案的內涵，其實是增加外在效度或研究結果常見的通則性策略（詳見第九章）。

不同類型的質性研究重疊時

本章探討的是最普遍的質性研究，我們所描述的各種研究方法，彼此間的差異頗大。然而，質性研究的方法不僅只有這幾種特定的方法，有些質性研究是上述不同類型質性研究的組合。舉例來說，有時候研究者進行民族誌質性研究，透過側重特定計畫（特定個案）在文化層面（民族誌），或是研究者結合紮根理論與個案。民族誌研究也可以利用敘事訪談作為資料蒐集的部分，也正是Tedlock（2011）在敘事民族誌研究裡所討論的主題。

質性研究者有許多方式可以設計研究，研究者如何進行研究，取決於研究的理論架構（將在第四章探討）與在研究問題中顯示重點的研究目的。由於沒有單一且正確的方法來定義或描述質性研究，而是由研究者決定如何定位研究，以及定位為什麼研究，以利於做出正確的判斷，利用質

性研究相關文獻以及自己的觀點做研究。現行出版許多手冊、編輯指南以及教科書，包含後續章節不同類型的質性研究（詳見範例，Clandinin, 2007; Creswell, 2013; Denzin & Lincoln, 2011; Knowles & Cole, 2007）。當你決定使用特定的質性研究方法時，為了辨別特定領域的細節問題，有助於檢驗出數個不同文獻來源。

摘要

　　本章節簡要的探討六個類型的質性研究。這些類型的質性研究方法選自眾多研究方法，因為在社會科學以及實務應用領域中相當普遍。圖2.1提供了本章所探討質性研究的摘要。基本質性研究是最常見的形式，其目的在於理解人們所給予的經驗意義。資料透過訪談、觀察以及文件蒐集，並歸納分析及闡明制定的研究問題。

　　本章節所探討的其他質性研究與基本質性研究有共同的特點，這也是為什麼我們將基本質性研究置於圖2.1的中心。然而，每一類型的質性研究有共同的特點，還有它們自己強調的層面。現象學研究著重在事物的本質或現象的底層架構；民族誌著重在社會文化上的解釋；紮根理論致力於建立實質理論，也就是紮根於所蒐集的資料裡，敘事分析利用人們的故事理解經驗；而質性個案研究是一個有限系統的分析。

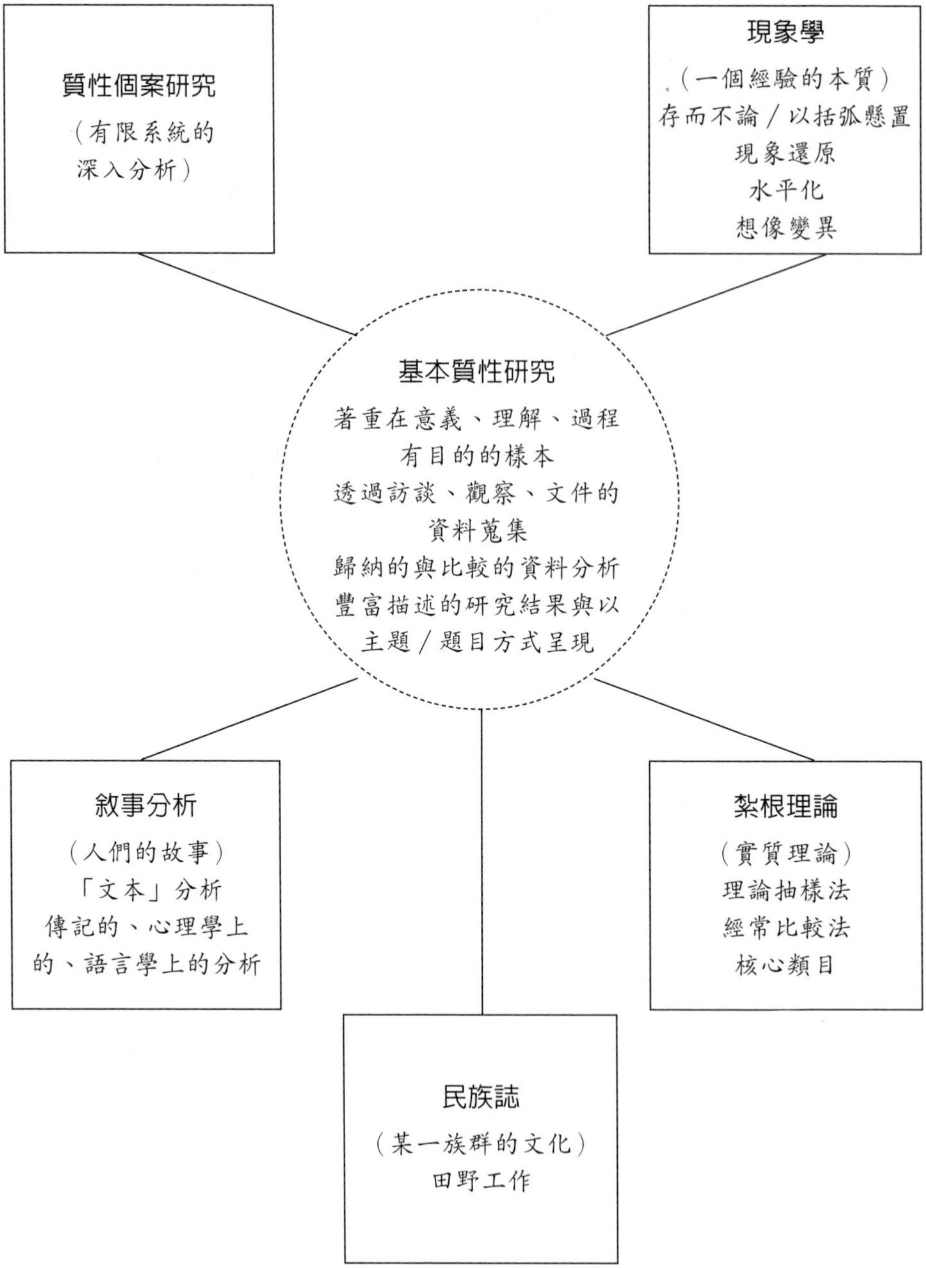

質性個案研究

（有限系統的
深入分析）

現象學

（一個經驗的本質）
存而不論／以括弧懸置
現象還原
水平化
想像變異

基本質性研究
著重在意義、理解、過程
有目的的樣本
透過訪談、觀察、文件的
資料蒐集
歸納的與比較的資料分析
豐富描述的研究結果與以
主題／題目方式呈現

敘事分析

（人們的故事）
「文本」分析
傳記的、心理學上
的、語言學上的分析

紮根理論

（實質理論）
理論抽樣法
經常比較法
核心類目

民族誌

（某一族群的文化）
田野工作

圖2.1　質性研究類型

第三章

擴展質性範例
混合方法、行動、批判性的和藝術本位研究

　　想像你對當地鄰近的社區發展感興趣，你需要一些社區的資訊，同時希望增加社區參與。你有興趣設計一種類型的研究計畫來協助這過程。在前一章我們討論六種質性研究最常見的類型，但沒有一種是真的能幫助你獲得所有你需要的訊息，或者將有助於促進社區參與。還有其他類型的研究設計可能有幫助，那是完全質性或具有很強的質性要素。在本章中，我們將討論幾種在過去幾年中逐漸受歡迎的研究方法。

　　我們首先討論混合方式的方法（有量化及質性成分），接著討論行動研究和它的多樣性。第三，我們明確地試圖去分析和挑戰權力關係的多種批判質性研究的開放意識型態（新馬克思主義、批判、女性主義、酷兒、無／有能力、批判種族理論、或後現代主義、後結構主義、後殖民地時代的理論架構）。最後，我們以藝術本位方法到研究的簡要討論做結束。雖然這些研究型態和質性要素並不像上一章討論的那樣普遍，但它們已逐漸受到歡迎，許多近期論文與期刊文章都使用這些方法。事實上，有些期刊已專門將這些方法使用在研究上。若沒有考慮到這些研究方法，現有的教科書就不算完整。

／混合方法研究

　　進行有關鄰近社區發展的研究方式──你將蒐集資料，理想的是促

進社區參與，就是實施混合方式的研究。你可以開始從發展質性調查探究人們的態度和興趣、對社區事務的參與和什麼是他們最重視的，還包括人口統計的查詢。這將給予你一些重要的訊息，以及能夠讓你根據性別、種族或經濟地位的關心和參與來探究統計上的顯著差異。但這樣的調查無法告訴你有關社區是如何把事情完成或者如何協助其發展，而這些是你感興趣的。因此你也可能選擇包含一質性要素，根據有目的準則訪談一些受訪者。如果你對參與者們的互動感興趣，你可採取個人訪談來蒐集一些訊息或者焦點訪談。這是混合方式研究的範例之一。

　　有許多不同方法來討論混合方式研究。Creswell（2015）強調它可從哲學角度來討論，「知識論和其他原理假說為中心層面。它也可代表為方法論，那就像研究過程是從一廣泛原理產生和擴展到它的解釋與宣傳」（頁1）。他承認不同的作者以不同的方式討論混合方法，但他自己的立場是將其視為一種方法。因此，他定義混合方法研究為：

> 研究社會、行為和健康科學的一種方式，研究者以量化（封閉式）和質性（開放式）蒐集資料，結合兩種方法，然後根據兩種研究方法的資料描述去理解研究的問題（Creswell, 2015，頁2）。

　　我們這本介紹性的質性研究書中的目的，主要是討論混合方法研究的質性要素，從而像Creswell（2015）描述的方法。我們首先提供混合方法研究的歷史發展，然後討論混合方法設計的類型。

混合方法研究的簡要歷史

　　混合方法的研究已經逐漸發展，並隨著時間而被接受。Creswell和Plano Clark（2011）討論其形成期是在1960年代末和1970年代初期，當時開始結合量化問卷和訪談來回答研究問題。

　　接著下一階段，是在1970年代和1980年代末，是典範爭論期。這些爭論集中在質性和量化研究的知識論假說之差異。就如在第一章所提，質

性研究一般由個人根據自己的經驗建構「現實」的假設。因此，從這觀點，不是只有一個現實但有許多現實。相反的，有些爭論量化研究的實證主義者支撐是根據一信念，現實是可計量。因而在爭論期間（現在還有些學者），有些純粹主義者爭論量化和質性方法不能結合，因為他們有不相容的知識論支撐。其他抗辯的是有可能進行一量化研究來探究一般趨勢和潮流，而不必完全擁抱一實證主義者的世界觀。這些情境主義者「使他們的方式適應情況」，而「實用主義者認為可用多種範例來解決研究問題」（Creswell & Plano Clark, 2011，頁26）。

　　下一時期是在1990年代期間，導致不同型態之混合方法的研究方法程序的發展，而從近2000年到撰寫本文時，Creswell和Plano Clark（2011）稱「提倡和擴展時期」。這段時期不只是混合方法的方式之可能性的擴展，而且也是對這方法的看法，就如本身的一種方法。較近期已出現專門用於混合方法研究的手冊和期刊。此外，資金來源在1999年以國家衛生研究院（National Institute of Health, NIH）為首，提供了混合方法研究的指導方針，也有專門使用混合方法研究的手冊和期刊出現。2003年國家科學基金會舉辦質性研究方法的工作坊和宣傳混合方法方式的益處（Creswell & Plano Clark, 2011），自此許多的經費來源徵求混合方法研究計畫的提案。

混合方法研究類型

　　混合方法研究有許多類型。Creswell（2015）討論了三種主要的設計：融合設計、解釋序列設計和探索序列設計。在融合設計，質性及量化資料差不多同時蒐集，兩種方法的資料皆被分析並比較結果。例如：Kerrigan（2014）使用「融合並行混合方法個案研究」（頁341），針對四間不同的社區學院（將每間皆當作是「個案」）探究組織能力和使用資料驅動決策之關係。為了這麼做，她利用大量地領導文獻和有關資本形式的文獻。第一，她使用目的性準則去選擇四間個案。接著，她邀請所有管理階級以上的行政人員和挑選老師（根據某些標準）填寫量化問卷。在同時間她也挑選一群老師和行政人員訪談有關資料驅動的決策。她同時分析

每間個案及個案間的資料，發現「社區學院組織能力的資料驅動決策是人力資本和社會資本的作用，而不是只有物質資本」（頁346），經由物質使用和對科技的了解。這不僅是融合設計研究，也是混合方式比較個案研究的例子。

　　Creswell（2015）提及的解釋序列設計是先蒐集量化資料，再接著蒐集質性資料，通常量化資料的蒐集一般是為了更深入地解釋結果或特定部分的結果。例如：Tisdell, Taylor和Sprow Forté（2013）採用混合方法研究調查245位金融知識教育者的教學信念和教學實踐，以及他們如何試圖教育勞工階級和文化社區的財務問題。他們首先實施量化調查，接著訪談15位填答者其從問卷顯示出高度重視文化議題；從訪談中著重於他們在實踐中所做的工作。因此，量化資料提供金融知識教育者的信念和支持教育實踐的信念資訊，一般來說，包括文化議題重視程度。但是質性訪談提供這些信念的文化故事和例子，特別是有關文化議題如何在他們的教學中發揮出來。

　　在探索混合方法研究設計，Creswell（2015）首先蒐集質性資料，然後再根據質性資料分析設計問卷，通常採用這研究方法是當不太了解其特殊人口或對象，並用質性資料來探索和解釋主題以創造調查工具來蒐集更大量樣本的資訊。例如：Jodi Jarecke（2011）的論文，研究三年級醫學系學生在臨床環境知覺教師－學習者關係的看法，以及他們如何將學生對教學和學習的看法與教師的未來角色聯繫起來（三年級通常是醫學系學生從教室移至臨床）。雖然從前就有關於三年級醫學系學生的研究，但是並沒有針對教師－學生間的關聯。因此Hence Jarecke最初採訪了13名分發到同一機構的醫學院三年級學生，然後根據訪談中提出的問題和主題展開了一項調查。她發現其關係是與結構因素、時間、臨床的階級制度和特別臨床輪流內容部分有關。另外，教師與學生的關係是影響學生決定未來專業領域的重要因素。

　　通常在混合方法研究中，其中一種類型資料的占比會高於另一種類型資料（Plano Clark et al., 2013）。例如：在本章開始使用的主題，我們可以設計當地社區發展研究，作為質性個案研究，主要進行觀察、分析文件和訪談居民。在計畫中期與一群較廣大的參與者進行量化調查，其則可能

產生進一步的重要資訊。那麼開始的質性研究案例就成了一個質性混合方法案例研究，但質性資料仍是主要的。在這種情況下，量化要素嵌套在質性個案研究的設計中。Plano Clark等（2013）將其稱為嵌入性設計，並定義為：

> 針對研究問題而賦予質性及量化要素不同的重要性。當他們的研究問題包括主要和次要問題，研究者選擇一嵌入方式，其中一個問題（如主要問題）要求進行量化方式，而另一問題（如次要問題）則要求進行質性方法（頁223）。

由於本書是有關質性研究方法，因此在這章所提及和使用的混合方法研究，是量化要素被嵌入在主要的質性設計裡。我們在此的重點是討論研究者在研究中使用質性和量化要素，所一起產生豐富理解對象之方法。為了在混合方法研究獲得進一步的資訊，我們建議讀者閱讀先前所提到的資訊。

行動研究

行動研究是實踐者研究的一種形式。它不僅尋求了解如何對其參與者工作場域、社區或訓練場的特殊現象或問題得到意義或做解釋，且它通常也為了解決在實際場域的問題，而使參與者從事某些情境之過程以尋求解決方法，而且社會工作者、老師和健康專業者時常從事行動研究來改善他們的工作（Stringer, 2014）。例如：一位老師可能開始質疑是否特別的介入行為將改善學生的數學技巧。她可能發展一種介入策略和多次實驗它的效果，同時在過程中實施在學生身上。

為了社會或社區發展和改善，實踐者也在組織裡實施行動研究。這研究設計出現多次，就如參與者以及研究者和參與者一起決定下一步來解決面臨的問題。以這例子而言，讓我們回到本章一開始提到有關在當地鄰近的社區發展研究，同時你希望增加社區的參與。你可以容易的由行動研究方法設計這樣一個研究，這樣研究可能會如何呢？

你可以從聚集六個社區關鍵領導者開始，利用焦點團體訪談來探究這些領導者認為社區重要的事件，和他們認為社區如何可以一起合作來協助社區的發展。你很可能試著將這些關鍵領導者當作是共同研究者，來協助設計研究的下一階段及討論需要蒐集什麼樣的社區資料。當一位研究者與領導者同意，你可將互動交流錄音和轉換進行資料分析。想像在這段焦點團體訪談的會議中，這些領導者決定好下階段的社區成員訪談。完成後，你們所有人將再次聚集分析目前所蒐集到的資料。在下個階段，你們可能一起決定做問卷調查以蒐集到社區更大規模的量化資料。想像由訪談和問卷，你發現人們希望吸引社區青年來為社區帶來正向的改變；有一些人建議社區藝術計畫。因此為了籌錢來提供這計畫，一個小組決定聘請一位社區藝術家與青年合作設計一連串的社區壁畫。這小組則研究吸引青年共創壁畫的過程。

在這要指出的是，在行動研究調查中，當研究者和參與者蒐集和分析資料以及為研究下階段做決策時，其研究設計會繼續呈現。主要研究者和參與者在研究每階段裡，其角色就像共同研究者一樣。

行動研究的原則

行動研究就像一個理論和方式去研究而發展，其開始於1940年代的心理學家Kurt Lewin在團體關係的研究。然而Lewin並非是第一個使用行動研究的人——自古以來人們就已非正式使用行動研究——「他是第一個將行動研究發展為理論，成為受尊重的研究形式之社會科學」（Herr & Anderson, 2015，頁12）。自從Lewin發展這理論，行動研究被使用在許多不同情境及以不同型態來解決實際問題；的確這就是它的目的。行動研究有各種不同型態，但所有種類分享共同的原則。Herr和Anderson（2015）解釋行動研究為檢視這些原則起了一個好的開端：「行動研究是針對特別問題情形，以朝組織或社區成員已做、現正在做或希望做的一些行動或一些行動的循環」（頁4）。

行動研究的第一個原則是集中在實際場域「有問題的情況」。因此，它的目的是解決實際問題或至少尋找一個方法去進一步提升已正向運

作的實際情況；它總是集中在實際情況的改善。

　　行動研究的第二個原則是研究的設計是緊急的情況；就像Herr和Anderson（2015）說明「朝一些行動或一些行動的循環」（頁4），也就是使研究者和參與者改善實際情況。因此一個典型的行動研究設計的展開，是當這研究是由計畫、行動、觀察和反思的螺旋式過程（Kuhne & Quigley, 1997）。研究者最初計畫的第一步是他們要做什麼；在下一階段他們要如何行動或執行最初計畫；第三階段的行動結果是他們觀察發生什麼事；以及在第四階段就是將這過程中，他們蒐集和分析資料的結果反思他們接下來要怎麼做。通常這反思階段變成下個計畫階段。而這反思階段也是研究的下個步驟，就是將參與者作為共同研究者。

　　行動研究的第三個原則是，至少某程度，研究者將參與者當作共同研究者。行動研究一般不會研究參與者本身，而是和參與者一起做。這就是為什麼Herr和Anderson（2015）強調，行動研究是關於在行動「組織或社區成員已做、現正在做或希望做」（頁4）對改變他們所處情況的一些觀點。參與者在行動研究計畫扮演共同研究者的程度根據計畫有所不同，在不同的階段參與程度也不同。例如：參與者常常沒興趣在寫作上。另外，情境可能要求參與者達到某種程度參與，完全的就像共同研究者。然而，一個行動研究計畫的成功關鍵是參與者參與和積極參與的程度。就如Stringer（2014）指出，「積極參與是本身感受於激發人們投入時間和精力，來協助形塑自然情況和行動、活動、行為表現品質的重要關鍵」（頁31）。如果想要這樣的情形在社區、工作場域、專業訓練場發生，其關鍵為參與者的積極參與。

　　行動研究的第四個原則是領銜的研究者（為研究最終負責任的人）在此研究是社區內部或外部的人，這對任何行動研究考量將會不同（Herr & Anderson, 2015）。可以將行動研究實施像企業內部的人或是像外部的人，或兩種型態可能不斷出現。一個可能是完全內部的人；例如：教師研究者通常與學生在教室一起實施研究，以改進他們教學的一些觀念。他們在學校和教室是完全的內部者。同樣的研究也可以由一位研究者與一位教師合作執行；例如：一位大學研究者可能與教師或一群教師像共同研究者般從事某些讀寫能力的研究。所以如果這位大學研究者是外部者，這情景

代表外部者與內部者合作。以我們社區發展研究為例，如果你是社區成員則是內部者，但你可能不必要在研究開始就是個社區領導者，你可能在開始是某種邊緣內部者——你住在社區但可能沒有涉入在社區裡。然而，你若是擔任一領導角色的內部者，就像研究者，與其他社區成員一起完成研究和使社區改變，你可能變成在過程中成為一群更重要的社區成員領導者。如果是完全的組織外部者，在某部分試著至少與一位內部者合作很重要，以致於能夠較真正地與既得利益者改善他們的執行。研究者不管以什麼立場，要記得「行動研究尋求發展和保持社會和人際間的互動，而不是利用和提升社會及所有參與者的情感生活」（Stringer, 2014，頁23）。

行動研究的最後一個原則是當研究過程展開時，研究者和共同研究者以系統化方式蒐集和分析多樣形式的資訊，大部分的行動研究調查只採用質性資料蒐集方法。然而，就像我們所看到，參與者就像共同研究者也能決定他們要實施量化問卷成為他們資料蒐集方法的一部分，雖然這是參與者很少選擇使用在行動研究調查的。質性行動研究大部分僅使用質性資料蒐集方法，例如：訪談、焦點團體、觀察和分析文件或加工品。許多質性行動研究以參與者深度訪談開始為計畫過程的一部分，然後讓參與者在問題解決過程就像共同研究者，並常以個人或焦點團體訪談的反思過程來結束。例如：Stuckey（2009）針對第一型糖尿病實施行動研究和創造表達的角色，使得糖尿病有更進一步意義。她實施個別訪談，然後讓參與者自己選擇參加一連續的團體創造表達活動，在最後的過程實施個別訪談。

總之，行動研究的清楚原則決定於使其發生集中在解決訓練實務的真正問題，讓參與者的參與至少達到某種程度，以使研究能達到他們的需求。大部分行動研究調查是質性行動研究調查，因為大部分蒐集僅質性形式的資料；然而，就像我們所看到，行動研究調查是可能包含量化元素的。

行動研究的型態

行動研究的許多型態有不同名稱：教師研究（teacher research）、協同行動研究（collaborative action research）、合作探究（cooperative inquiry）、肯定式探詢（appreciative inquiry）、批判性的行動研究（critical action research）、女性主義行動研究（feminist action research）、參與性行動研究（participatory action research）（Herr & Anderson, 2015）。這些型態有些差別，但大部分的不同可從理論架構說明其為行動研究調查類型、參與者參與全部設計和研究執行的程度。

在回顧一些行動研究的發展和它的多樣化，Kemmis, McTaggert和Nixon（2014）根據Habermas三種知識型態的觀點來區別行動研究：

1. 期望改進對結果之掌控的技術性行動研究。
2. 由教育從業人員主導的實際行動研究，以使他們能讓行為更明智和謹慎。
3. 關鍵性的行動研究期望使人和團體，從不合理、不持續性和不公平中解脫（頁14）。

在考量不同行動研究型態上，上述的觀點是一個有用的架構。

當這可能是做一個技術性的行動研究計畫——例如：數學教學的介入策略和改進標準測驗分數為目的——這樣的行動研究計畫顯然地不常見。大部分行動研究計畫屬於Kemmis等（2014）所提，如「實際行動研究」或「關鍵性的行動研究」。

教師及教授時常在他們自己的教室，實施質性行動研究調查來改進他們的教學。這是大部分時常採用解釋Kemmis等人（2014）所提「實際行動研究」的例子。在1990年，這樣形式的行動研究時常稱為「教師研究」或「教師行動研究」，現在他們較常稱為「實際探究」或「協同行動研究」（Cochran-Smith & Lytle, 2009）。教師行動研究的重點是教學現場的改進，同時教師－研究者發展為一個較多反思的實踐者，並與他的學生一起創造有關的新知識。通常教師行動研究計畫出現如教師在他們實務上，有好奇或有「困惑的時刻」（Ballenger, 2009，頁1）。困惑時刻的結果，教師可能開始實行新的策略或教學方法，由計畫－行動－觀察－反饋循環的使用去實行改變。有些教師執行是與大學研究者合作，有些則是教師自己或與教師團體進行。在這些形式的行動研究，通常較少將幼稚園

至高中學生視為共同研究者,雖然教師引發他們的投入;相反的,重點較多在教師教學現場合作教師團體的聲音,或在展開知識以及專業發展。

其他形式的行動研究是專注較多在組織的改變,有時在組織特定次團體的行為。例如:Banerjee(2013)的早期專業科學家在組織發展領導的行動研究論文調查。她進行此研究就如組織內部的人;她知覺到早期專業科學家在組織時常感到被孤立,而她的研究發展部分地改善科學家們的需求也同時發展他們的領導能力。兩個不同的行動研究團隊由這些早期專業科學家和其導師每月見面超過兩年時間。在這個案子裡她期待這些科學家同時參與計畫的設計(一位共同研究者角色),甚至就像他們在從事一個領導發展計畫。作為研究者,她承擔召集團體和支持過程(和寫報告)的責任,但參與者決定他們自己的計畫。她發現他們發展出適合完成他們計畫之領導能力,而該過程是被團體的學習文化所支持。

在行動研究舞臺的另一參與者,特別在教育和應用場域的現場,從組織發展的場域出現的肯定式探詢(appreciative inquiry, AI)。有些爭論肯定式探詢與行動研究之不同,在於它沒有將焦點放在解決現場本身問題。Cooperrider, Whitney和Stavros(2008)根據4D(發現、夢想、設計和命運)模型,聚焦較多在什麼對組織是正面的和強調實施正面的知識介入。特別是他們說「肯定式探詢介入的焦點一般使用在組織想像的速度和創新,而不是負面的、批判的和不斷的診斷。這發現、夢想、設計和命運模型連結正面核心的精力,到從未想到可能的改變」(頁3)。肯定式探詢時常實施在健康照顧組織。例如:Richer, Ritchie和Marchionni(2009)以肯定式探詢調查健康照顧的工作者,以發現和實施有關癌症照顧的創新構想。之後,同樣團體的研究者執行健康照顧場域用肯定式探詢的重要文獻回顧分析調查(Richer, Ritchie, & Marchionni, 2010)。當肯定式探詢的焦點是在什麼對組織是正面的,而不是什麼是有問題的,這是過程導向和開始一個改變的過程,我們視它為Kemmis等(2014)所稱的一種形式為「實際行動研究」。

有眾多的文獻討論Kemmis等(2014)提及「批判性的行動研究」。批判性的行動研究調查是特別試圖挑戰種族、性別、層級、兩性導向或宗教的社會結構權力關係。從理論觀點,這種研究調查是由批判理論或教學

法、女性主義理論、批判種族理論或其他理論導向的形成，其聚焦在挑戰權力關係。一些批判行動研究調查也是參與式行動研究調查，參與者在研究行為上是高程度的共同研究者。而在其他批判行動研究調查中，參與者如同共同研究者的範圍有較多的限制。例如：在大部分正式的教育場域中，學生在參與決定課程或他們最後（成績）評估的範圍上是有些限制的。但在批判行動研究調查，教師的工作通常是與學生一起，所以他們可表達些意見和掌控他們的學習。

以Siha（2014）的批判行動研究調查作為例子。Siha，一位社區學院寫作教授，實施一個批判行動研究調查，並根據Paulo Freire的想法在他的寫作課程使用批判教學法（Horton & Freire, 1990）。他要他的學生開始寫有關他們生活周遭所關心的事，讓他們學習不同型態的寫作——這種被學術的文化所期待的寫作型態是需要「標準英文」與他們這種在家或在街上可能使用的語言不同。在他的教學中，他強調一種形式的語言使用或寫作不一定比另一種「更好」；而是他們需要知道哪種型態使用在哪種場域，以及在社區學院寫作場域或在任何正式寫作，他們一般不得不使用「權力文化」的寫作和語言標準。在強調這點上，他試圖在某些程度上強調其寫作和語言「標準」是由那些霸權文化的人決定的，而這些標準並不比他們家裡的語言更好或更差；他們只需要知道哪個使用在哪個場域。

作為計畫階段的一部分，他參與初步的教育敘事寫作工作，他們強調這種的寫作和主題是他們感興趣的。在將這些論文分析為文件並作為團體計畫過程的一部分之後，他和學生參與者隨後選擇用較小的寫作組，作為批判教學法技巧於相關一系列五種不同類型的書寫作業之反饋。學生在寫作和語言上，學習提出疑問假設和分析權力事件，以及在從事的過程中幫助他們參與更多的教育並學習，以建立更好的寫作技巧。Siha和每位學生分析寫作，以及在調查結尾與學生實施個人面談。這是一個批判行動研究調查的例子，學生在某些程度的參與就像積極的參與者及發言決定寫作任務的方向，但他們可能無法以同樣程度參與行動研究調查。

實施者和社區成員有時採取行動研究者的角色，並在自己的社區進行參與式行動研究調查，特別是挑戰權力關係並啟動其社區變革。我們提出的社區發展研究，之前描述為一行動研究計畫，可能容易地被視為參與

式行動研究。在大部分的參與式行動研究，這些研究者也是社區內部的人，他們實施此類調查或是由社區特別徵詢，他們協助參與在行動研究中。Kemmis等（2014）強調在批判的參與式行動研究，參與者對他們的實行是「深感興趣」，「以及他們實行的情況是否得到欣賞」（頁6）。因而這樣的參與者是容易在參與式行動研究中；事實上，這通常是他們的意見，並在研究初期，特別的與他人建立良好關係，以使更能融入情境。Kemmis等（2014）在他們的工作中，提供許多參與式行動研究的例子。

批判的參與式行動研究從個人和社會的觀點，能影響和改善人們。Pyrch（2007）爭論參與式行動研究幫助人們超越恐懼 —— 或不管害怕 —— 採取行動和控制恐懼是令自己解脫。他描述在加拿大工作時的自身經歷，以及接著討論參與式行動研究和受歡迎的教育間的連結，例如：成人教育且提到「對我，社區發展概念是成人學習和社會行動的結合，目的是教育人們集體合作並能夠掌握當地事務」（頁208）。許多人不相信他們可以和別人一起去掌握地方事務，或者甚至於太害怕而不敢去想他們可以。超越那種恐懼、缺乏意識，或兩者皆為參與式行動研究的一部分。這有時也會有政策影響，例如：Carney, Dundon和Ní Léime（2012）描述他們在愛爾蘭與社區活動團體的參與式行動研究如何影響政策決定，當人們超越了恐懼。事實上，這最終是參與式行動研究的目的：吸引人們為自己作為社區的一部分而採取行動。

總之，有許多類型的行動研究。大多數這樣的研究屬於像Kemmis等（2014）提及的「實踐行動研究」或「批判行動研究」調查。此外，大多數只利用質性資料蒐集方法；雖然偶爾會有一些行動研究者或合作團隊選擇蒐集一些形式的量化資料，這在行動研究中相當不尋常。雖然所有行動研究試圖吸引參與者滿足自己的需求和興趣，但參與者實際成為共同研究者的程度隨著行動研究調查的類型和研究的階段而變化。參與式行動研究調查大部分完全使參與者作為共同研究者。正如我們所看到的，批判性和參與性行動研究調查旨在挑戰結構化的權力關係，例如：基於社會階層、種族、性別、性取向或宗教。但也有其他形式的批判研究，不是特別批判或參與性行動研究調查。這是我們現在開始轉向於這些類型的質性研究。

批判性研究

在前面的討論中，我們討論了一種批判研究的形式——批判行動研究（和參與性行動研究，這是一種批判研究的形式）。但是對於批判性研究更一般的思考，是形成研究的理論架構並使它特別的重要；在批判行動研究的情況下，這一點具體地幫助人們在研究過程中理解和挑戰權力關係，並在研究進行時發生某些事情。還有許多其他類型質性研究的批判或女權主義理論、酷兒理論、批判種族理論、無／有能力或後結構／後現代／後殖民理論（統稱為「批判性研究」），在研究進行時，這些研究不一定特別使事情發生或解決實踐中的問題。關鍵是這些類型的研究在理論架構的意義上是共同地批判研究和他們在權力關係的分析。根據理論框架和社會的權力關係告知人們如何使其有意義，這是分析資料使得研究至關重要。我們將在下一章更澈底地討論理論架構在質性研究調查中的作用，但因為批判的研究調查現在如此常見，根據Yvonna Lincoln（2010）提到在質性社會科學研究中的「關鍵轉向」，我們將在這裡深入討論它們。

批判研究的目標和類型

在批判性探究中，研究的結果或結果的目標是批判和挑戰、轉變和分析權力關係。在大多數批判性研究中，人們希望透過研究結果採取行動。正如Patton（2015，頁692）所觀察，批判研究的關鍵是「它旨在批判現有條件，透過批判帶來變革。」因此，批判性研究不是一種質性研究的「類型」，與上一章所述的其他研究相同。相反的，批判研究是關於一個世界觀，這個世界觀和從這個角度的分析工具可以應用於許多類型的質性研究。因此，例如：可以做批判的民族誌或批判性敘事研究。批判透鏡也可用於基本質性研究、紮根理論研究或個案研究中的解釋資料。關鍵是在設計研究和分析研究時，研究者將特別地研究權力關係的本質。

批判研究的根源在於幾種傳統，並且如目前所實踐的，包括各種方法。早期的影響包括Marx對社會經濟條件和階級的結構分析，Habermas對解放知識的概念，以及Freire的變革和解放教育。Kincheloe和McLaren（2000）主要批判性解釋學的批判研究：「它的批判理論驅動的內文，

解釋學分析的目的是發展一種文化揭示在社會和文化背景的權力動態批評」（頁286）。

批判性研究已經成為一個廣泛的術語，涵蓋了一些研究的方向，所有這些方向都不只是想了解正在發生的事情，而且還要批評那些希望建立一個更公正的社會方式。批判性研究可以與其他質性方法結合。例如：Charmaz（2011）建議將對社會正義的批判立場與紮根理論的分析工具相結合。作為另一種方法的組合，批判民族誌試圖解釋文化，但也暴露其壓迫和邊緣化某些群體的文化系統（Madison, 2012）。在批判的自動民族誌中，研究者使用資料分析文化中固有的權力結構敘述她或他某些方面的故事。例如：Wright（2008）分析了她的工作階層是如何與她的性別和「知識迷戀」相關聯，而成為一位研究員和學術人員。

如前所述，批判的質性研究可以是透過批判理論、女權主義理論、批判種族理論、酷兒理論或後結構／後現代／後殖民理論。批判理論傾向於關注社會階層的分析；批判種族理論強調種族；女性主義框架往往側重於性別；酷兒理論關於兩性導向；後殖民研究分析殖民地關係。後現代／後結構框架分析了所有形式的權力如何影響研究——在Foucault（1980）的了解，權力是「毛細管」或無處不在——然而這種理論觀點傾向於質疑真理或知識的類別和固定概念。

事實上，權力動力學是批判研究的核心，雖然如前所述，研究人員通常有一個對特定結構性權力關係的具體興趣——例如：女權主義研究中的性別，或在批判種族研究中的種族——或在社會結構的交點，如種族和性別在黑人女權主義思想的研究（Hill Collins, 2008）。問題將是有關誰有權力、如何談判、當前的權力分配社會有何結構的加強等。批判的觀點一般認為人們不自覺地接受事物的原貌，以強化現狀。其他人可能在表面上以自我毀滅或適得其反的方式抗拒現狀。在批判性研究中，假設權力與霸權社會結構的結合導致沒有權力的人的邊緣化和壓迫。批判性研究旨在使這些動態可視化，以便人們可以挑戰權力關係。

批判研究關注在背景而較少關注在個人。批判的教育研究，例如：質問學習發生的背景，包括社會的更大系統、文化以及塑造教育實踐的制度結構和歷史條件框架的形成。問題被問及誰的利益是透過教育系統組織的

方式、誰真正可以進入特別的方案、誰有權力做出改變，以及什麼結果是透過教育結構的方式產生的。因此批判的質性研究提出有關權力關係的問題如何提倡一個群體的利益，同時壓迫另一群體的群體利益，以及關於真理的本質和知識的建構。

　　一個令人愉快的和現在經典的批判研究的例子，是Burbules（1986）對兒童書*Tootle*的分析。這是將一個批判透鏡應用於文本的一個很好的例子。Burbules揭示了一輛嬰兒火車成長為成人火車的寓言故事，就像學校教育、工作和成年期的比喻——以及在我們的社會中階級和性別在壓抑性結構如何被強化。最近三個重要的質性研究例子是Davidson（2006），English（2005）以及Robertson, Bravo和Chaney（2014），其使用一個批判和酷兒的理論透鏡。Davidson（2006）提出了一個雙性戀拉丁裔男性的個案研究；English（2005）的研究採用後殖民理論來了解國際上女性工作者的社會公平正義，其調查殖民化的結果是由於人種、性別和種族群體而被邊緣化的那些人。Robertson, Bravo和Chaney（2014）從一個批判種族理論的角度，調查了拉丁裔／拉丁裔學生在一個主要是白人大學的種族主義經驗，以及他們如何找到對抗空間來引導這個主要是白人的社會環境。有許多批判研究調查以及期刊，特別致力於出版批判形式的社會研究。

批判性研究的發言位置和反思性

　　到目前為止我們強調的事實是，研究重要的是其理論架構和社會權力關係的分析。但也有方法的問題，特別是在進行研究中有關研究者的角色，這些問題在理論上基於任何批判觀點分析權力關係，在批判的質性研究是需要被考慮進去（Steinberg & Cannella, 2012）。批判理論、女權主義理論、無／有能力理論、批判種族理論、酷兒理論和後殖民／後結構／後現代理論的一個基本假設是，世界是由基於種族、性別、階級、性取向、無／有能力或宗教的結構化權力關係所形成。實質上，假設是權力關係無處不在，包括研究本身。雖然所有形式的質性研究解決的問題，例如與參與者建立密切關係以蒐集質性資料，在批判研究更多的注意放在檢視

研究行為本身的權力關係。我們之前提出，除了批判的行動研究，在其他類型的批判研究調查中，研究者通常不一定需要在研究本身期間進行改變。然而，在大多數批判形式的研究中存在著某種假設，也就是變化是隨時發生，當參與者在訪談或其他形式的資料蒐集中被問及關於性別、種族、階級或性取向的經歷時，談論問題的行為改變了他們對這些事物的意識，因而引起改變（Kemmis et al., 2014）。因此，改變被認為是質性研究的關鍵形式；然而，除了在批判行動研究調查個案（有時在批判民族誌）的情況下，重點不是真正研究人或團體在研究過程中如何改變，而是分析與參與者生活中的權力關係有關的問題。當然，大部分批判的研究者希望研究的結果是參與者或其他人將做某事和採取行動。但是大部分批判的研究者當他們正在做時，也認識到並試圖在研究中處理權力關係（Koro-Ljungberg, 2012）。

　　在考慮研究人員與參與者的關係，批判研究的討論傾向於突顯三個主要相互關聯的問題：內部人／局外人問題、位置問題，和這兩個相互因素的結果，及研究者反思的重要性。Lincoln（2010，引用Fine, 1994）指出這些問題的工作統稱為「連字符工作」和解釋其「連字符的工作是指研究自我——他人的連結」（頁5）——本質上，研究者與參與者的關係以及在研究過程中一人如何影響另一人。在某種程度上，之前我們在行動研究的討論談到內部人／局外人問題。但是所有類型的批判研究人員都需要解決這些問題，考慮一個人是否是內部人或局外人影響研究過程。例如：如果在實施高中教師試圖參與教室的權力關係之研究中作為一個學術的大學研究員，但從未當過高中老師，則在研究中就像一個完全的局外人。如果一個人過去曾經是高中老師，但現在於一所大學任教，在參與者看來，可能有一個混合內部人和局外人的身分。這些內部人／局外人的身分問題可能不僅影響研究者是否能接近參與者，且也會影響他們告訴研究者各種的故事。

　　這種內部人／局外人身分概念之擴展是研究人員的位置性問題——他們的種族、性別、社會階層、背景和性取向——特別是關於研究目的。例如：如果一位男同性戀者可能更容易對男同性戀者進行研究；如果一個人的定位與那些參與者／受訪者相似，那麼獲得和發展與參與者／受訪者的

信任通常就更自然。Vicars（2012）在他對同性戀男孩的童年和青少年閱讀習慣，與其關聯自身發展的研究中強調了這一點。他作為一個男同性戀者進行研究，他寫道「沒有內部人員進入，將很難在教育體系中找到男同性戀者會有意願和準備公開談論他們的經驗」（頁468）。

　　這並非研究者的位置性總需要和參與者的位置性相配。正如Johnson-Bailey（2004）解釋，在她與黑人婦女重返高等教育的批判敘事研究的經驗中，總是有定位性與參與者不相配；她是參與者關於種族和性別的內部人，但在有些參與者，她則是一個關於社會階層和種族的局外人。問題是邊緣化群體研究的參與者（種族、性別、階級、性取向）經常懷疑是哪些主導文化的成員，對被壓迫群體的人進行研究。他們經常擔心研究者的議程是什麼，以及它們將如何被描繪為參與者。批判性研究的重點是與人進行研究，而不是對人進行研究。

　　雖然所有的質性研究者都認為研究者的反思很重要，批判性研究者特別強調這一點，因為研究行為本身固有的權力關係。社會工作研究者在他們最近研究的反思性角色，Probst和Berenson（2014）提到：「反思通常被理解為影響研究人員對什麼是正在研究之體認，以及研究過程如何影響研究者。這是一種心態和一套行動」（頁814）。這意味著質性研究是一個辯證過程，其至少在一定程度上影響和改變參與者和研究者。在質性研究的批判意義上——如果重視在世界各地和研究過程本身的權力關係之挑戰——這是批判研究者有反思的義務：考慮如定位性和內部人／外部人的研究態度等問題，並且在可能的情況下嘗試擁有其影響力。儘管在這裡謹慎的一點是，在寫作中找到平衡，正如Pillow（2003）所觀察，人們可以充分地討論這個問題，所以其顯示出研究比起參與者和研究發現，與研究者有較多關係。然而，批判研究中的這個研究者反思性問題以及研究者在報告中如何處理這一問題，也是使批判研究更批判。

藝術本位研究

　　質性研究在根本上是檢視人們如何創造意義。最典型的是，研究人員已經分析了人們所說（在採訪或書面文件）以及經由觀察他們和寫下現場

記錄了解他們做了什麼。因此，大多數質性研究者分析資料是文字。但是只能用言語表達人們沒有使其產生意義；他們也經由藝術、視覺藝術、符號、戲劇藝術以及攝影、音樂、舞蹈、故事或詩歌。自從新千禧年來臨，更多的是強調如何創造性的表達可作為質性研究努力的一部分，而這已經被稱為藝術本位研究（ABR）。Barone和Eisner（2012）討論了單獨使用敘述性詞彙的侷限性，並提到「藝術本位研究是超越不著邊際交流限制的努力以表達意義，否則將是無法理解的」（頁1）。

研究者可在研究的不同階段或各個階段利用藝術本位的實踐。Leavy（2015）解釋說：「藝術本位研究之實施是質性研究者根據原則在所有階段所使用的一套研究方法之工具，包括資料蒐集、分析、解釋和表徵」（頁2-3）。將藝術納入研究的要點部分在事實的確認，人們使其產生意義和以不同的方式表達它。然而，正如藝術家和許多老師所知道的，當被要求透過符號表達某事時，人們也常常以新的和更深的方式來表達意義，經由攝影、視覺藝術、音樂、隱喻、舞蹈、詩歌或其他形式的創造性表達（Bailey & Van Harken, 2014）。藝術家知道這一點，並經常在他們的創作過程中做到這一點。但是他們不把自己當作藝術家或「擅長」在藝術，也透過藝術形式的表達來形成更深刻的意義——或許是因為這麼做才能進入大腦的不同部分（Zeki, 2000）。無論如何，研究者可從事藝術研究，也可將藝術活動納入研究項目的方面，而不被認定是一位藝術家。研究者這麼做是因為它的使用通常會引起更深層的意義形成和其意義的形成是質性研究的重點。

關於藝術本位研究是否是一個獨特的研究形式有些爭論（Barone & Eisner, 2012; Leavy, 2015）。有人認為它本身不是；人們可採各種各樣的方式以利用藝術的方法，在基礎解釋研究、民族誌、敘事研究、紮根理論方法、個案研究或批判或行動形式的研究中。然而，其他人認為，藝術本位研究有自身的方法論和擴展質性研究的範例。在某種程度上的爭論依賴於(1)藝術方法的目的作為資料蒐集和／或呈現方法，或是(2)研究的整個目的是否是要研究藝術家和／或藝術過程。因此，為了簡單起見，我們將藝術方法的討論分為兩個主要領域。

在資料蒐集和研究報告中藝術的使用

　　許多研究者利用藝術的方法作為其資料蒐集方法的一部分，在較少或更大程度上以及有時呈現研究結果以澄清這點。在這些情況下，研究的目的不在於藝術或圖像；在訪談中，圖像在這感官上通常更被用作誘發裝置。談到有關在研究中使用照片，Harper（2002）解釋照片的引出是「將照片放入研究訪談的簡單想法」（頁13）；他繼續注意到任何視覺圖像──如漫畫、繪畫、符號、圖像或對象──都可以放入訪談中。在訪談中參加者被邀請談論有關圖像，來看他們如何表達其涵義。如果是研究者產生的圖像，這些圖像通常會使用來引出特定類型的經驗。例如：Matteucci（2013）使用佛來明哥音樂和舞蹈照片的經驗，是遊客去過西班牙南部專門從事佛來明哥音樂和舞蹈課。他自己選擇照片有兩個主要原因：他有興趣探索遊客對這些照片所描繪的佛來明哥音樂和舞蹈的特定方面之看法和經歷，參與者在這個地區只有短暫的時間，所以拿自己照片是不允許的。更多的時候，研究人員使用參與者聚集或參與者創建的照片或視覺圖像作為資料蒐集的引出裝置，我們將在第七章進一步討論。如果參與者只是找到一個圖像或對象並將其帶入訪談中，研究者可能不僅問它的涵義，還會問它是如何被選擇的；如果參與者創造了它，研究者可能會詢問創造的經歷是如何。例如：Lachal等（2012）與肥胖青少年進行了一次研究，以檢查食物在家庭關係中的作用。他們給這些青少年拋棄式的相機，在餐桌清理之前，他們會在餐後拍攝家庭桌子的照片；他們被告知沒人是在照片中。他們訪談了青少年在家庭中餐點的呈現如何以及圍繞食物的家庭關係之性質；圖片被當作是一個引發裝置。

　　在將這些藝術方法用於資料蒐集的過程中，研究主要涉及主題，通常不是主要的圖像本身。Matteucci（2013）的研究是關於遊客參加佛來明哥音樂和舞蹈課的經歷；Lachal等（2012）的研究是為了調查食物在家庭關係中的作用。使用圖像只是一個引發裝置，以看到參與者如何使他們的體驗產生意義。

　　在一些利用藝術方法的研究中，藝術或圖像的作用發揮了更重要的作用。當參與者被要求創造某種繪圖、拼貼或符號來表達某些意象時，通常

在行動研究調查就是這種情況。Stuckey（2009）和她的參與者，在她的行動研究調查有關創造性表達的作用在使糖尿病有進一步的意義上，一起決定首先在一個時段中創造一個圖像，然後在另一個時段中拍攝照片。他們也討論了圖像製造和照片蒐集經驗。這些會議不僅涉及糖尿病的意義，他們也關注創造表達的作用如何促進了意義產生過程（Stuckey & Tisdell, 2010）。在最後的訪談中，邀請參與者創作一幅藝術作品，描繪他們的整體經歷。在這個個案中，這項研究是透過參與創作過程來進一步說明糖尿病的意義。這項研究還有更多的關於他們如何對糖尿病產生意義，但創造表達的作用確實成為焦點。

質性研究人員使用藝術的方法不僅在資料蒐集方法，也在研究結果的呈現中進行研究。例如：Lodico, Spaulding和Voegtle（2010）討論青年夏令營學術增強計畫的評估研究；研究人員有一些青年創造經驗的照片，並用照片作為呈現研究的一些主要發現之方式，但研究是更多關於青年夏令營計畫的評估。

當然，藝術的調查不僅是使用或創建圖像；它時常涉及更多的創造性使用詞語，譬如在使用詩歌或從參與者的話中創造表演。例如：Ward（2011）對4名身心障礙學生進行了敘述性研究。她以學生的敘述在「帶來訊息前進」中描述她如何使用詩意寫作（頁355），以解決她遇到的研究困境。在她的結論中，她寫道，使用詩歌的效果「突顯了學生的故事，著重於他們的經驗意義和線索，創造連貫的故事情節、真實感和令人回味的文字，使讀者反思和深入了解。

研究者有時候會使用參與者的話或工作來創造某種表現，以與更廣泛的大眾就研究結果進行接觸。例如：Davis（2014）在GED計畫中創造了民族誌戲劇，其從一個年輕人高中到成人基礎教育的轉變，就像讀者的劇院，在這些教育計畫中進行關於這樣的年輕人生活經歷的討論。藝術本位研究的一個更為戲劇性的例子，就是「如何將Eve Ensler的性暴力受害者之訪談，轉換為在數百個地方執行的陰道獨白的表演」（Lodico, Spaulding & Voegtle, 2010，頁201）。

還有許多其他例子，研究人員如何利用藝術，以更有創意的將其研究結果呈現給不同的觀眾，而不是僅僅將研究結果的主題呈現在學術期刊

上。在某種程度上，有些藝術本位的方法往往在其方向上至關重要，因為研究結果旨在由提高對正在研究問題之意識來影響人們的變化。那些以這種方式從事詩學許可研究結果的人（Barone & Eisner, 2012），發現他們的方法引起了一些問題。有些人擔心調查結果的可靠性或這麼做的倫理道德；因此，大多數討論藝術本位的研究方法特別強調這些問題（Barone & Eisner, 2012; Leavy, 2015）。此外，以這種方式呈現研究結果的研究者一般都有參與者的許可，或者是特別的與他們的參與者一起從事在這樣產出的成果。另外，當研究結果以詩歌甚至創意散文的形式出現時，無論是在學術文章或寫給一般大眾，作者－研究者通常以淺顯易懂的方式將他們所做的結果，嘗試用更多創意方式來吸引更多的一般社會大眾。

有關藝術家和藝術過程的藝術本位研究

在剛剛提供的大多數例子中，研究的目的是探討參與者如何對某一特定現象或經驗使其有意義，而不是藝術本身。但是有些質性的研究計畫是專門研究藝術家或是創造和／或呈現某種藝術形式的過程。

這些研究採用各種形式。一些研究更關注藝術家和藝術作為的一種知識創造或教育的形式。例如：Zorrilla（2012）研究了德國出生的烏拉圭概念藝術家Luis Camnitzer的藝術和實踐，如何作為公共教育學的一種形式。從小時候開始，他的家人逃離了納粹政權，他的生活從專制政權一直處於流亡的狀態。他用藝術來提高壓迫的意識。Zorrilla的具體目的是調查Camnitzer對他作為一個從事公共教育學形式的角色之看法，以及他的藝術如何作為一種教育形式。她透過與Camnitzer和藝術館長的訪談進行了研究，他們展示了自己的作品，並分析了Camnitzer著作和他的藝術。Zorrilla的具體觀點是調查其藝術家和藝術過程。

Leavy（2015）在她的關於藝術本位方法的書中，具體討論了研究人員為了產出藝術而進行藝術活動的情況，或者研究藝術如何促進知識建構過程。她在創造視覺藝術、舞蹈和運動、音樂、戲劇和表演研究、詩歌、敘事研究中的小說和自傳性寫作，分為不同章節的質性方法。使用戲劇和詩歌的一個很好的例子，是Hanley和View（2014）的批判性種族理論研

究，他們訪談了非裔美國人、拉丁美洲／拉丁美洲人和美國原住民談創作詩歌和戲劇，其挑戰了種族和文化上的主要敘事。他們的目的是明確地創造表現，以使用參與者的話來進行有關種族和民族認同的問題之溝通，以及創造力在創造反敘述中的作用。

　　許多關於藝術家和／或藝術過程的藝術本位研究調查被寫為自傳，其研究者是由參與一個或多個藝術來研究她或他文化認同的觀點。一個令人興奮的例子是，Manovski（2014）使用了多種藝術形式，包括詩歌、視覺藝術和特別的是音樂，以檢視她有關種族、性別、性傾向和民族血統認同的相交觀點。

　　許多藝術本位研究計畫部分，是有關參與者如何經由參與藝術的過程來產生新知識。最近一個有趣的例子是Tyler為一個組織發展計畫與信仰驅動和社區為主的非營利組織的研究，以「我兄弟的守護者」活動在巴爾的摩市內，為整個社區提供各種服務。她的目的是整合說故事和拼湊馬賽克式的方式，創造一個社區綜合圖像的景觀，作為一種表現認知的形式以了解這些活動是如何影響組織的策略視野和規劃過程。她首先聚集了30位來自社區的參與者。她要求他們想像十年後有更大社區的蓬勃發展，部分原因是「我兄弟的守護者」計畫的作用。然後，她要求他們講述一個有助於成功的故事。從那裡她請他們提出一個圖像，讓他們與更大的群體分享。最後，隨著時間的軌跡，從這些圖像社區選擇了最突出的畫面，畫出它們，然後將它們排列成一個有意義的序列，以此作為對社區的一種願景。然後他們從繪圖中創造了一個馬賽克。Tyler描述這過程和對組織的影響；關鍵因素是參與者對計畫的參與和掌握權。有證據表明這事實，他們將馬賽克安裝在機構餐廳的入口處，所以每天他們的願景都刻印和反覆在時間和空間上，並在心靈、想法和精神上刻印在使用此空間的人們（見圖3.1）。泰勒指出，做這樣的計畫是令人興奮的，它利用多種知識的方式，獎勵是很重要的；但這些計畫也需要時間和耐心以及社區的邀請。事實上，有許多有趣的例子說明了藝術的創造及其影響對質性或行動研究調查的目的至關重要。

資料來源：Tyler（出版中）。經許可轉載。

摘要

　　在本章中，我們探討了較新的質性研究的形式或研究，具有很強的質性要素。我們開始討論混合方法研究，利用質性和量化的研究方法。然後我們討論了各種各樣的行動研究調查，指出了大部分通常這些研究只用質性方法，但它們偶爾可結合量化要素。第三，我們討論了批判性研究調查，旨在調查和希望挑戰權力關係，並經由以藝術本位方法的質性研究，指出這些類型的研究可能存在重疊來結束本章。例如：基於藝術本位的方法可以納入行動研究、批判性研究或其他類型的研究。

　　這些類型的設計有助於擴大質性範例的研究。它們在過去二十年中越來越普遍；許多論文研究現在利用混合的方法、行動研究和藝術本位研究，或是被特別地設計為旨在挑戰權力關係的批判研究調查。現在還有一些採用這些研究設計方法的質性研究之專門期刊，這顯示出這些研究設計利用了質性研究方法在進一步擴大質性範例的影響。

第四章

研究設計與樣本選取

　　很少人會在沒有思考要去哪裡或如何前往的情況下，就直接走出家門踏上旅程的。開始做研究也是同樣的道理，我們必須要對於我們想知道什麼以及如何實現計畫，有一些想法。而這樣的地圖，或者是說研究設計，將會是一個「從這兒到那兒的**邏輯過程**，『**這兒**』可能被定義為一組待解答的初始問題，而『**那兒**』就會是關於這些問題的一到多組的結論（答案）」（Yin, 2014，頁28，黑體字為原文所強調的）。

　　在本章中，將由如何選擇一個研究題目開始，接著討論如何聚焦於這個主題並將之形塑為研究提問，而這個研究提問將會反映出你的理論架構。我們將解釋什麼是理論架構，以及文獻探討在建立理論架構及問題陳述時扮演著什麼角色。雖然我們將依序解釋、定義研究提問、確立理論架構、探討文獻，但是我們要清楚的告訴讀者，在實務上他們在研究過程中是緊密互動且高度關聯的。一旦定義了研究提問，你的下一個任務就是選取研究樣本——這過程也包含於本章的範圍之內。

主題選擇

　　該如何選擇一個質性研究的主題？首先是從你的日常生活中找起，你的工作、家庭、朋友、社區，什麼令你感到好奇？什麼事情正在發生？或者工作上任何令你感到疑惑的事情？為什麼這些事物會是如此的樣貌呢？

　　當你的工作、家庭、社區發生改變時，到底發生了什麼事？仔細看看，有什麼事讓你感到有趣而你又對它不是很了解？例如：你可能會觀察到，你竭盡所能地試圖讓某些學生參與課堂討論，結果卻失敗了；你會開始思考任何可能造成這項結果的因素。是因為某些狀況造成他們不願參與

課堂活動嗎？是因為你用的方法有關係嗎？還是因為課堂氣氛呢？你對這些學生有什麼感覺？排除了個人因素，這些活生生的實際經驗都可以成為研究的問題。以下的例子，將說明我們如何從日常生活中衍生出研究的主題：

* Paul是一位臨終關懷輔導員，思考如何將這些長者的悲傷經驗轉化為正向的學習經驗（Moon, 2011）。
* Amelia曾經從事成人基礎教育工作，她對於這些高中輟學的青年如何來到成人教育計畫的故事與經驗感到著迷（Davis, 2014）。
* Alfred曾在社區大學中教授寫作，他對於如何鼓勵學生投入課程並幫助他們在學習寫作的同時，感受到他們正在改變自己的世界與生活產生興趣（Siha, 2014）。
* Robin曾在博物館擔任教育人員，她觀察到某些講師對於他們的工作十分在行。她思考著，這些只受過短暫訓練的志工講師是如何成為這方面專家的（Grenier, 2009）。

　　在教育、管理、社工、健康專業等實踐應用的領域中，大部分的研究主題源自研究者對於特定領域的興趣及其本身的工作環境。當然，研究主題也有其他來源，近期的社會與政治議題就提供了無數的可能，例如：在醫療環境的變遷以及實證醫學（evidence based medicine）的壓力下，有人可能會對醫護人員的學習與實務操作感到興趣（Timmermans & Oh, 2010）。除了他們對於這些議題的憂心與興趣之外，Armstrong與Ogden（2006）對於執業醫師如何處理這樣的改變，他們的行為又有什麼樣的調整，做了質性研究。另一個關於社會與政治例子，則來自於2008年金融海嘯與隨後大眾對於許多成人的財務素養有限一事所產生的討論。越來越熱烈的群眾討論激發了Tisdell, Taylor與Sprow Forté（2013）的研究，檢視財務知識教育人員的教學信念，以及他們如何在工人階級的社區中講授財務金融知識。

　　研究主題可能源自文獻，尤其是同領域的先前研究或理論。一些與你相關的時事分析、你為某堂課所寫的文章、甚至是閒暇時的閱讀都可能

成為發展成研究主題的資源。一份完整的研究報告是很好的材料，因為幾乎所有的研究都有未來研究的建議，其中不乏質性研究所能達成的項目。一個理論可能也會產生研究主題，例如：許多關於成人教育的理論文獻指出，成人是自我導向的，因此他們偏好參與計畫、執行，並自我評估學習狀況。然而，以數據為基礎的研究顯示，有些成人並不想或不知道如何去控制他們的自我學習。這兩項研究中的不一致激發出新的問題，自我導向究竟是成人教育的前提，還是成人教育的目標之一呢？自我導向的學習者與非自我導向的學習者之間有何不同？學習活動的來龍去脈是否促進或阻礙自我導向學習？與自我導向學習（self-directed learning）相比，合作學習（collaborative learning）是否更令人渴望？

　　雖然相較於量化的研究，在質性研究中較不普遍的是，研究的問題可以由理論衍生而來——透過質疑某個特定的理論是否可以在實務中體現。就算是紮根理論（grounded theory）的建構者（本書第二章），也承認藉由嚴格的「理論與數據的結合」（Strauss & Corbin, 1994，頁273），質性研究可以用來闡述及修正現有的理論。以Wenger（1998）的實作社群理論（theory of communities of practice）為例，該理論假設學習是一種社會性活動，在其中我們共同投入一些活動並且創造出意義。此外，這樣的學習改變我們對於自我的認知與認同。為了探索Wenger的理論，你可以挑選一個實際的社群進行研究，就像Allen（2013）在他的民族誌個案研究中，就針對Microsoft SharePoint作為一個社群媒體是如何扮演工作社群（workplace-based community）與外在專業社群（external professional community）的仲介進行了研究。

　　所以，研究主題大部分來自於觀察以及對於日常活動的疑問，他們也可以來自於社會和政治的議題、某個主題相關的文獻或理論。這些領域是互相交疊的，舉例來說，社會和政治的議題總是穿插在工作環境中出現。因此，你可能在閱讀你所屬領域的文獻時，看到許多與社會、政治相關的理論。決定研究主題的重要因素是，你是否真誠地感到好奇且有興趣去尋求問題的答案。這個興趣，甚至是熱情將會比其他因素更能帶領你走完整個研究過程。一旦你有了研究主題，下個步驟就是將它形塑為一個研究問題。

研究問題

如果在從事研究之初沒有先確立研究問題，不保證會有好的研究成果。大部分人都知道有研究「問題」是什麼意思，但在這裡，我們所說的問題包含了懷疑、不確定性、或者是困難。通常擁有研究問題的人會尋求解決方法，諸如釐清事實或是做出決定，研究性問題也是一樣的道理。Dewey（1933）認為，問題是「任何讓你的頭腦感到困擾或受到挑戰，並且使你的信念變得不確定」的事（頁13）。

進行質性研究的第一個任務，就是對於感到困擾或挑戰你認知的事物提出問題。人們常說，比起科學，做研究更像是一門藝術。若將質性研究視為舞蹈藝術，Janesick（1994）提到了這第一個步驟的重要性，「所有的舞蹈都做出了一段陳述，而這些表演來自一個問題，我想透過這支舞來表達什麼？相似的，質性研究者也是從一個類似的問題開始，我想透過研究知道什麼？這是一個很重要的起始點，不論我們的觀點為何，甚至是因為我們的觀點，我們開始建構並塑造出所要探索問題的雛形」（頁210）。

你感興趣的事情會成為你研究問題或是問題陳述的核心，它會反映出你的理論架構，更精確地說，它呈現出知識基礎的差距。Kilbourn（2006）指出：

> 像「我想要探索……」與「這項研究將檢視……」的陳述只告訴讀者這研究將做什麼，但卻沒有告訴讀者你所研究的問題是什麼。雖然，研究將要做什麼也是同樣的重要，但是讀者第一個想知道的會是研究將專注在什麼問題上（頁538）。

在起草研究問題時，你將從對於現況的興趣、好奇或懷疑，衍生出研究問題的明確陳述。也就是，你必須將你的好奇轉化為一個可以透過研究求解的問題。

一個研究問題陳述的架構，必須勾勒出研究的邏輯，我們可以比喻成漏斗形——上（頂）寬（底）下窄。在「上」你會點出你所感興趣的領域，像是：這學生是家裡第一個念大學的嗎？如何處理工作環境中的多變

性？數學恐懼症？線上學習？為了讓讀者了解這個主題是關於什麼，你向他們介紹關鍵的概念、告訴他們這個主題有什麼研究已經被完成、為什麼這個主題是重要的；也就是說，為什麼我們應該關注這個主題。

接著，你開始縮小這個主題，從漏斗頂部向底部聚焦，引導讀者前往一個明確的、獨特的問題。在此同時，你也將點出這項主題在資訊的缺乏，也就是知識缺口（knowledge gap）。或許有些文獻中沒有提到過你的問題，又或者因為某些理由必須要釐清，這些研究報告中有不足或重大的缺陷。你需要帶領讀者循著脈絡，明顯地了解這研究的必要性。「需要完成的項目」就會是這項研究最精確的目標，你通常會指出這項主題缺乏相關研究。而問題陳述通常都包含了「這項研究的目的在於……」，目的的陳述則在知識缺口的重申。一旦你提出了主題以及我們目前所知道的知識，就同時指出了我們不知道的部分。例如：「雖然文獻中對於體現學習（embodied learning）有很多討論，但並沒有發表關於人如何透過身體來學習的數據研究」，這樣的知識缺口就可以變成是一個目的陳述。這項陳述也可能包含被研究的特定族群；例如：以「人如何透過身體來學習」的知識缺口來說，目的陳述可能會是：這項研究的目的是為了了解武術教師進行體現學習的過程。

通常在目的陳述之後會是一組研究問題（research questions），這些問題反映出研究者認為哪一個因素在這項研究中是最重要的。Maxwell（2013）建議研究者問問自己「什麼問題是研究的核心？這一組問題將如何去引導你的研究？」你無法在一個研究主題中研究你所有感到興趣的事物，做出選擇吧！對於質性研究來講，通常三到四個主要問題會是一個比較合理的數目，不過你也可能會在一個主要問題之下再提出次要問題（頁84）。例如：前述提到的體現學習的研究，研究問題可能會是(1)武術教師是如何去認知到體現學習正在發生？(2)體現學習中包含了哪些步驟或階段？(3)武術教師是如何促進或是提升體現學習？

研究問題也決定了研究資料如何蒐集。在質性研究中，研究問題通常會先確立在田野觀察（field observation）中要觀察什麼，以及在訪談時要詢問哪些主題。研究問題通常不是訪談的特殊問題，研究問題比較寬廣，定義了訪談的問題內涵。引導一個質性研究的研究問題，不要與最初

產生的研究動機的疑問、好奇、困惑（這些將反映在問題陳述與研究目的中），混淆在一起。例如：在Bierema（1996）對於女性經理人的研究中，她整個研究的問題或目的在了解這些女性如何對文化做足夠的學習並突破玻璃天花板；引導整個研究的問題是：「這些女性經過哪些正式與非正式的學習來增進對於組織文化的了解？她們在企業階級中向上攀爬時遇到什麼障礙？女性經理人面對與超越這些企業環境的策略是什麼？」（頁149）。

　　總括來說，問題陳述是一個精緻過的段落，並且提供了研究的邏輯。在論文中，問題陳述通常都是接在「問題導論」或「問題背景」的章節段落之後。這個導讀性質的章節長短不一，通常是在五到十頁之間，它將告訴我們關於這項主題的細節、我們目前知道什麼、其他已完成的相關研究、哪些是重要的概念與理論等。基本上，就是與讀者攜手瀏覽這個主題並抵達在你想要的位置（也就是你對於這個現象的獨特問題）。問題陳述是這個導讀性章節的總結，最短可能只有半頁，一到兩頁的篇幅則較常見。在期刊文章中，問題陳述、問題導論、以及文獻探討等這些段落常常是交織在一起的。然而，問題陳述這項重要的元素應該要被呈現出來的。

　　問題陳述有三個要素：第一個是整個研究的背景脈絡，也就是哪個領域或主題令你感到興趣，然後你有什麼特定的問題。這是問題陳述中最簡單的部分，因為在寫出研究主題的同時你也確立了研究的脈絡。第二個要素就是確認出目前知識基礎與目標的差距，釐清哪些是我們不知道的事，而這些是你所要研究的。第三個要素是以委婉或直接的方式說明你將釐清的問題是非常重要的、是我們迫切需要解答，以及為什麼知道答案是非常重要的？問題陳述將以目的陳述及研究問題作為結尾。

　　範例4.1是一個有關成人在課堂處理情緒的研究範例。第一段建立了研究的脈絡（一個關於情緒狀態和學習間關係的完備研究）。句子的開頭是「這篇文章是關於成人教育和學習的領域」說明這個研究的重要性，也就是說，多了解他們之間的關係將能強化我們的學習。再來，清楚地釐清我們知識的「缺口」：我們對於情緒如何在成人的教育裡運作知之甚少。這樣的知識缺口於是成為我們這個研究的目的，也就是說，這個研究將會針對這個知識的缺口進行探索。這個研究目的陳述是緊跟著三個研究問題的。

範例4.1　問題陳述：引人入勝的時刻
　　　　　——課堂中成人教育者閱讀情緒與回應

問題陳述

神經系統科學的研究指出，情緒的狀態是所有學習的起　脈絡
點（Damasio, 1994a, 1999, 2003; LeDoux, 1996, 1999,
2002）。情緒有數千種，每一種都包含了一個特別的組
合，內含潛在行為、感受和十六種可以增強或阻礙學習的
情緒。成人教育與學習領域的文獻已經知道情緒會影響學　重要性
習的過程（Argyris, Putnam, & Smith, 1985; Dirkx, 2001;
Heron, 1999; Lovell, 1980; MacKeracher, 2004; Merriam et
al., 2007; More, 1974）。但令人驚訝的是，很少有研究或
是文獻探討這樣的過程在成人的課堂中扮演了什麼角色。　缺口
這個研究設法了解且仔細地描述，成人教育者的團隊經驗
本質以及他們如何讀取和回應學習者的情緒狀態的實際經
驗。

目的陳述和研究問題

這個研究的目的是為了更深入地了解成人教育人員，在閱　目的
讀和回應學習者的情緒狀態時的方式。這個研究由下列三
個問題所引導：
1. 成人教育人員用什麼指標閱讀和判定學習者的情緒狀
　 態？
2. 成人教育人員用什麼行動回應學習者的情緒狀態？
3. 這些行動背後的原因是什麼？

資料來源：Buckner (2012)，經同意後重印。

　　在範例4.2中，Valente（2005）建立了關於較年長的成人自我導向學
習和他們對健康照護的問題陳述。第一段建立研究背景脈絡——在有管理
的照護系統下年長成人健康照護的需求。在第一段和第二段的敘述中，提
供了問題重要性的參考資料：健康教育人員建議病患「在他們的健康照護
中扮演更為主動的角色」；同時，指出在這個系統裡，年長成人是特別具

有風險的。這個知識點的缺口在於，我們對於年長成人如何在健康照護中自我導向學習缺乏認識。這個缺口於是成為我們研究的目的，其中包括了五個探索整體（和更廣泛）不同面向目的之研究。

範例4.2　問題陳述：自我導向學習在年長成人健康照護所扮演的角色

問題陳述

越來越多年長成人需要醫療服務，影響了未來的健康政策導向。為了因應越來越多的人、成本以及年長成人對於健康照護的需求，醫療機構開始改變病患照護的政策。例如：健康照護經營者的補償政策開始提供病患快速通過健康照護系統的誘因，而且對醫師施加壓力，限制其問診和健康教育的時間。因應這樣的改變，健康教育人員呼籲病患要對其健康照護扮演更為主動的角色（Berman & Iris, 1998; Keller & Fleury, 2000; National Centers for Chronic Disease Prevention & Health Promotion, 2002）。　　脈絡　　重要性

了解關於健康維持的因素對於年長成人來說是很重要的，因為他們是高風險族群。那些對於自身健康有所控制的年長者，採取的是自我導向的學習方式。但是我們對於年長者如何運用自我導向學習去取得健康方面的訊息，以及這些訊息如何影響他們的健康知之甚少。　　重要性　　缺口

研究目的

本研究的目的在於了解自我導向學習，在成人健康照護中所扮演的角色。以下是引導這個研究的問題：　　目的
1. 是什麼啟發了成年人健康照護的學習？
2. 什麼健康照護行為被自我導向的學習者所掌握？
3. 什麼脈絡因素被自我導向的學習者所掌握？
4. 在一個人的健康照護中，自我導向學習的過程為何？
5. 自我導向學習如何影響一個人的健康照護？

資料來源：Valente (2005)，經同意後重印。

最後，範例4.3是一個可以幫助你設定研究問題的工作表。所有研究問題的陳述，你必須先選擇有興趣的主題。這就像是一個漏斗寬廣的頂端，接下來你會解釋這個主題是關於什麼、關於你的主題什麼是已經知道的、什麼是還不知道的（知識的缺口），你會往漏斗較狹窄的底端走。你會確認這個缺口並寫下目的陳述，清楚的表達你如何運用研究來填補這個缺口。這個目的陳述之後，研究問題常隨之出現。

範例4.3　問題陳述工作表

在你的領域中，有什麼主題是你感興趣，且可以形塑成一個研究的？

透過文獻，關於這個問題／主題有哪些是已知的？

在我們對於這個現象的知識或理解中，有什麼缺口？也就是說，文獻中欠缺了什麼？這就是你研究的問題。（雖然我們知道這個現象的x、y、z，但是我們不知道……）

把我們知識上的缺口轉化成目的陳述，完成以下句子：
本研究的目的是

用來明確闡釋研究目的的那些特定問題是什麼？

理論架構

我們的一位同僚曾表示，如果她能早點了解什麼是理論架構，她就能提早一年結束研究生生涯。確實，一個研究的理論或概念性架構（這是許多研究者習慣交互使用的詞彙）及其應該出現在研究的哪個地方，常是許多研究新手（甚至一些經驗豐富的研究老手）感到困惑與挫敗的。這常是因為缺乏一個清晰的理論架構或在整體上理論薄弱所致，以致於研究計畫或報告被相關的評審委員會或出版社所拒絕。不幸的是，指出研究架構缺失是容易的，但更為困難的則是解釋何謂研究架構以及如何在研究中使用研究架構。

什麼是理論架構？

在質性研究中確立理論架構困難的部分在於，質性研究是用來歸納、建立出一個概念、假說、理論的，而不是單純的去驗證他們。因此，許多人錯誤的認為理論在質性研究中沒有發揮空間。甚至，有些質性研究者將理論認為是研究者使用的特定研究方法及這些方法論相關的認識論基礎（Crotty, 1998; Denzin & Lincoln, 2011）。

另一個令人困惑的就是，理論架構與概念性架構兩個詞彙經常在一些文獻裡是交互使用的。我們偏好使用理論架構一詞，因為它比較廣泛，其中包含了術語、概念、模型、思想，以及對於某些理論的理念或參考。再來，概念性架構通常出現在研究方法的章節中，或是出現在討論質性研究如何去操作或測量一個概念時。

雖然去探索知識的本質和結構（認識論），以及執行研究時的邏輯關聯（方法論）是很好的，但是這通常是在研究方法的章節中討論，這不是我們與其他人所認知的研究理論架構。

我們同意Schwandt（1993，頁7）的看法：「非理論研究是不可能的」。理論架構會支撐整個研究。理論在所有的質性研究中被表現出來，因為一定要有一些研究的提問（明示或暗示）才會有研究設計。這些問題是如何被表達的、如何衍生成問題陳述，都反映了研究的理論導向。

至於，什麼是理論架構呢？理論架構就是一個在背後支撐著研究的

結構，是你研究的骨架或架構。這個結構包含你的研究所建構的概念或理論（Maxwell, 2013）。理論架構是從研究的導向或立場中衍生出來的，每個研究都有一個理論架構。就如同Anfara和Mertz（2015，頁xv）所觀察到的，理論架構是「在不同的層級中（例如：大型理論、中型理論、解釋性理論），任何關於社會或心理的實證或準實證的理論，可以用來應用至對於某個現象的了解。」他們也曾寫道，理論架構是研究一個現象時的「透鏡」，關於這項比喻的例子可能包含了：Vygotskian學習理論（Vygotskian learning theory）、微觀政治理論（micro-political theory）、階級論（class）、重製理論（reproduction theory）、職業選擇理論（job-choice theory）、社會資本理論（social capital）（頁xv）。在Anfara和Mertz編輯的《質性研究的理論架構》一書中，各章節的作者們談論了他們在質性研究中理論架構的使用情形，這些理論架構包含轉化學習理論（transformational learning theory）、Kübler-Ross's grief模型（Kübler-Ross's grief model）、黑人女性主義（Black feminist thought）、人類學的限制理論（liminality theory）等。

確立理論架構

　　確立理論架構有許多方式。首先，你的學科取向是什麼？我們每個人都被某一學科（諸如教育、心理學、商業等）社會化，使用它們各自的字彙、概念與理論。這樣的學科取向就成為你看待世界的透鏡。他決定了你對什麼感到好奇、對什麼感到疑惑，於是你提出的疑問就開始形塑你的調查。舉個例子來說，看著同一教室，不同的研究者可能會提出不同的問題，一個教育人員問關於課程、教學策略、或是學習活動的問題；一個心理學家可能會想知道關於某些特定學生的自尊心或學習動機；社會學家會關心不同的參與者互動時的社會互動模式或角色；人類學家會關心這間教室中的文化，他們的習俗和儀式。

　　確立理論架構最清楚的方式之一，專心閱讀你感興趣主題的相關文獻。這些期刊的名稱是什麼？你用什麼關鍵字搜尋你想要的資料？至少，你也會查看文獻，看看你想做的研究主題是否已經被完成了。在你的研究

中，什麼是經常出現的概念、模型、理論？誰又是這個領域中理論、研究、著作的主要作者（更詳細的討論請參照文獻探討的章節）？

　　研究的理論架構建立在一個特定的文獻庫和學科取向的概念、名詞、定義、模型、理論之上。這個理論架構接著就會產生我們研究的「問題」、特定的研究問題、資料蒐集與分析技巧、以及如何解釋你的研究結果。在近三十年前，Schultz（1988）在從事職業教育研究時解釋了這個過程：認為「任何的研究問題都可能來自多個研究觀點……對於理論模型／概念架構的選擇……會透過相關概念／結構的定義、變項的定義、鑽研的特定問題、研究設計的選擇、樣本選擇與取樣過程、資料蒐集策略、……、資料分析技巧、及研究結果解釋等，引導我們的研究過程」（頁34）。

　　每個研究的所有面向都會受到理論架構的影響。理論架構與我們所研究的特定問題是——層層環環相扣的。如圖4.1所示，最外層的框（理論架構）是文獻的主體，也就是研究所處的學科取向，這層架構告訴了讀者你所感興趣的主題。Buckner研究中的理論架構（先前提到的）是情緒在學習中所扮演的角色；在Valente的研究中，理論架構就是自我導向學習。從理論架構所在的文獻中，你可以列出：關於這個主題已知的知識（藉由引用適當的文獻）、你要專注主題的哪個面向、什麼是還不知道的（知識的缺口）、為什麼去尋求這個知識是重要的，以及研究的明確目的。以上的這些資訊都是來自研究的大架構，為的就是建構出研究問題（參考先前關於問題描述的章節）。因此，問題陳述是牢牢的建構在總架構的第二層上。最後，研究的特定問題是在問題陳述之中，也就是整個框架中最裡面的一層（第三層）。

　　理論架構、問題陳述、研究目的之間的關係，也可以用一個關於韓國勞工在退休之後尋找第二份工作的研究來解說（Kim, 2014）。研究者一開始就提到，快速成長與國際化下的韓國經濟「已經創造出了一種勞資關係的趨勢以及不同以往的工作生活，這也促使了成人在他們的職業生涯中去調整適應各種改變」（頁4）。Kim接著呈現了一份數據，雖然官方法定的退休年齡是60歲（某些情況下是強制的），但55歲以上的勞動參與正在增加；其中，65到69歲的勞動率為41%。她指出「自願退休後的退休

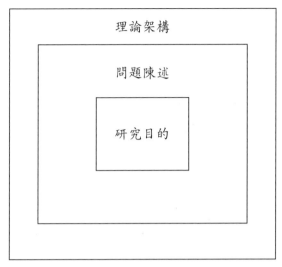

理論架構

問題陳述

研究目的

圖4.1　理論架構

後就業在韓國已經成為一個新的現象」，並且尚未被充分地研究（頁4）。這項研究的文獻是建構（和增強理論架構）在職業發展理論之上的。她重新回顧並對相關文獻做出評論，指出多個知名的模型似乎是較適合「預測二十世紀組織雇員的生涯流動的型態」。而發展脈絡途徑強調「過程的多變性」則是最適合二十一世紀快速變化的環境（頁5），並可以用來建構她的研究。

她研究的問題，或者說關於這個現象的知識缺口，指陳：「在退休後就業這個研究領域中，關於一個人轉換職業的經驗，我們知之甚少」（頁5）。

除了決定問題與目的是如何塑形之外，「以研究者的角度來說，我們建構的觀察方式也與其他人不同，我們的觀察本身是背負著理論的。理論讓我們可以看到原本會忽略掉的東西；它幫助我們去預測以及覺察事件的意義」（Thornton, 1993，頁68）。也就是說，我實際觀察到的東西、我們詢問參與者的問題、我們找的資料，都是由研究的理論架構決定的。它同時也決定了，我們不看什麼、不問什麼、不查詢什麼。也就如同Mertz與Anfara（2015）指出的：一個人的理論架構在揭露的同時，也隱含了意

義與理解（這些是研究者應該要知道的）。

　　我們對所蒐集資料的解讀，也受到了理論架構的影響。也就是說，我們的分析和詮釋（我們的研究發現）將會反映出我們研究開始所建立的架構、觀念、語言、模型和理論。Wolcott（2005，頁180）即觀察到，「每個研究者都需要有能夠把研究建置在一個更寬廣的背景脈絡中的能力」，而理論架構就是這個所謂的更寬廣的背景脈絡。這樣的事情通常是在「討論」的階段被完成。例如：在從中年勞工到退休後就業的轉化過程的研究裡說到，這個發現被回置於生涯發展的文獻中。將發現回置於文獻中的動作，告訴讀者這個研究如何處理了我們知識的缺口，而這個缺口是在問題的設定中確立的（參考之前的內容）。

　　如同我們在理論架構的章節一開始所說明的，理論在質性研究中的角色時常令人感到困惑，因為質性研究是歸納性的（導致其解釋性或分析性的結構），甚至對其中的理論來說也是如此。然而這還是有討論空間的，大部分的質性研究會自動的形塑或是修正原有的理論，(1)資料的分析和詮釋是在特定理論取向的概念下進行的，(2)研究發現幾乎都會和現有知識一起被討論（有些是理論）（以該研究是如何對現有的知識庫產生貢獻的角度去檢視與討論）。例如：Merriam討論到，一個質性研究，是關於HIV陽性感染的年輕人如何含蓄的檢視了Erikson的八階段生命發展模型（Merriam, 2015）。她對於死亡的威脅如何影響一個人在生命發展階段的歷程產生疑問，並且發現這過程並不像Erikson的模型一樣的有線性跟順序。甚至是致力於發展紮根理論（參考第二章）的人，也不會在沒有想法（該思考什麼與該尋找什麼）的情況下開始研究。例如：Al Lily（2014）的紮根理論研究，關於一個國際性教育科技社群組織如何像一個社會學和人類學文獻中的真實部落——沙烏地阿拉伯的游牧民族，一樣的運作。

　　這個章節的案例呈現出理論是如何串聯整個質性研究的過程，以及如何從你看世界的角度提出特定的問題。在研究時，你的觀點是利基於學科的規範之中的，並且可以透過準備研究時的文獻探討加以確立。接著就是討論你如何與為什麼要回顧這些文獻了。

✎ 文獻探討

　　確認與建立質性研究理論架構的方法之一是回顧相關文獻。透過文獻，我們可以了解一個領域的理論或概念性作品（深層思考的文章）（the "think" pieces），以及經由某人出訪、蒐集與分析所得資料，以實證資料為基礎的研究。但是實務上，設計一個研究並不像閱讀文獻一樣是個線性的過程（先確立理論架構，然後寫出問題陳述），設計研究過程中的每個步驟是高度互相關聯的。你的問題會引導你去閱讀某些文獻，然後文獻探討又會讓你對感興趣的現象產生新的看法。當你試圖形塑研究問題時，你會不斷地回到文獻去檢視，持續地重複這個過程。在本質上，你在這個領域的先前研究與作品之中持續地對話。

　　通常，你在對話中問的第一個問題是：這個主題有任何相關文獻嗎？如果有的話，這些文獻可以確認你想研究的問題是否值得研究？還是早就已經被深入研究了？在某書一篇名為〈被文獻嚇壞了〉的章節中，Becker（2007）說，每個人都很害怕發現「自己精心孕育的想法在你想到（或是說出聲）之前就已經被印刷出版了，並且是印製在你應該要去檢視的文獻當中」（頁136）。當你宣稱一個主題還沒有任何文獻出版，只說明了目前沒有人認為這個主題值得研究、沒辦法研究，更有可能的是，你查詢的範圍太小了。在我們的經驗中，一個主題永遠都有些相關的文獻。研究者如果忽略前人的研究與理論，將會產生追尋不重要的問題、做重複的研究、或是重複他人錯誤的風險；這樣的話，做研究的目的（對該領域的知識庫有所貢獻），可能永遠無法實現。根據Cooper（1984，頁9）所說的，「單一研究的價值在於它如何從固有的資產中去融入，並擴展前人的研究成果。」如果某些研究看起來比其他研究更為重要的話，這是因為「它們解決的難題（或它們引出的難題）是非常重要的。」

為何要文獻探討

　　一個研究者如果沒有花時間去查閱哪些研究已經被做過或想過，他可能會因此失去為自己研究領域帶來重要貢獻的機會。的確，文獻探討的其中一個目的就是提供我們貢獻知識的基礎。任何領域的問題都不會獨立存

在於其他的人類行為領域之外，因此，我們總是能找到一些相關的研究報告、理論和思想，提供我們手頭上研究所需的資訊。

許多研究的新手覺得文獻探討的概念是很嚇人的。Montuori（2005）討論到如何將文獻探討的工作變成一項有創造力的活動，他強調了一個事實，文獻探討就像是加入了那些跟你一樣對這個主題感興趣並走在你前頭的人群；做文獻探討就像是參與這些研究者之間的對話一樣，你可以找出他們的假設然後用你的想法參與討論。這就是對該主題的知識建構的一種貢獻方式。

除了提供調查問題的基礎（理論架構）外，文獻探討也可以向我們展示過去的研究是如何的向前提升、精練、或是修正已知的知識。對研究者來說，了解自己的研究與已完成的研究之間的差異是很重要的。然而，文獻探討不只是可以提供研究所需的基礎，這個過程也可以幫助我們整理我們的疑問，還有回答一些特別設計的問題。了解哪些假說已經被研究及測試、術語如何被定義、哪些假設被制定，可以簡化研究者的工作；了解哪些研究設計被使用過、哪些成功了，可以節省許多金錢與時間。以質性研究來說，能夠了解先前的研究是用什麼技術蒐集資料，以及這些研究最後是否產出任何有意義的資料，對研究者是很有幫助的。

先前的研究通常都被引用來支持當前研究的架構，例如：概念如何定義等。先前的文獻也可以拿來佐證當前研究的進行，要有需要的、急迫的、且重要的。

最後，前人的研究或論述性文章的主要知識可以作為我們研究的參考，用來討論目前的研究將會為這個領域的知識帶來什麼樣的提升與貢獻，研究者能將他的研究發現在前人的研究之中找到適當的位置，明確的指出所帶來的貢獻。

在典型的研究中，對先前文獻的參考（有時甚至引用相同的東西），通常會出現在三個地方。第一，先前的文獻或文章會被引用在緒論中（可能是精簡的節錄），用來說明進行研究的原因。引用知名權威人士的著作來說明一個問題的重要性以及該領域的研究需求，可以有效支撐研究者的立場。引用少量既有的研究，也可以強調缺乏該主題相關的研究，也是有說服力的。

　　第二個引用文獻的地方，就是一個稱之為「文獻探討」或「先前研究」的章節或段落。在這裡，文獻將會被綜合與評論，這個主題既有的相關著作，其優點與缺失都是討論的重點。而在一篇文章長度的研究報告中，先前文獻通常都會被融合在說明研究問題發展的段落當中。

　　第三個地方則出現在研究發現的討論部分，常呈現在研究報告的結尾，總是包含著所有的引用文獻。藉由討論，研究者會指出研究的成果如何延展、調整、或反駁先前的研究；以及他的研究對於該領域的知識有何貢獻。在討論中，研究者將他的研究發現安置在該主題的文獻庫之中，指出她發現了哪些新見解、挑戰了哪些理論等。

　　雖然，文獻探討毫無疑問地可以強化我們的研究，但是文獻回顧的最佳時機則仍有疑問與討論空間。大部分的作者都同意，熟悉研究主題的相關背景最好是在研究初期就開始進行，文獻探討對於研究問題的形成的影響是一個互動的過程。這個互動光譜的一端是研究者透過文獻探討發現問題，另一端則是研究者透過文獻探討來檢視這些問題是否已經被研究過了。在這兩端的中間地帶，研究者會對他要研究什麼主題以及查詢哪些文獻產生一些概念，來幫助自己聚焦出研究問題。雖然在忽略設計的情況下，文獻探討可以幫助我們形成問題（尤其是紮根理論的研究），該在什麼時候查詢文獻看法有一段差距存在。Glaser（1978）認為最好要等到資料已經蒐集好了再進行，然而他很清楚即便是歸納性的研究（紮根理論研究）也需要進行廣泛的文獻閱讀。他建議先閱讀一些在某種程度上與研究主題不同領域的文獻，接著在研究步入正軌時再閱讀研究者自身領域的文獻。這樣的過程會讓文獻的閱讀變得與研究高度相關。「經由跳躍式的快速瀏覽，研究者閱讀更多範圍的文獻，並且確立了清楚的目標領域範圍，將自己發展出的理論與領域中的其他文獻進行整合」（Glaser, 1978，頁32）。然而，衡量了被先前著作過度影響的機率與文獻探討對研究（甚至是紮根研究）產生正面幫助的機率，大多數的質性研究者會儘早在研究過程中進行文獻探討而不是後期才進行。依我們的個人經驗要建議的是，儘早在研究過程中取得與掌握所需文獻，可以大大促進研究問題的形塑，同時幫助我們做成一些研究執行所需的相關決定。

進行與撰寫文獻探討

如何進行文獻探討呢？這個主題在下列著作中有更為深入的討論（Cranton & Merriam, 2015; Galvan, 2012; Imel, 2011）。無論如何，對於這個過程，我們將提供摘要式的說明，或許會有所助益。首先，研究的視野取決於研究問題是否良好的界定，也取決於研究者原本對研究主題的熟悉程度。對即將成為研究者的你來說，如果你對所要研究的問題只有模糊的認識，對該主題進行概括性的瀏覽會是一個很好的開始方式。如此一來你可以確認主要的研究、理論、議題等，接著是檢索主題中特定面向相關的書目、索引及著作摘要等。

當你蒐集了一組參考資料與摘要，你必須決定取得哪些完整長度的資源。這可以透過下述標準進行選擇：

- 著作的作者是否為該主題的權威人士（在該領域有豐富的研究經驗，或是曾經提出被其他研究與著作作為依據的開創性理論）。如果是權威人士，這位作者的作品會被其他研究者引用，並出現在該主題的書目中。
- 這文章、書籍或報告是何時撰寫的？按規則來說，越是近期的著作越應該出現在文獻探討之中。
- 哪些東西已經被撰寫或檢驗？如果某個特定的資料來源或研究與你目前的研究興趣有高度相關，就算不符合前述的「人」與「時間」等兩項標準，也應該要納入文獻探討之列。
- 文獻資料的來源品質如何？一個思慮縝密的分析、一個設計良好的研究、或是某個主題的原創方式，都表現出了這篇文獻的重要性。在歷史或文件的分析中，主要與次要資料的品質會是決定它們是否應該被放入資料庫中的主要依據。

當你決定哪些是你要更進一步仔細檢視的資料後，你就要去取得完整的文件。當你在閱讀資料時，你需要勤勞的、謹慎的記錄下所有的參考書目。如果你需要引用一段文句或觀點時，請記錄下該書的頁碼。許多研究

者會花上數小時回頭去尋找一個作者的名字字首、期刊號、日期、或是參考資料的頁碼。當然,你也可以在建立了參考書目之後,隨著研究的需要增加或刪減書目內容,以符合研究的邏輯。

　　了解何時要停止文獻探討和知道如何、以及在何處找到資料是同樣重要的。這裡有兩個線索可以幫助你了解是否已對文獻做了足夠的探討。第一個線索就是確認是否已經閱覽過所有該領域的相關文獻。當你第一次閃過終止文獻探討的念頭,是你發現到對於某個報告或文章後面參考資料清單的所有文獻非常熟悉,甚至已經全部讀過了。當這樣的情況發生兩到三次之後,你會覺得你看過了絕大部分(如果不是全部的話)的相關文獻,這就是飽和點了。第二個線索就比較主觀了——你認知到你了解了相關的文獻。當你可以舉出研究、人物、日期、理論、歷史趨勢等,表示你已經掌握了相關文獻,這即是停止檢視文獻的時刻了。

　　文獻探討是一種敘事性論述,其中整合、綜合與評論某一主題的重要思想與研究。在蒐集與回顧相關資料後,研究者仍需完成撰寫文獻探討的相關敘述性評論的任務。有多少作者就可能有多少種整理文獻的方式,大部分的文獻探討都是依照文獻中的特定主題進行歸類整理的。舉例來說,關於學習風格的文獻探討可能會有好幾個部分,包括學習風格的概念化、測量學習風格的工具、學習風格研究的群體等。有時,文獻探討會用混合的方式整理,按照時間順序列出早期的重要著作,接著再按照主題類別提出該領域的近期研究。

　　除了文獻的分類整理外,另一個文獻探討中的重點是對於所探討的文獻提出批判性評論。讀者會想要知道你對於文獻的想法,包括它的優點及缺點、它對該主題的思想有沒有突破性的貢獻、它在知識上的增進為何等。不過請注意,新手研究者有時會不願意在某個領域中去批判一篇研究,尤其當作者是知名人士並且備受敬重時。然而非常重要的是,批判並非出於負面的意圖,而是為了評定一個研究或理論的優缺點,特別是要評斷這著作是否促進了你所研究的主題和思想。

　　總結來說,對於領域中前人研究與理論的熟悉,是找到你的研究站在該領域知識庫中位置時的基礎。文獻探討也會提供很多資訊,協助你完成研究設計時所需的決定。還有,文獻在確立研究的整體理論架構與建立問

題陳述時是非常重要的。

✎ 樣本選取

當研究的一般問題確認之後，下個任務就是選擇分析的單位——樣本（sample）。每個研究中都有許多可以拜訪的地方、可以觀察的活動或事件、可以訪談的人、可以閱讀的文件。因此，研究者需要選擇要針對什麼事物（what）、在哪裡（where）、何時（when）、誰（whom），進行觀察或訪問。

基本上，抽樣（sampling）的方式可分為機率抽樣（probability sampling）與非機率抽樣（nonprobability sampling）兩種。機率抽樣（簡單隨機抽樣是最常見的例子），讓研究者可以將從樣本得到的研究結果推論到母群體（population）。但是因為統計上的概化並不是質性研究的目的，機率抽樣在質性研究中是不需要甚至是不合適的（更多有關推論的討論請參見第九章），所以大部分的質性研究都會選擇非機率抽樣。以人類學為例，長期以來「只要田野工作者預期他的資料是用來回答『發現了什麼』、『事件有何隱含的意義』、『事件之間有何關聯』等諸如此類的質性問題，而不是『數量多少』、『頻率為何』的問題，非機率抽樣也是符合邏輯的（Honigmann, 1982，頁84）」。因此，對質性研究而言，最適當的抽樣策略會是非機率的——最常見的方式被稱為立意的（Chein, 1981）或是目的的（Patton, 2015）抽樣。目的抽樣是基於研究者想要發現、了解與洞察的假定建立的，所以需要從最能被學習的群體中選取樣本。Chein（1981）對此提出了說明：「這個情況很像是在一個艱難的醫療個案中召集了許多專業顧問，這些顧問（同時也是立意樣本）的被召集，並不是為了得出一個與醫療業整體平均水準一樣的意見，而是因為他們擁有特別的經驗與能力才被召集的」（頁440）。

Patton（2015）曾論證到「質性目的抽樣的邏輯與力量源自這方式強調能深入理解某些特定案例，而這些個案是資訊豐富的。在資訊豐富的案例中，我們可以學習到至關重要的議題，並進而達成調查的**目的**，也就是為什麼這個作法叫做『**目的抽樣**』」（頁53，黑體字為原文所強調與標

示）。

在開始做目的抽樣之前，你必須決定好哪些標準用來篩選我們研究場所或對象。像LeCompte與Schensul（2010）等質性研究者，即宣稱這個步驟為一個根據標準的選擇，在這過程中，你先要決定樣本的哪些特性對你的研究是重要的，並且找出符合這些標準的對象或場域。你為目的抽樣所建立的標準會直接反映研究的目的，並成為研究中辨識資訊豐富案例的指南。你不單單是列出了你要使用的標準，也要說明他們的重要性。以Bierema（1996）有關企業中女性經理人的研究為例，她決定要先確認這些女性都是頂層經理人，並來自於五百大企業（第一個標準）；她們必須要具備行政主管的身分，也就是她們必須負責一個事業單位的監督、政策發展、或組織策略（第二個標準）；她們必須待在一家公司至少五年，「以確保參與者都能了解公司的企業文化」（第三個標準）（頁150）。

目的抽樣的種類

許多作者已將不同目的抽樣的種類進行了分類（Creswell, 2013; Miles, Huberman, & Saldaña, 2014; Patton, 2015）。比較常見的類型包含典型抽樣、獨特抽樣、最大變異抽樣、便利抽樣、滾雪球或連鎖式抽樣等。以一個高中畢業生的人數為例，這幾種類型分別討論與舉例如下。

選擇典型樣本（typical sample）是因為這類樣本，反映出個人、情境及案例現象發生的平均值。使用典型目的抽樣策略時，你需要「強調出什麼是典型、正常以及平均」（Patton, 2015，頁268）。在選取一個「典型（如列舉的個案研究）」的場域時，這個場域沒有明顯的跡象顯示它是：非典型、極端、異常、或極度不平常的」（頁284）。以平均或典型的高中畢業生的個人資料來說，任何符合這個平均資料的畢業生都可以作為一個典型目的樣本。

選擇獨特樣本（unique sample）是基於這類樣本的獨特性、非典型性，這也許是你感興趣的一些稀有特徵或特殊現象。你就是因為他們獨特或非典型才對他們產生興趣。以高中畢業生為例，你可能會挑選出已成為職業運動員的畢業生作為樣本。

最大變異抽樣是由Glaser與Strauss（1967）在他們一本關於紮根理論的專書首度提出的。理性的說，紮根理論若能「紮根」於現象多元變異的案例中，將是更加概念密集的，且有用的潛能更大。「所有從最大變異樣本中衍生出來的共同模式，共享著某一環境或現象的維度，對其核心經驗和中心性的掌握有著特別的利益與價值」（Patton, 2015，頁283）。有時候，最大變異抽樣策略會涉及某些現象「否定」或「不確定」事例的尋找（Miles, Huberman, & Saldaña, 2014，頁36）。將最大變異抽樣應用在高中畢業生的研究時，研究者的工作包含了盡可能最大範圍地辨識與尋找那些呈現出研究者感到興趣的特徵的人。

便利抽樣就如同字面上所呈現的 —— 我們依據場所或受訪回應者的時間、金錢、位置與可及性等來進行樣本的選擇。雖然便利性在某種程度上，幾乎是我們選擇樣本的主要因素，但完全以便利性作為選擇樣本標準並不是很可靠的；這個作法可能會選出「資訊貧乏」而不是「資訊豐富」的個案。選取高中畢業生中的便利樣本，可能會從你認識的青少年及他們的朋友當中選取。

滾雪球、連鎖、或是網狀抽樣（snowball, chain, or network sampling）可能是最常見的目的抽樣方式。這個策略須先找出少數高度符合你所定標準的關鍵參與者，當你在訪問這些早期的關鍵參與者時，再請他們引介其他參與者。「透過詢問他們還有誰也適合來和我們談談，在累積資訊豐富個案的同時，這個雪球也將越滾越大」（Patton, 2015，頁298）。例如：請受訪的高中畢業生推薦其他對研究有興趣、特徵符合的人選。

最後，一些質性研究的設計結合了一種持續不間斷的樣本選擇過程，稱為理論抽樣（theoretical sampling）。這種抽樣方式的出現與目的抽樣（purposeful sampling）一樣來自於Glaser與Strauss（1967），他們指出「理論抽樣是一個為了發展理論所進行的資料蒐集過程，過程中分析者結合了資料的蒐集、編碼與分析，並且決定接下來要在哪取得什麼樣的資料，以便在理論開始現形時持續其發展」（頁45）。研究者開始時，先選擇與研究問題顯著相關的初始樣本進行研究。這些資料會引導研究者閱讀下一篇文件、訪談下一位受訪者等。這是一個由成形中的理論所引導

的演化過程──因此稱為理論抽樣。在確定樣本和資料的同時進行分析；每當資料蒐集完成，理論結構就開始演進；研究者很可能尋找例外（負面個案選擇）或是變異（差異個案選擇），以產生新的發現。

「雙層」抽樣

有別於其他在第二章中所看到的質性研究類型（基本質性研究、現象學、民族誌、紮根理論、敘事分析），兩階層的抽樣通常在質性個案研究中被使用。首先，你必須選出要研究的個案；接著，除非你計畫要對個案中全部的人、活動或文件，進行訪問、觀察或分析，否則你將需要在個案中進行抽樣。

如同我們在第二章所討論的，每個個案都是一個單一的單位，一個有界限的系統。如Stake（1995）所指陳的，有時候選擇個案這件事最後會是「完全沒有選擇餘地的『選擇』……當教師決定要研究一個有困難的學生時、當我們對某個機構感到興趣時、或者當我們負責對一個計畫進行評價時，就會發生這種情況，個案就被選定了」（頁3）。在其他時刻，我們擁有一般性疑問、議題、或是我們感興趣的問題，而且我們覺得一個特別例子或個案的深度彰顯這個問題。

為了找出研究的最佳個案，首先要建立樣本選擇的標準，然後選出符合這些標準的個案。例如：你對於「成功」處理學習障礙的計畫感到興趣，你會決定成功的計畫有哪些標準，然後選出符合這些標準的計畫，而這個計畫就會是研究的個案。對於多重個案或比較個案的研究，你需要根據相關的標準選出數個「個案」。其中之一的標準是差異盡可能越大越好，因此你會採用最大變異抽樣法來選取你所需要的多個個案。以成功的學習障礙計畫為例，你可能會從社經地位、障礙程度、學習成績等差異很大的範圍，找到獲得成功的計畫。

因此，研究者首先會先確定個案（一個有界限的系統）、分析的單位（將被拿來研究）。這個個案可能會是多元的，諸如一個國小二年級的班級、公司的訓練部門、系統大小的科學模組計畫、或是地方醫院的病患教育中心等充滿差異。在每個個案中都有多個可以拜訪的場所（如科學模組

計畫）、可以觀察的活動或事件、可以訪問的人，以及可以閱讀的文件檔案。個案中的樣本必須在資料蒐集前或蒐集的當下就被選出（持續或理論抽樣）。在個案中，我們可以使用隨機抽樣，確實，這是一個可以處理效度的策略（請參見第九章）。更常見的是，前述介紹的目的抽樣被用來選出個案中的樣本，就像用它來選擇個案時一樣。然而，我們通常需要再建立第二組目的抽樣的標準，用來選擇訪問的對象、觀察的事物與分析的文件。

因此，質性研究的問題、顧慮及目的，將會決定我們進行抽樣的事件、場所、人、時間，引導我們形成非機率抽樣。立意的或是目的的抽樣通常在資料蒐集前就進行了，而理論抽樣則是在資料蒐集的同時進行。在個案中的抽樣數量則取決於研究目的中的多個因素。在個案研究中，先選出個案，然後選擇個案中的人、事件、地點等。在這兩階層的抽樣中，我們需要建立選擇的標準以引導整個研究過程。以成功的學習障礙計畫為例，下列可能為選擇計畫（個案）的標準：該計畫必須至少五年以上、在參與計畫一年之後必須要有60%的學生能參與例行性課程、該計畫只針對閱讀與數學的學習障礙。當選擇出個案之後，你必須決定要訪問誰（除非你計畫要訪問每個人）以及要觀察什麼。選擇訪問樣本的標準可能包含所有的行政人員、參與該計畫至少五年以上的教師、不同年齡層的學生、計畫的時間長度以及特殊的學習障礙等。

該選取多少樣本？

要訪問多少人？要拜訪多少地方？要閱讀多少文件檔案？這些疑惑總是喜歡困擾著質性研究的新手。不幸的是，對於無法忍受模糊的人們而言，這些疑惑是沒有明確答案的。這些問題的答案取決於你所問的問題、蒐集到的資料、進行中的分析、以及你用來支持研究的資源。我們需要的是數量足夠的參與者、場域或活動，以回答我們研究開始時所設定的問題（以問題陳述的形式呈現）。Lincoln與Guba（1985）建議研究者要持續進行抽樣，直到飽和或過剩才停止，「在目的抽樣時，樣本數的多寡取決於資訊方面的考量。如果目標是取得最大量的資訊，在新樣本已經無法提

供新資訊時抽樣工作就會終止。因此，樣本是否『**過剩**』會是我們決定是否停止抽樣的主要依據」（頁202，黑體字為原文所標示強調）。

達到飽和或過剩意味著你的訪談問題開始聽到同樣的回答內容、在觀察中看到同樣的行為、再也沒有新的發現。我們不可能提前預知抽樣會在什麼時間達到飽和，所以為了了解資料是否已經飽和，你必須在蒐集資料的同時投入分析工作。在第八章中我們將會提供更完整的說明，解釋為什麼資料分析最好跟資料蒐集同步進行。

如果你正在向某些經費資助機構、論文委員會、其他監督委員會等，提送計畫以獲取認證或支持，你可以先提供一個包含暫時的、概估的數據（這些包括了人數、場域、個案、活動等），並清楚地知道這些數據在研究過程中還會調整。Patton（2015）建議研究者明確的提出抽樣的最小數量，這是「在研究目的之下，依據該研究的現象所預期的合理範圍」（頁314）。

摘要

本章我們從解釋如何選擇研究的主題開始。一旦選定了某個主題，就需要將它形塑成研究問題，在任何研究中定義研究問題都是一個關鍵步驟。你可以檢視你的實務工作、回顧文獻、或從近期的社會議題中尋找可以被形塑成研究問題的課題。問題陳述將表現出研究的邏輯，並且包含了確立研究背景脈絡、指出我們在某個主題中知識的差距，以及透過研究合理的說明解決這個問題的重要性與價值性。問題陳述的段落會由明確的目的陳述及隨後出現的研究問題做總結。

在本章中，我們也討論了研究的理論架構，這是研究所有其他面向剩餘更為重要的潛在結構。前人的文獻在形成研究理論架構時，扮演了十分重要的角色，我們也介紹了進行文獻探討的好處、文獻探討的步驟及其在整個研究中所處的位置。建立理論架構與進行文獻探討（將在後續的章節中討論），實際上是相互交織的過程。透過文獻探討，研究者會了解某個主題中的相關研究，知道先前的研究與理論可以如何形塑他手頭上的研究。相似的，研究者也會被新的問題、資料蒐集與分析時產生的議題，以

及用先前研究解釋研究發現所產生的需求，指引研究者去關注某些特定的文獻。

　　我們依據研究問題來選取樣本。在質性研究中，最適合使用的抽樣策略是非機率抽樣。目的抽樣及理論抽樣都是廣為人知，並在質性研究中廣泛的使用非機率抽樣策略。有時候，我們也會進行兩次的樣本選擇。在質性個案研究中，我們會先選出研究的個案，再選出個案中的人、事件、文件。最後，本章以樣本數量的簡短討論作為總結。

質性研究資料蒐集

　　資料只不過是在生活環境中發現的零碎東西。他們可以是具體和可衡量的，例如上課；或者是看不見也難以測量，例如人的感覺。研究中的零碎東西是否成為資料，完全取決於研究者的興趣和觀點。雨水從土地排出的方式可能是土壤科學家的重要資料，但是房屋主人卻甚至不會去注意。同樣地，學校餐廳的活動模式對學生、員工或教師不見得產生興趣，但是對於研究課堂外學生行為模式者來說，可就是非常有意義。

　　資料透過文字的描述成為質性資料，而資料以數字方式呈現則為量化資料。質性資料包括透過訪談獲得的「從人們直接引述他們的經驗、意見、感受和知識」；透過觀察以記錄「人們詳細的活動、行為與行動」以及從各種類型的文件中萃取出來的「摘錄、引用或全部段落」（Patton, 2015，頁14）。

　　第二部分是關於透過訪談、觀察和文件資料，或者如Wolcott（1992）所指出的「日常一般性的瑣事」（頁19）中蒐集資料，資料的蒐集是關於詢問、觀察和審視。無論如何我們應該記住，「我們蒐集資料的想法可能有誤。資料不是『在那裡』等著被『蒐集』，如同路上有許多垃圾袋。一開始，他們必須被研究人員注意到並符合他或她的研究目的才被視為資料（Dey, 1993，頁15）。所使用的資料蒐集技術以及被視為研究資料，係由研究人員的理論方向、研究問題與目的以及所選擇的樣本所決定（請參閱第一部分中章節討論的因素）。

　　在教育方面，如果不是在大多數應用領域，訪談可能是質性研究中最常見的資料蒐集形式。在某些研究中，它是資料的唯一來源。第五章著重於訪談：不同類型的訪談、良好的訪談問題以及如何記錄和評估訪談資料，同時對於訪談者與受訪者互動的問題也考慮了。

進行觀察是第六章的主題。觀察者可以是不同的角色，在場域中要觀察什麼、如何書寫觀察記錄以及場域記錄內容是本章討論主題。

　　第二部分也討論第三種技術是從文本和加工資料當中挖掘資料。本書中廣泛使用的文件此一術語是指與研究相關的印刷品和其他材料，包括公共記錄、個人文本資料、流行文化和流行媒體、視覺文件和天然文物。將文獻作為參考資料時，也區別出研究背景中自然存在的材料與研究者產生的文本。同時也考慮文本的局限性和優勢，以及處理線上資料來源的特殊性。

　　因此，第二部分的三個章節介紹可以解決質性研究設計中建立的問題和具體研究問題的方法。訪談記錄、觀察的現場筆記和所有類型的文件資料，包括線上資料，可以協助發現研究的意義、發展理解和發現內在及研究問題。

第五章

進行有效的訪談

　　我曾經和一名同事在馬來西亞蒐集成人教育研究的資料，正當村落長老引領我們到一戶答應接受訪談的婦女家中時，一群村民簇擁著我們，其中一個年輕人問到：「你們是CNN的嗎？我們也想接受訪問。」

　　訪談已經在大眾媒體中隨處可見，我們也變成了「每個人都有機會見光的『訪談社會』」（Fontana & Frey, 2005，頁695）。脫口秀、社群媒體、24小時輪播的新聞與印刷媒體都依賴口頭或書面訪談，來建構他們的故事。但是與「日常生活中即時的觀點交流」不同的是，研究訪談是「有結構與目的的對話」（Brinkmann & Kvale, 2015，頁5）。以研究為目的的訪談是一項可以透過學習而精進系統性活動，數十本相關著作證明了它是頗為普遍的資料蒐集方法，其中包括Fielding（2008）的四本套書以及近年出版的手冊（Gubrium, Holstein, Marvasti, & McKinney, 2012）。

　　在這一章中，我們將探討訪談在質性研究中如何成為一種資料蒐集的技術，也將討論與訪談相關的議題：提出好的問題、開啟訪談、記錄與評估訪談資料，以及訪問人與受訪者間互動的本質。

訪談資料

　　在大多數形式的質性研究，有一些甚至是全部資料都是由訪談而來。DeMarrais（2004）將研究訪談定義為「研究者及參與者進行以研究問題為焦點的對話過程」（頁55）。訪談最常見的形式為一對一會面，其中一人引導另一人提供訊息，也可以採取團體與集體形式。一對一和團體都可以稱為對話──但是是一種「有目的性的對話」（Dexter, 1970，

頁136）。訪談的主要目的為獲取某種特定資訊，訪談者想要找出「某人所想與所認為的是什麼」（Patton, 2015，頁426），Patton解釋如下：

> 我們訪談人們來找出我們無法直接觀察到的事物……我們無法觀察感覺、想法與意圖。我們無法觀察先前發生的行為，我們無法觀察觀察者不在場的狀況；我們無法觀察人們如何理解世界及自認與世界的關係。我們必須問人們這些問題。
>
> 於是乎，訪談的目的是讓我們得以進入別人的觀點（頁426）。

當我們無法觀察行為、感覺或是人們如何詮釋周遭的世界時，訪談是必要的。當我們對過往事件有興趣，但這些事件無法再重現時，訪談也是必要的。例如：校園諮商師可能就會對同學在校園中目睹老師被攻擊之後的反應感興趣；同樣的，我們無法重現核能意外或是天然災害的場景，但它的後續效應可能是一個質性研究的焦點。在進行少數但密集性的案例研究時，訪談也可能是最佳的方法，如Bateson（1990）在其著作《創作生命》（*Composing a Life*）中訪談了5位婦女。相反地，訪談也能用來蒐集廣泛而不同的意見，Terkel（2001）在探討死亡與瀕死奧祕的書裡，就訪談了各式各樣的人。簡言之，決定訪談為主要獲取資料的方式必須取決於所需資料的種類，以及訪談是否為最佳的方式。Dexter（1970）總結何時該採用訪談：「當訪談能以較低成本而獲得更好或更多的資料時，那麼訪談就是最好的資料蒐集策略」（頁11）。還有補充一點，有時候因為主題的關係，訪談是獲取資料的唯一方式。

✎ 訪談的種類

不同種類的訪談分類方法有許多種，這一段我先討論結構的程度，接著是不同理論立場下不同的訪談類型，我們也會討論焦點團體和線上訪談。

依結構分類

決定使用何種訪談類型時，最常見的方式就是考量要結構化到什麼程度。表5.1呈現三種不同結構程度的訪談類型。若放在連續序列來看，結構的程度從高度結構、問卷導向的訪談，到非結構、開放式以及對話形式。在**高度結構**訪談中，有時也被稱為標準化訪談，問題和提問的順序在事先就決定好。

最結構化的訪談就是書面調查的口頭形式，美國人口普查局和市場調查就是很好的例子。質性研究中使用高度結構訪談的問題在於，在嚴格遵照預先擬好的問題之下，可能無法讓你了解受訪者的觀點與對世界的理解，你所得到的反而可能只是研究者預設的立場。這樣的訪談也奠基在預設研究者與受訪者使用相同語彙，以及對世界有相同詮釋方式這樣一個並不穩固的基礎上。在質性研究中，高度結構形式多半用來蒐集基本的社會人口資料，也就是年齡、收入、就業史、婚姻狀況、學歷等資料，你也可能想要知道大家對於某些特定敘述的反應或是去定義某些特定概念或詞彙。

然而，大多數質性研究採取開放式與較少結構化的問題，較不具結構的形式能讓個人在回應時以自己獨到的方式定義世界，所以你的提問就必須要更開放一些。較不具結構的方式就是**半結構式訪談**，如表5.1所示。半結構式訪談位於結構式與非結構式的中間，這類的訪談問題用字遣詞較為隨興或是結構嚴謹與結構鬆散的問題穿插其間。通常來說，如果希望從所有受訪者身上得到某些特定資訊，那麼就需要較具結構的訪談，但是訪談絕大部分由一連串的問題或是想探知的主題主導，而沒有確切的用詞或是事先設定的順序，這樣的形式讓研究者得以就當時情況、受訪者浮現的世界觀或是關於主題新的想法來反應。

第三類的訪談是**非結構**與非正式的訪談。當研究者對於現象還不夠了解以至於無法提出相關問題時，這個類型特別有用，因此也就沒有預先擬好的問題，訪談也比較是探索式的。事實上，非結構訪談的一個目的就是對於相關情況有足夠的學習，以便為之後的訪談擬定更切合的問題，因此非結構訪談搭配參與式觀察通常用於質性研究的早期階段。受訪者需要熟

表5.1　訪談結構序列

高度結構化／標準化	半結構式	非結構／非正式
問題的用字是事先決定的	綜合較具結構與鬆散結構的訪談問題而成	開放式問題
問題的順序是事先決定的	彈性運用所有問題	彈性的、探索式的
訪談為書面調查的口頭形式	通常需要從所有受訪者身上得到某些特定資料	更像是對話
在質性研究中，通常用以獲取社會人口資料（年齡、性別、族群與學歷等）	大部分的訪談由列好的問題或想探知的主題主導	當受訪者不夠了解現象已提出相關問題時使用
例如：美國人口調查局、市場調查	無事先決定的用詞或順序	其目標為從此次訪談學習作為後續訪談產生問題
		主要用於民族誌、參與觀察與案例研究

練的技巧以應付非結構訪談的不確定性，透過這種方式，我們可以獲得更深入的理解，但訪談者也可能覺得迷失在不同觀點以及散落在各處的茫茫資訊之中。完全的非結構訪談極少是質性研究資料蒐集的唯一方式，大多數的研究中，研究者可以結合三種訪談方式，來獲得某些標準化的資訊、詢問所有受訪者某些相同的開放式問題、或是花一些時間在非結構式訪談而能產生一些新鮮的觀點與訊息。

　　藉由描繪你在每個訪談類型 —— 高度結構、半結構或非結構 —— 可能會問的問題，假設你正在研究職業訓練中專業師資的導師（mentor）[1] 角色，在高度結構的訪談裡，你可能一開始會先為每個受訪者定義何謂導

1　譯者按：英文的mentor可直譯為導師，意指影響深遠的人。

師，然後再請他們回答誰是他們的導師。在半結構式訪談中，你則請每一位老師描述他們心目中的導師；或請他們想想什麼樣的人具備導師的資格。在非結構訪談中，你可能請受訪者分享他們如何成為一位專業老師，或是研究者以更直接但仍為非結構的方式詢問什麼人、影響和因素，造就了受訪者的職業生涯。

依哲學與學派分類

　　作為一種資訊蒐集的方式，訪談已經存在了數個世紀，人口普查、問卷、民調都已經是存在許久的量度取向的訪談形式。二十世紀早期，許多種非制式、詮釋性的訪談已漸漸興起，尤其是在社會學領域中（Fontana & Frey, 2005）。自二十世紀後段迄今，數種哲學觀點已經針對訪談進行許多的討論與分析，例如：女性主義訪談、後現代訪談、跨文化訪談等。

　　Roulston（2010）針對哲學學派與訪談種類的關係做了清楚的分析，她指出六種訪談的概念中，每一種都立基於不同的理論框架。新實證主義訪談為「有技巧的訪談者提出好的問題，透過中立的立場以盡可能降低其偏見，獲取有品質的資料與有效的發現」（頁52）。（第二種是）她稱為「浪漫」的訪談，是指訪談者「並不宣稱自己客觀」（頁58），分析與揭露自己的主觀性，並致力於「產生私密與自我揭露的對話」（頁56）。這類訪談源自於現象學、心理分析、女性主義研究與社會心理學理論。

　　Roulston（2010）的第三類訪談是建構式訪談，也就是訪談資料如何吸引了像是論述分析、敘事分析和對話分析等工具的注意。在她分類法中的第四類是後現代訪談，與後現代及後結構理論一致，其目的不是在引導出單一的自我感知，因為這類學派就是認為根本沒有單一本質的自我，而是有「多種非一致的自我展演」，這類資料的表現方式就需要透過創造性的展演（頁63）。

　　最後兩種訪談，轉化與去殖民訪談，都具備批判理論的哲學傾向，讓權力、特權與壓迫得以現形。Roulston（2010）所稱的轉化訪談，「訪談者有意地去挑戰和改變參與者的理解」（頁65，黑體原文所有）。在去

殖民訪談中，重點在於「恢復原住民的正義」（頁70），去殖民訪談的一個關鍵是特別針對原住民相關議題，並與「殖民的歷程、轉化、動員與療癒過程有關」（頁68）。

其他作者多以學科來將訪談分類。例如：源於人類學對於文化關注的「民族誌」訪談，也就是從訪談中，可以得到關於團體文化的資料，如祭典、儀式、神話、階級、英雄等。Spradley（1979）的著作《民族誌訪談》被認為是這領域中的經典。第二種常被討論與學科領域相關的是現象學式的訪談，在某種程度上，現象學是與所有質性研究都有關聯的哲學（見第一章）。然而，我們也可以進行現象學式的訪談（見第二章），也就是研究者透過訪談來揭露個體生活經驗的本質（Seidman, 2013），這類的訪談「聚焦在能夠賦予個體深層的、生活意義的事件上，而這些意義能導引出行動與互動」（Marshall & Rossman, 2016，頁153）。現象學研究的普遍作法是研究者對於自身經驗進行書寫，或是接受同僚的訪談，以能在訪談他人前，先將自身經驗「存而不論」（bracket）。

焦點團體訪談

每逢美國總統大選整整一年之前，各方人馬如候選人陣營、媒體、公民團體等，都會舉行選民焦點團體訪談，以蒐集選民對議題、政策與候選人的看法，這樣的作法是延伸自源於1950年代為了測試消費者的喜好並推銷特定商品的市場調查，而使用焦點團體作為一種社會科學研究方法。更可追溯到二十世紀初期，社會心理學中對於團體動態關係的關注，之後社會學家Robert K. Merton與同僚也出版了著作《焦點訪談》（*The Focused Interview*）（Merton, Riske, & Kendall, 1956）。「焦點團體與其他研究方法諸如問卷、個別訪談與實驗法的主要不同之處在於，資料蒐集的發生與過程是在一個團體的情境下」（Stewart & Shamdasani, 2015，頁17）。現在焦點團體法不論是市場調查或是社會科學研究（現在包括虛擬團體），依舊是十分普遍的資料蒐集方式。

作為一種質性研究資料蒐集的方法，焦點團體是針對一項議題邀請一群對此議題有所認識的人與事進行訪談。既然從焦點團體中獲得的資料是

透過團體互動中社會建構出來的，資料蒐集的程序中所隱含的自然是建構論的觀點。Hennink（2014）解釋道：「焦點團體研究最特別之處，或許在於資料是透過互動討論而獲得的，如此可以獲得透過單一訪談而無法獲得的資料，在團體討論的過程中，參與者分享觀點、聽取他人觀點，也許會因為他們所聽到的而改變他們的觀點（頁2-3）。」

　　焦點團體的組成端看討論的主題而定，就像一對一訪談一樣，立意抽樣最了解主題的人作為樣本，儘管沒有硬性而明確的規定，一般作者都同意6-10人間是最適當的，而且最好彼此不相識。而主持人或訪問者最好熟悉團體訪談的運作，而且能夠發揮各式主持人的角色（Barbour, 2008; Hennink, 2014; Krueger & Casey, 2015; Stewart & Shamdasani, 2015）。

　　最後，「當人們可以討論日常話題時的效果最好，但不能放任他們一直如此（Macnaghten & Myers, 2004，頁65）。」顯然地，焦點團體這樣一個在一群陌生人面前的方法，並不宜用於敏感、高度私密以及文化上敏感的話題討論上，當然，我們並非總是能事先就知道話題適合與否。Crowe（2003）報告其成功使用焦點團體，為聽障團體製作防範愛滋病文宣的經驗。Jowett與O'Toole（2006）報告一份對於兩個焦點團體的有趣分析，其一是一組心智成熟學生與他們參與高等教育的態度，另一組是女學生對於女性主義的看法。他們發現成熟學生那組失敗，而女學生那組是成功的。作者原先並未預期到「對於某些感覺被排拒在外的人而言，不合宜的感覺是如何根深蒂固的在他們心裡」（頁462），也未設想成熟學生組成員之間以及研究者與學生之間權力關係是多麼的不平衡。最後，Stewart與Williams（2005）也發現進行同步與非同步線上焦點團體研究時，一些實際操作以及研究倫理的問題。

　　因此，與其他資料蒐集方法一樣，使用焦點團體訪談最適當的時機，就是當它是能蒐集到最好的資料以適切回答研究問題方法時。也如同其他方法一樣，它必須利大於弊，研究者也必須發展出所需具備的技巧。

線上訪談

　　毫無疑問地，網際網路已經改變了這個世界，透過資訊傳播科

技（information communication technologies, ICTs）與電腦中介傳播
（computer mediated communication, CMC）的工具，它也增加了許多在
線上蒐集資料進行質性研究的機會。透過電子郵件、部落格、討論群組、
Skype、推特、簡訊以及各種形式的社群媒體，我們可以蒐集質性研究資
料，在此，我們就來討論線上訪談。

我們可以透過一些CMC工具像是Skype或Adobe Connect來進行同步
（即時）的線上訪談，這些口頭並帶有影像的訪談就像是面對面訪談一
樣，我們也可以透過電話進行即時的語音訪談；也可以透過電子郵件或是
線上討論群組來進行非同步（中間有時間的延遲）訪談，非同步訪談多半
傾向為以文字為主的訪談。同步與非同步各有優缺點，我們之後會更詳細
地來談，但大致而言，能建立與受訪者之間的良好關係是有助於質性研究
訪談的。而在文字性的非同步訪談中，因為缺少了一些視覺的線索，這樣
關係的建立是比較困難的（James & Busher, 2012）。再者，受訪者可能
不會回覆電子郵件，或是略過其中某些問題，而在面對面或是語音的同步
訪談中，他們比較可能回答。另一方面，電子郵件的文字訪談儘管欠缺一
些視覺線索以及交談時的停頓，但是它本身就是已經完成的逐字稿，使得
它便於記錄，如此將能省下研究者轉換逐字稿的時間與金錢成本。

基於各式各樣的資訊以及ICT工具來進行同步與非同步形式的線上訪
談，在Salmons（2015）所著關於線上訪談的書中，她提供了她所稱「e
化訪談研究（e-interview research）」（頁4）的架構，她邀請讀者探索
八項彼此相關的關鍵問題：(1)經過設計，將研究目的分門別類；(2)思考
議題相關性來選擇資料蒐集方法以及(3)研究者的定位；(4)決定e化訪談風
格，以及(5)使用何者ICT工具；(6)抽樣的相關議題；(7)倫理議題以及(8)
實際蒐集資料。質性研究者在其研究中，永遠都需要考量類似問題，但
Salmons是特別針對線上的環境所提出的。

越來越多關於施行線上訪談的各種ICT工具的討論，Salmons
（2015）與其他人大都從個別訪談的角度加以檢視過。Tuttas（2015）則
聚焦在利用視訊會議工具，邀集散布在全美各地的護士進行焦點團體訪
談的相關議題上，在衡量各種工具的優缺點之後（包括Skype、ooVoo、
GoToMeeting以及Adobe Connect），最後她決定採用Adobe Connect，她

的經驗可以提供給我們參考。

　　就像任何一種資料蒐集方法一樣，進行線上訪談也有其優缺點。一項明顯的優點是，研究者在選擇參與者時不再需要考慮地理因素，研究可以訪談在世界另一頭的參與者，甚至可以進行焦點團體訪談，彼此也能夠看到對方。另一項優點是，許多CMC場域也提供錄影功能，這對日後重新檢視一些非語言線索時也很有助益。而一些明顯的缺點像是不是所有人都有CMC工具或是知道如何使用，再者，科技並非永遠都牢靠，手機或是Skype或其他電腦媒體設備上的錄音設備有時候也會出問題，這對訪談者和受訪者而言都是十分令人沮喪的。最後，透過網路運用CMC工具就會有保密性被破壞的可能，儘管這機率不高，但身為研究者和機構的研究審查委員都必須要面對這研究倫理的問題。總而言之，這些CMC工具在進行質性研究訪談時的優缺點，都是在進行質性研究時所必須考量的。

✐ 問「好」問題

　　透過訪談獲取良好資料的關鍵在於提出好的問題；問好問題則需要練習。先導性的訪談對於測試你的問題是很關鍵的，你不只能練習訪談，也可以迅速了解哪些問題會讓人困惑而需要重新措辭、哪些問題產生無用的資料，以及透過受訪者的反應來了解哪些問題在一開始就應該納入。

　　不同種類的問題會產生不同的資訊，你問的問題取決於研究聚焦之處。以職業訓練專業師資導師為例，如果你想了解導師在職業訓練發展中扮演的角色，你可能會問關於老師們擔任導師的個人經驗，可能也會因而得到一份敘述性的經歷，接下來問到他們在某次導師經驗的**感受**，也會導引出更多感性的資訊，你也可能想知道他們關於導師在老師的生涯有多少影響力的想法。

　　問題的用字遣詞在獲取何種資訊上也很關鍵，最明顯的是必須確定受訪者清楚明白被問及的問題，要用他們所熟悉的語言。「使用受訪者所能理解、反映他們世界觀的文字，將有助透過訪談得到資料的品質。沒有特殊字句對於受訪者衝擊的敏感度，你所得到的答案也沒有意義，甚至根本得不到答案」（Patton, 2015，頁454）。避免艱澀的術語以及學門裡特

殊的名詞與概念是一個好的起點，舉例來說，在HIV呈現陽性的年輕成年人研究中，我們應該問如何理解或是明白他們的診斷結果，而不是他們如何在這視野轉換的過程中建構意義（該研究的理論框架）（Courtenay, Merriam, & Reeves, 1998）。

問題的種類、好的問題與應避免的問題

訪談者可以提出數種類型的問題，以刺激受訪者的回應。Patton（2015）建議六類的問題：

1. **經驗與行為問題**：這類問題得到受訪者所做或曾做過的事、他或她的行為、行動和活動。例如：管理階層展現領導能力的研究裡，我們可能問到：「告訴我你通常上班日的內容；什麼是你一天之中最先開始處理的事？」
2. **意見與價值問題**：研究者對個人的信念與意見有興趣、他或她對於某件事的想法。順著剛剛管理階層與領導能力的研究，我們可能問：「你對管理者也應該是領導者的看法為何？」
3. **感受問題**：這些問題「碰觸到人類生活的情感層面。訪談者問到感受的問題——『你對那感覺如何？』——他期望得到一些形容詞的回答：焦慮的、快樂的、害怕的、驚嚇的、有信心的等」（頁444）。
4. **知識問題**：這些問題揭露受訪者對於特定情況的知識。
5. **感官問題**：這類問題與經驗及行為問題類似，但嘗試得到關於所見所聞、所接觸的較具體資料。
6. **背景／人口資料問題**：所有訪談都包含與研究相關受訪者的特殊人口資料（年齡、收入、學歷、工作年資等），像是受訪者的年齡與你的研究可能有關、也可能無關。

有趣的是，Patton（2015）並不建議問「為什麼」，因為這往往會導致一些隨機關係的臆測，也可能導致無法再接續下去的回應。Patton回憶到有一次跟一個小朋友進行關於開放教室研究的有趣經驗，當一位一年級

小朋友回答「在學校最喜歡的時間是下課」時，Patton追問為什麼喜歡下課時，她回答是因為可以去外面玩鞦韆，當再問為什麼要去外面時，小朋友回答：「因為鞦韆就在外面啊！」（頁456）儘管有時候「為什麼」的問題會導致問不下去，但我們的經驗是有時候「為什麼」可以發現一些推測性的想法，也可能開啟另一系列不同的問題。

　　我們發現另一種問題分類法有助於導引出較沉默受訪者的資訊，這是由Strauss, Schatzman, Bucher與Sabshin（1981）所提出的四種問題主要類型：假設性、唱反調、理想狀態與解釋性問題。表5.2裡有每一種類型的定義，並以失業工人參與職業訓練及夥伴關係課程的研究（JTPA）來舉例說明。

　　假設性問題請受訪者臆測某些事可能發生的狀況，或某人在特定情況可能會做些什麼。這類問題以「如果」或「假設」開頭，受訪者則通常回答真實經驗的描述。舉例來說，在JPTA的研究裡，假設性問題像「假設我在訓練課程的第一天，它會是什麼樣子？」可以引導出受訪者描繪出真正的樣子。

表5.2　JTPA職訓課程案例研究之四種類型問題與範例

問題類型	範例
1. 假設性問題——詢問受訪者在特定狀況下可能的舉動或是反應；問句通常以「如果」或「假設」開頭。	假設我在訓練課程的第一天，它會是什麼樣子？
2. 唱反調問題——以相反的意見或解釋特定情境，來挑戰受訪者的意見。	有些人說丟掉工作的員工是咎由自取，你覺得呢？
3. 理想狀態問題——請受訪者描述理想的狀態。	請你描述你理想中的訓練計畫是什麼樣子？
4. 解釋性問題——研究者進一步解釋或詮釋受訪者的答案，以尋求更深入回應。	你認為成年人重返校園跟你原先期待的不同嗎？

　　如果主題具爭議性而你想知道受訪者的意見與感覺，那麼唱反調是特別好用的方法。如果受訪者對於討論議題很敏感，那麼此法也可以避免他們的尷尬或敵意。這類問題以「有些人可能會說」開頭，藉此去除個人色彩，不過回答卻幾乎總是受訪者對於該事件的個人意見與感受。例如：在JTPA研究裡問到「有些人說丟掉工作的員工是咎由自取，你覺得呢？」這類問題通常揭露受訪者被解僱而因此投入職訓課程的原因。

　　理想狀態問題引導出資訊與意見，它們幾乎可以用於所有現象的研究，用在評估研究上也很適合，因為能同時揭露計畫的正反兩面。像在JTPA裡，詢問理想的訓練計畫會是什麼樣子，能藉此彰顯出受訪者喜愛與不希望改變的地方，也能顯現出需要改善的部分。

　　解釋性問題能讓你確認你的理解，也能提供揭露更多資料、意見與感覺機會。在JTPA範例中，解釋性問題像是「你認為成年人重返校園跟你原先期待的不同嗎？」能讓訪談者有機會確認剛才訪談內容的初步詮釋。

　　總而言之，好的訪談問題是開放且能產生敘述性資料、甚至是關於現象的故事，越多詳細、具描述性的資料越好。下面的問題就很適合引出這類的資料：

　　告訴我當時……
　　請舉例……
　　請多說一些關於……
　　當……發生時，對你而言就像是……

　　有些問題在訪談中也必須避免，表5.3就列舉出以JTPA研究為例應避免的三類問題。首先，避免多重問題──不論是一個實際上就包含許多問題的問題，或是連串性的單一問題讓受訪者無法逐一回答。多重問題的例子像是：「你在JTPA的課程中，對於講師、作業和課程有什麼想法？」連串性的問題像是：「身為成年人重返校園的感覺如何？講師對你有什麼反應？你有什麼樣的作業？」在這兩種情況下，受訪者很可能請你重複問題、釐清問題或是只針對某一部分回答──就算回答了也可能不清不楚。或者也有可能受訪者針對「對於講師、作業和課程有什麼想法？」這問題

可能這樣答覆：「還好，有些喜歡，有些不喜歡。」你就無法知道他所指的到底是講師、作業還是課程了。

表5.3　應避免的問題

問題形式	例子
多重問題	你對於講師、作業和課程有什麼想法？
引導性問題	你失業之後，遭遇了什麼情緒問題？
是或不是問題	你喜歡這課程嗎？重返校園很困難嗎？

　　引導性問題也應該避免。引導性顯露出研究者的偏見或預設立場，而可能不是受訪者所有的，這使得受訪者必須接受研究者的觀點。像是「你失業之後遭遇了什麼情緒問題」，就預設了失業後會遭遇情緒上的問題。

　　最後，所有研究者都被告誡不要問可以用「是、不是」帶過的問題。事實上，任何可以用是或否回答的問題，可能就只會得到那樣的答案。是或否的回答幾乎無法給你任何資訊，對不甘願、害羞或是不善言詞的受訪者來說，這類問題讓他們容易解套，也可能封閉或使得資訊流動減緩。在JTPA的例子中，雖然是否問題核心還是要尋求好的資訊，事實上卻什麼也得不到。所以如果問「你喜歡這個課程嗎？」可能只會得到喜歡、不喜歡的答案，但如果改成「你喜歡課程的什麼地方？」必然能得到更多回應；同樣的，「重返校園很困難嗎？」可能以「你重返校園的經驗是怎樣呢？」會得到更完整的回應。

　　在正式訪談前，我強力建議你狠下心檢視問題並去蕪存菁，對自己問這些問題，並挑戰自己用最簡短的方式回答；同時也注意在回答問題時是否會覺得不自在，這樣的檢視再加上初探性訪談，可以確保你問了好問題。

追問

　　追問是指接在已經問過的事情後面的問題或評論，研究者不太可能事先就知道要接著問什麼，因為追問必須端視受訪者之前回答了什麼，尤其

如果你的敏感度夠高時，追問就是作為資料蒐集首要工具的優點。在訪談時必須隨機應變，當你感覺到受訪者在講述重要的事情或是有什麼需要深入了解時，追問能以追問細節、釐清疑點或是請舉例的形式進行。Glesne與Peshkin（1992）指出，「追問有許多形式，從靜默、單字到完整句子」（頁85）。靜默，「用的巧妙的話⋯⋯是個有用而簡單的追問，像是一連串的『嗯、嗯、嗯』，有時加上點頭；或是『是、是』也是不錯的選擇，加點變化是有幫助的」（頁86，黑體為原文所加）。不只是追問，在問所有問題時，訪談者都應該避免逼太緊或是咄咄逼人，畢竟受訪者是受訪而不是被拷問。

　　追問或是跟進問題——或Seidman（2013）偏好「探索」的講法——可以是很簡單地去釐清剛剛受訪者所說或是尋求更多資訊。典型的誰、什麼、何時和哪裡這類的問題，像是還有誰在哪裡？然後你做了什麼？這是什麼時候發生的？或是事發時你在哪裡？其他的追問則尋求更多的細節與探索，例如：你的意見是？請多告訴我一些、可以舉例說明嗎？請帶領我體驗一下、你能否解釋一下？等。

　　以下是從一份訪談摘錄出的對話（Weeks, n.d.），訪談對象是一位中學曾被留級的中年男子，研究者感興趣的是留級如何影響個人生活，請留意跟進或是追問的問題，這些問題用來深入了解受訪者留級時的最初反應。

　　訪談者：你第二次讀一年級時對自己的感覺是什麼？
　　受訪者：我真的不記得了，但我想我應該不會喜歡，對我而言想
　　　　　　必很難堪，我想我可能有段時間都很難跟朋友解釋，我
　　　　　　可能被取笑吧！而我防衛心很重，甚至可能以幼稚的方
　　　　　　式來反抗，我想我在人生的現在這階段變得更激進，但
　　　　　　我不知道跟我留級有沒有關係。
　　訪談者：你覺得你的新的一年級老師如何？
　　受訪者：她很好，我有一陣子都很沉默，直到我認識她之後才改
　　　　　　變。
　　訪談者：第二年時對自己的感覺是什麼？

受訪者：我必須將它視爲因爲我不夠好的一個加強期，嚴格來
　　　　說，我在第一次的一年級表現不夠好。

訪談者：當你談到這事的時候，你的聲音有點變化。

受訪者：嗯，我想我還是有點生氣吧！

訪談者：你覺得留級這事合理嗎？

受訪者：（很長的停頓）我不知道怎麼回答。

訪談者：你要再想想嗎？

受訪者：嗯，我在第一次的一年級沒有學到任何東西，但是老師
　　　　人很好，她是我媽最好的朋友，所以她沒有眞正教我什
　　　　麼，只是不斷地重複。他們說，我留級只是剛好，我什
　　　　麼也沒學到，但是（搖動手指）我應該要有的，我應該
　　　　學的很好，我很聰明的。

　　增加追問技巧的最好方法就是練習，尤其在相同的主題上，訪談的越多次，你就越放鬆，也就越能夠知道得到豐碩成果的提問方式。另一個好方法是仔細檢查你的逐字稿，尋找有些你該追問卻沒這麼做的地方，然後比較一下你得到許多好資料的地方，其中的差別可能就在於你有沒有把握機會，溫和地追問下去。

訪談大綱

　　訪談大綱，或是有時候被稱為訪談計畫，不過就是一張你想要在訪談中提出的問題的列表，取決於訪談的結構，這份大綱可能包含以特別順序羅列的許多詳盡的問題（高度結構化），或沒有特定順序，而只列出一些主題（無結構），或者介於兩者之間。如同先前我們提到的，質性研究的訪談大多是半結構式的，因此訪談大綱可能包含你想問所有人的一些細節問題、一些可以再追問的開放式問題，另外還有一些你可能想知道更多的領域、主題、議題，但是因為了解的還不夠深入而無法很精確提問的部分。

　　如果手上有一份事先擬好所有或大部分問題的訪談大綱用以進行結構式訪談，研究新手會覺得比較有信心，從訪談計畫開始著手，會讓研究新

手的經驗和信心增長，以利之後進行更開放式訪談。多數訪談者一開始多半十分依賴訪談大綱，但是很快就發現他們可以擺脫不斷參照訪談大綱的束縛，而跟著訪談的節奏走，到了這階段，只要偶爾確認是否所有範圍和主題都涵蓋到了即可。

　　資淺的研究者通常很在意提問的順序，但其實沒有規定哪些問題應該在前、哪些應該在後，多半取決於研究目的、分配訪談的時間、受訪者以及某些問題的敏感程度。事實上，社會人口統計類型的問題可以一開始問，但如果問題很多或是有些敏感的問題（例如：收入、年齡、性傾向等），那麼或許最後再問比較好。屆時受訪者已經投入整個訪談過程，也比較可能願意回答這些問題。

　　一般來說，訪談開始時問一些比較中性、描述性的資訊是不錯的方法，要求受訪者提供感興趣的現象的基本描述，它可以是課程、活動或經驗、或是他們對於感興趣的現象的歷史回顧，這些資訊將成為提問的基礎，可以通向受訪者的感受、意見、價值、情感等。

　　當然，把事實資訊和主觀、充滿價值判斷的意見完全分開是不大可能的事，因此再次提醒，進行初探性訪談是了解提問順序是否適當的最好方法。

　　總而言之，問題是訪談的核心，要蒐集有意義的資料，研究者必須問好的問題。根據我們多年從事與指導質性研究訪談的經驗，題目數量越少、越開放式的問題越好，越少但是越廣泛的問題可以使你擺脫對訪談大綱的依賴，並讓你真正聆聽受訪者所想要分享的東西，也能讓你更順暢地提問，最終導出真正豐富的貢獻。範例5.1是一份長者如何主導他們身體保健的研究訪談大綱（Valente, 2005），這些開放式問題再加上有技巧的追問，就能產生出關於研究主題的實質有用資訊。

開始訪談

　　透過訪談蒐集資料，要先決定訪問對象，這取決於研究者想要知道些什麼、想要從什麼人的觀點來獲取資訊。如果是以受訪者如何能增加研究者對於研究現象的了解為基礎來挑選受訪者，那就表示是進行目的性或是

範例5.1　訪談大綱

1. 我了解你關心自己的健康，談談你的健康狀況吧！
2. 是什麼動機讓你想要了解你的健康狀況？
3. 詳細地告訴我，你做了哪些事來更了解自己的健康（你最先做了什麼？）
4. 你從哪裡找到關於你健康狀況的資訊？
5. 告訴我你什麼時候發現某件事對你身體保健有正面的影響？
6. 因為你的學習改變了生活中的哪些事？
7. 你會跟哪些人聊你的健康狀況？
8. 告訴我你最近和你的健康照護師有什麼互動？
9. 告訴我你做了哪些事來追蹤你的健康狀況？
10. 你還做了哪些事來管理你的健康？
11. 在健康管理時，你遇過什麼挑戰（阻礙）？
12. 關於你的健康學習經驗，還有什麼想分享的？

資料來源：Valente (2005)，經許可後重製。

理論抽樣（見第四章討論）。以社區學校課程的質性案例研究為例，課程的全貌必然需要與課程有關的不同成員，包括行政人員、教師、學生和社區居民的經驗和感受來構建。與問卷研究十分重視樣本與代表性不同，質性研究重視的不是受訪者的數量，而是每一位受訪者所能提供的洞見與了解所研究現象的潛力。

　　要怎麼找到這樣的人？一種方法是透過最初對研究主題的課程、活動或現象的現場觀察，現場觀察通常就會與參與者非正式的聊天，藉此了解誰可以成為深入訪談的對象。第二種找到對象的方法，就是找到了解內情的關鍵人物，並請他轉介。最初的受訪者可以透過個人聯絡管道、社區或私人組織、布告欄廣告或是透過網路。在一些研究中，初步訪談是必要的，藉以確定某些人是否符合條件。例如：Moon（2011）對長者傷痛經驗的轉換潛能研究中，就必須判斷出參與者是否因為失去摯愛的傷痛，造成他們自我感知及世界觀的重大改變。

　　Taylor與Bogdan（1984）列出每個訪談初期必須要注意的五點：

1. 研究者的動機與意圖和調查的目的
2. 透過假名來保護受訪者
3. 決定誰對研究內容有最後的決定權
4. 酬勞數量（如果有的話）
5. 關於時間、地點和受訪者數量的準備工作（頁87-88）

　　除了使用讓受訪者清楚易懂的措辭來發問之外，訪談者也必須意識到他們對於受訪者的態度。既然研究者是有目的地選擇了受訪者，就應該假設受訪者是能做出貢獻的、具有相關經驗，以及有些讓研究者感興趣的意見，這樣的態度能讓受訪者感到自在而且知無不言。

　　訪問者也應該對受訪者的認知預設中立的立場，也就是說，不論受訪者的信念、價值與訪問者如何的不同，為了訪談的成功，關鍵在於避免爭執、辯論或是表現出個人觀點。Patton（2015）區分了中立與支持的差異，「如在我對說話的內容保持中立的同時，我對於受訪者願意與我分享他們所知這件事是十分在乎的。**支持是指考量到受訪者的立場；中立是指對於人訪談內容的立場**」（頁457，黑體為原文所加）。

　　有許多充分利用時間讓報導人分享資訊的方法，像是一開始用一些比較關於自己、事件或是研究現象的描述式資訊，以建立一個比較舒緩的開場。如果是要建立生命歷程的話，那麼可事先請報導人傳送寫好的故事、個人檔案和每日生活紀錄。當然，訪談的價值建立在訪問者對主題有足夠的認識，能用簡單易懂的語言來對報導人提出有意義的問題。

訪問者與受訪者的互動

　　訪問者與受訪者的互動，可以從任一方的角度或是互動狀況來討論。有技巧的訪問者能使得訪談朝向正向互動發展，當然，技巧是需要磨練的；有所回饋的練習是發展所需技巧最好的方式。角色扮演、同儕詰問、錄影或是觀察有經驗的訪談者實地進行，都有助於新手的表現有所進步。

　　那麼怎麼樣可以稱得上是一個好的受訪者呢？人類學家與社會學家

將好的受訪者稱為「報導人」——一個了解文化並可以用自身觀點向訪談者細數發生了什麼事的人。關鍵的報導人在某個程度上可以採取研究者的立場，成為在陌生場域的好嚮導，但並不是所有好的受訪者都會被人類學家稱為關鍵報導人，好的受訪者是那些可以表達想法、感受與意見的人，也就是可以提供從事研究主題的觀點。參與者通常樂於跟有興趣而且具有同理心的聽眾分享，對某些人來說，這也是一個釐清自身想法與經驗的機會。

Dexter（1970）談到，在每個訪談的狀況中有三種決定互動本質的變項：「(1)訪談者的個性與技巧；(2)受訪者的態度與背景以及(3)雙方（通常由重要他人定義的）對於這情境的認知」（頁24）。這些因素也決定了在訪談中得到資料的類型。假設有兩個研究者正在研究大一生的創新課程，一位研究者整體來說傾向創新教育實務，另一位則傾向傳統教育實務。一個學生報導人被分派到這個課程，而另一個學生則主動要求修課而且很想被訪問，這樣訪談者與學生的組合，將會在某種程度上決定了你所獲得資料的類型。

近來許多文獻關注到訪談會面時不可避免的主體性與複雜性議題，批判理論、女性主義、批判種族理論、酷兒理論以及後現代主義都討論了許多訪談時的複雜性。雖然上述這些論點都挑戰我們思考訪談時的舉動，但共通點是關心訪談中的參與者和他們的聲音、權力關係、「故事」的建構以及對其他閱聽人再現的形式。

當中有些討論著眼於圈內人——圈外人關係上，特別是顯而易見的社會認同，在性別、種族、年齡與社會經濟階級上最為顯著。Siedman（2003，頁101）討論到「我們對於階級、種族與性別的經驗，如何與我們對於生活中權力感知息息相關」，於是乎「訪談關係充斥著權力議題，像是誰掌控了訪談的走向、誰控制了結果、誰從中獲利。」舉例來說，Foster（1994）在兩個世代對於法律與秩序的態度研究中，她探究了訪問者與受訪者關係的矛盾與複雜，她藉由考量女性與男性、年輕與年長世代、中產階級與工人階級的互動，來分析自己的立場。

研究者究竟需不需要成為研究團體中的一份子，才能完成一項有可信度的研究呢？女性訪問女性、西班牙裔訪問西班牙裔會不會比較好呢？

種族、性別與階級交錯之處又該如何處理？人們比較傾向對圈內人還是圈外人吐露資訊呢？這些問題都沒有一定的標準答案，不同組合的訪問者與受訪者只有加分、減分而已。Seidman（2013）建議研究者要對這些議題保持高度敏感，並且充分納入研究考量中，「訪談需要訪問者保持足夠的距離，使他們可以問出真正的問題，並探索假設，而非分享相同的假設」（頁102）。

因此，訪問者與受訪者的互動是複雜的現象，雙方都具有能夠改變互動與導引出資料的偏見、傾向、態度與特質。一個有技巧的訪談者會考量這些因素，以評估所取得的資料，帶著一種不帶有個人評斷、敏感而尊重受訪者的立場，這僅僅是這個過程中的第一步而已。

✎ 記錄與謄寫訪談資料

三種常見的訪談資料記錄法中，至今最常使用的是錄音，這方法確保所有說的話都保存下來以備分析之用，訪問者也可以藉此聆聽並改善其訪談技巧。錄音可能的缺點是機器故障與受訪者因為錄音而顯得不自在，不過多數研究者發現，雖然一開始受訪者難免會有戒心，但一段時間後就幾乎忘記錄音這件事，尤其是數位錄音筆這種較不引人注意的器材。偶而訪談也會錄影，這方法可以記錄非口語的動作，但器材也比較龐大而且侵略性較強。

第二種記錄訪談資料的方法是訪談中做筆記，因為無法將所有東西都記下來，而且研究初期研究者也無法得知什麼東西夠重要而應該寫下，因此這種方法只有在機器故障或是受訪者不願被錄音才推薦使用。有些研究者喜歡在錄音之外還附加筆記，訪問者可以記錄下當他們聽到報導人所說的某些事情時的反應，也可以標記報導人所言的重要性、或是訪談的節奏等。

第三種——也是最不希望用的方法——就是在訪談後儘快寫下還記得的訪談資料，這方法的問題顯而易見，不過有時候訪談中動筆記錄或是錄音會顯得具有侵略性（像是訪問臨終病人時）。不論如何，研究者應該根據訪談內容立刻寫下他們自己的反應，這些反應包括訪談所啟發的想法、

對於報導人舉止、言語以及非口語行為的描述、研究者附加的想法等。訪談後記可以讓研究者檢視資料蒐集的流程，並可以開始分析資料。

理想狀況下，訪談的逐字稿提供最佳的分析資料基礎，然而我必須先警告你，這是非常耗時的工作；你可以自己打逐字稿，也可以僱人代勞。僱人可不便宜，而且也有缺點。比起自己動手，假他人之手會讓你失去對於資料的熟悉感，而且謄寫員很可能對於一些術語並不熟悉，如果錄音效果不好，他們也無法補足殘缺之處。如果有人代你謄寫，自己再邊聽邊校正和填空是不錯的作法。不過僱人謄寫，讓你有時間進行分析而不是花時間在打逐字稿上，我們建議如果可能的話，研究新手最好親自謄寫最初幾次的研究訪談。

自己動手打逐字稿有幾項好處，起碼可以讓你自己更熟悉你的資料。如果自己來，就可以在過程中寫一些分析的備忘錄，不過即使打字技能很熟練，打訪談逐字稿還是一件很繁瑣的過程。不過有些學生發現有語音辨識軟體很有幫助，可降低所需的時間，最常提到也是時間和經濟上最實惠的就是Dragon NaturallySpeaking，不過，它通常還是只能辨認訓練過的使用者的聲音。我們的學生描述她用來謄寫逐字稿的經驗，就像網站上所寫一樣：使用「鸚鵡學舌」這項功能，也就是複誦整段訪談，她覺得幫助非常大而且速度上快很多，且在這過程中，讓她更熟悉她的資料。她的使用經驗可以參考網頁（www.nuance.com/dragon/transcription-solutions/index.htm）：

> 戴上Dragon耳機並啓動Dragon麥可風，接著複誦你從耳機裡所聽到的錄音。
> 自己大聲朗讀這些文字，因爲你的聲音已經存在檔案資料中，因此我們可以讓Dragon軟體精確謄寫。
> 你說話速度有多快，Dragon就能有多快將你的聲音轉化成文字，所以不用再爲了謄寫逐字稿而反覆倒帶。

這當然不是市場上唯一的語音辨識謄寫軟體，但她覺得十分好用也強烈推薦給大家，這類輔助科技日新月異，我們可以嘗試看看或是繼續關注

新的科技發展。

　　研究者必須建立訪談逐字稿的格式，以利後續分析。第一頁的最上方，列出可以辨識的資訊，像是時間、地點、受訪者等。頁面左側加上行號也有助於資料分析，從第一頁開始編號，直到訪談結束。另一個考量是單行還是兩倍行距，我的經驗是單行行距為佳，但是在不同講話者中使用兩倍行距。你也可以將問題粗體或斜體標記，以助於閱讀。最後，在頁面右側留下夠多的空白，讓你可以註記或是分析逐字稿之用。

　　範例5.2是一份關於文化在年長亞洲印度移民健康相關行為所扮演角色研究的訪談逐字稿摘錄（Thaker, 2008），注意上方可以辨識的資訊，左側是連續的行號，內容是單行行距，而不同說話者間是兩倍行距。

範例5.2　訪談逐字稿

（摘錄自2008年3月22日與狄帕克的訪談）

1. 史瓦希：你可以多告訴我一些你之前做的檢查，就是你說針對老年人
2. 的部分，那是在哪裡？
3.
4. 狄帕克：那個萊拉蕭爾斯醫院，他們，每年都有前列腺健康週還是什麼的。
5. 那個時候就會有所有的醫生在場，為所有50歲以上的人免費檢查。你知道
6. 的，我一聽到就想說好讓我去做個檢查因為我已經50歲，也不用錢。
7.
8. 史瓦希：那是為整個社區的。
9.
10. 狄帕克：是啊，整個社區。只要是超過50歲就可以去檢查，我想大概有4、
11. 5個醫生在那邊檢查。
12.
13. 史瓦希：你是怎麼知道的？
14.
15. 狄帕克：他們在廣播還有地方新聞都有廣告，所以我就想說走吧，下
16. 班後我就來了。
17.
18. 史瓦希：但你說那時候他們沒有做血液檢查。
19.

20. 狄帕克：沒有，但他們建議你做。因為，你知道的，我說謊了。他們做了
21. 手指檢測然後檢查，他們可能那時候就發現我也許有攝護腺肥大的問題，
22. 但是他們也不確定，所以建議我做PSA（攝護腺特定抗原），就是血液檢
23. 查，它能檢測你有沒有攝護腺肥大，但我沒有去，想說過一陣子就會好。
24.
25. 史瓦希：所以你提到一直都沒去看醫生，為什麼會這樣想呢？
26.
27. 狄帕克：我沒有每年檢查，加上覺得沒那麼嚴重，每年我知道我感冒
28. 的時候，尤其我住紐約的時候，我就去買一些像康德或是其他感冒
29. 藥，吃下去就好了。所以我從來沒有覺得我生病嚴重到需要看醫生，
30. 你知道嗎？所以我就從來沒去，那時候，我也不知道說去看醫生是
31. 好事，就是說如果身體不舒服去看看醫生檢查一下也是不錯的，所
32. 以我之前都沒去，直到變嚴重了才去。然後蘇米，我太太，就叫我
33. 看醫生，去檢查一下，然後我才知道我攝護腺有問題，所以想要治
34. 好它。很多時候因為我沒有保險，所以就沒有去，你知道嗎？有時
35. 候你自己工作，沒有保險，就不會想去看醫生，然後呢？為什麼要
36. 去？我說又沒怎樣，要去檢查什麼？所以二十五、三十年了，我從來
37. 沒有去那邊看過醫生。你知道嗎？有問題才會去看醫生嘛！又不是說你
38. 每年都需要健康檢查，那時候沒有這種觀念，沒事就不用去看醫生嘛！
39.
40. 史瓦希：你在印度的時候有去看醫生嗎？
41.
42. 狄帕克：只有受傷還是怎麼了才會，是啊，在印度，我小時候常常生病，
43. 所以每一兩個月就要去看醫生，你知道，我們在那裡有一個家庭醫生，所
44. 以你去那邊，然後告訴醫生叔叔怎麼了，他就打個幾針這樣。我很常生
45. 病，不是生病啦，就是很瘦弱，所以我一直很想長胖，所以我總是跟醫生
46. 叔叔說給我一些長胖的東西，他說沒有這玩意，你就吃一些維他命，不是
47. 維他命，對不起，就喝魚肝油就會好轉，就講那些，所以我喝了就好了。
48. 長大以後，在高中每天吃像是肉、蛋啊那些，也就長胖了。所以即使我們
49. 是婆羅門教徒，我們本來不應該去穆斯林那邊，但我和朋友還是常去穆
50. 斯林餐廳，你知道穆斯林餐廳有賣肉，我們就去那邊吃肉。不過我們也
51. 沒有變胖（笑）。所以那是我唯一會去看醫生的理由。有幾次我去看
52. 醫生，不是感冒，他們怎麼叫的，我生病了幾天，有一次我長大了，
53. 十一年級，我得了天花，但是醫生，你知道的，通常醫生到你家來檢

54. 查，然後他也不能做什麼，過了三、四天，你知道的，也沒有什麼藥
55. 可以醫，除了那一次，之後就沒有了。我三、四年級還常生病，但六
56. 年級之後我就沒再生病，即使是在印度，所以我就沒再去看醫生了。
57.
58. 史瓦希：你在印度和這裡看醫生的經驗如何？
59.
60. 狄帕克：在印度有很多友善的醫生，因爲你知道，醫生是我們家庭的一部
61. 分，你知道我們叫他們叔叔而不是醫生，不會覺得害怕或是陌生還是怎樣
62. 的。當我們還小的時候，我不知道後來就不是這樣了，我們去看醫生都帶
63. 著自己的瓶子，你知道的，你帶自己的瓶子然後他們把藥裝在裡面，他們
64. 給你一些藥，然後一天吃個三、四次，用喝的。那醫生人很好，我叫他給
65. 我一些甜甜的然後藥就比較不會那麼不好吃，我不知道他們加了什麼，不
66. 過他說OK，然後我們回家就變很好喝。所以你一天喝三次，然後隔天他們
67. 再裝滿相同的藥，這樣子去個三、四天，所以去那邊還滿不錯的。在這裡
68. 我去那邊或當我看到其他人去看醫生，他們都沒……在印度有醫生有瓶
69. 瓶罐罐在診療室裡，他們是這樣叫它的，在他們診療間就混和在一起，他
70. 們就在那裡給你打針，當我到醫生的診療間就像在客廳一樣，然後他們就
71. 開藥給你，叫你去那裡。所以這跟我在這裡看到的很不一樣，然後，嗯，
72. 在那邊，你可以盡情跟醫生聊天什麼的，不只是時間的問題，也覺得沒那
73. 麼貴，因爲是每個月結帳，你也不知道你付了多少，在這裡，很不一樣。

資料來源：Thaker (n.d.)，經許可後重製。

摘要

　　在質性研究中，訪談通常是研究中獲得所要理解現象所需的質性資料的主要來源。從結構而言，訪談可以從一切問題和順序都設定好的到事先完全沒有擬定的無結構訪談。最常見的就是半結構式訪談，也就是列好一套要探索一定方向的問題和議題，但是沒有非要一模一樣的用字遣詞和事先擬定好的提問順序。

　　問好的問題是獲取有意義資料的關鍵。訪談問題可以問經驗、意見、感覺、知識、感受或人口統計資料。假設性、唱反調、理想狀態和解釋性問題可以用來導引出好的資料；而多重、引導性問題和產生是不是回

答的問題都應該避免。追問問題或探索也是這過程中重要的一部分。訪談大綱則包括研究者想問的問題。

考量如何開始訪談以及把訪問者和受訪者之間互動的複雜性納入考量,可以得出更充分分析的訪談資料。處理這些議題以及一些記錄訪談資料的技巧,就是本章所討論的重點。

第六章

做一個謹慎的觀察者

　　觀察與訪談一樣，同為質性研究主要的資料來源。觀察是在很多質性研究常見的方法，如個案研究、民族誌研究和質性行動研究。觀察法在民族誌研究特別重要。觀察與訪談有兩項不同的地方：第一，觀察時的物理空間不是為了訪談目的而存在，而是在研究興趣的場域中進行；第二，觀察資料來自於研究現場第一手資料，而不是從訪談中獲得的第二手資料。在資料蒐集的真實世界中，觀察經常與非正式訪談、對話等互相交織。田野工作與田野研究等詞通常包括兩者（觀察與非正式訪談）、與可能包含在內的檔案與物件的研究。本章主要聚焦於觀察活動，採取觀察法為研究工具、觀察什麼樣的問題、觀察者與觀察對象的關係，以及觀察記錄的方法。另外由於線上與虛擬科技的進步，本章也會談論線上觀察的現象。

✎ 研究中的觀察

　　我們生活的這個狀態，使我們成為每天中世界與行為的自然觀察者。我們所學的事物幫助我們理解世界，並引領我們之後的行動。這類觀察多數屬於例行事務，而其中絕大部分是無意識性與系統性，屬於生活中的一部分，也是我們與世界連結的一部分。然而就像我們與某人隨意交談並不能成為正式訪談，這類型的例行觀察並不同於研究中的觀察。當觀察具備系統性、著重特定研究提問，並和觀察作為檢閱與權衡研究結果可信度的主要角色時，觀察就成為一種研究工具。

　　參與式觀察作為資料蒐集工具多所批評，在於人類觀察的高度主觀性，由於人類認知非常具有選擇性，不得讓人產生對於人類認知上的懷疑。試想一處車水馬龍的馬路交叉口發生交通意外事故案例，每位不同的事故目擊者所觀察到的是不同的事件場景，有時甚至互相矛盾。值得注意

的是，本案例中，目擊者並不是在計畫下地去進行系統性觀察事故的發生，他們也沒有接受觀察技巧，這些差異因素應可讓我們分辨日常生活觀察與研究相關觀察的不同。

　　Patton（2015）表示，未經訓練的觀察者與研究者兩者的差異，就像是比較「業餘俱樂部才藝秀」與「職業表演者」的不同（頁331）。成為好的觀察者需要訓練與心理準備，要成為優秀訪談人員也需要同樣的準備。Wolcott（1992）也指出，「常人與質性研究者不同之處為，質性研究者就像其他要求選擇性注意力的角色，如藝術家、小說家、偵探、間諜、警衛與小偷等，只對某些事項投注特別的專注力，對其餘一般事務則僅為稍微關注。任何觀察者所做的都極為類似，即全心全力關注特定事物，關注那些一般人不會注意的事項」（頁22-23）。

　　就像你可以學習成為一個有技巧的訪問人員，你也能學習成為一個謹慎的系統性觀察者。成為有技巧的觀察者要項，包括學會留意特定事物、學習如何描述與寫作、練習有紀律的田野記錄筆記、學習如何分辨細節與瑣事、學習使用嚴格方法，讓觀察得以驗證（Patton, 2015，頁331）。你可以用任何一種方法練習觀察，在公共場所當一個完全的觀察者、在你的工作或社會情境下成為參與觀察者、或僅僅是觀看電視與錄影帶。你也可以讓自己成為那些具備田野調查經驗人士的學徒，比較她／他和自己的觀察有何不同，你也可以透過閱讀了解其他人的觀察經驗。

　　可能有許多種理由來解釋，為什麼研究者會選擇透過觀察來蒐集資料。其中，作為一個局外人的觀察者，能透過觀察去注意到哪些事件成為參與者自身的例行事物、哪些觀察現場的發現可能用來理解脈絡。研究者也能利用觀察對其他研究來源的發現進行三角驗證，比如說觀察能用來與訪談和資料分析結合，厚實研究發現（見第九章）。終究，參與者觀察能直接見證事情，並用自己的知識和專業詮釋觀察到什麼，而非單純仰賴訪談結果進行間接思考，觀察使當下發生的行為記錄變得可行。

　　採取觀察的另一個理由是提供脈絡一些知識，或透過特殊事件／行為的發現，將其作為訪談時的連結參考點。對未明現象狀況的理解來說，這是特別有用的策略。就像一項呼吸治療師批判思考的研究，Mishoe（1995）先在診療空間觀察治療師工作，接著她訪談治療師們，她因此

透過現場目睹的特殊行為，詢問他們的想法。這類型訪問因為觀察與訪問的問題有所連結，有時被稱為鎖定式訪談。

最後，有些人可能不想暢所欲言，或避免討論與自己相關主題。像在小型教育單元的研究，研究者觀察到某些工作人員間意見分歧與不和現象，這在訪談是不被揭露的。當研究者能直接觀察活動／事件／狀態時、或研究者要全新的觀點、或當參與者不能或不願意討論研究主題時，觀察是最佳的方法。

觀察什麼

幾個因素決定要觀察什麼，最重要是研究者最初開始研究的目的，換句話說，理論框架、研究發問與興趣問題決定該觀察什麼。如同我在第四章所提，研究者的學門領域通常決定了問題如何界定。一位教育學家可能在於她對學生如何學習的興趣而觀察學校；社會學家可能因為對社會機構的興趣而造訪同一間學校。實際考量也部分決定了該觀察什麼。然而，某些行為難以觀察，更嚴格來說，研究者必須有時間、金錢和精力投入觀察，還必須透過對方的同意允許下方能觀察。觀察者須對於初期的印象與場域中的事件保持開放，因為初期將決定之後的觀察模式。Schensul與LeCompte（2013）寫著，研究者的好奇心會驅使他們的初始觀察，隨著時間前進「重複的觀察與問題下，事物的意義、文件、行為的模式與社會的關係與事件會逐漸的清晰」（頁91）。

該觀察什麼，視觀察者預想的結構程度而定。如同訪談有結構範圍，觀察也有結構。在觀察之前研究者能先決定專心於關注某些事件／行為／人士，並可以用一份符號表來記錄特殊行為的事例。可以把不具結構的觀察想成是電視鏡頭掃過區域，研究發問決定從哪裡開始觀察，但在那裡聚焦或停止觀察行動則無法事先決定。觀察進行中必須允許新增焦點，實際上研究者也可能在研究期程改變觀察與關注的焦點。

儘管如此，沒有人能觀察到每一件事情，研究者必須決定從某處下手。有些作者列出該觀察的東西，這樣的準備應該在活動開始前完成。此處提供一份任何環境可用的項目檢查表：

1. 物理設置：物理環境如何？內容為何？環境是為了什麼行為所設計的？空間配置如何？環境中有哪些物件、資源和技術？校長室、校車、自助餐廳和教室因物理屬性有所不同，期待的行為也因此不同。

2. 參與者：描述誰在場景裡，有多少人？他們的角色為何？是什麼讓人聚在一起？誰能在這裡出現？誰被期待在這裡出現卻沒有現身？參與者相關的人格特質為何？人們在環境中組織他們的方式為何？「互動的模式和頻率、溝通模式的方向、與這些模式的改變能告訴我們社會環境的故事」（Patton, 2015，頁367）。

3. 活動與交流：發生了什麼事？有明確的活動順序嗎？人們如何活動以及與他人交流？人們和活動如何連接？有什麼規則決定了活動和交流？活動何時開始？它延續了多久？它是典型還是不尋常的活動？

4. 對話：環境中對話的內容為何？誰與誰講話？誰聽？直接引述、釋義與摘錄對話。可能的話，用錄音機輔助你的筆記。留意沉默與非口語的表現，這些表現將賦予社交的意義。

5. 細微因子：較不明顯但對觀察也許同等重要的因子：
   • 非正式與未計畫的活動
   • 文字的象徵和內涵意義
   • 非言語溝通，如服裝、物理空間
   • 不引人注目的尺度，如物理上的線索
   • 哪些沒發生的因子：尤其它被預期發生卻沒有發生（Patton, 2015，頁379）

6. 你自己的行為：你也是環境參與的一員，無論你的角色是一般觀察者或深入的參與者，你的角色如何影響你觀察的場景？你說了什麼，做了哪些事情？還有，你對當下所進行的想法為何？這些將成為「觀察者意見」，為田野筆記重要的一環。

　　每一次參與觀察經驗均有各自的韻律與流暢度。單次觀察的停留時間長度或資料蒐集方式的時間長短，取決於研究的調查問題。觀察現場到底該停留多少時間觀察沒有理想值，也沒有任何偏好的觀察模式。某些觀察活動中，長期觀察可能是最適當的；而其他情況下，短期的觀察最能符合

研究目的與實際限制。大部分研究者建議在學習從事田野工作時，一個小時上下的時間已大致足夠，因為觀察需要極大的體力與專注，他們還建議觀察結束後儘快寫下田野筆記。

透過觀察蒐集資料的過程可分為三階段：進入現場、現場資料蒐集和離開現場。要進入一個田野現場，從獲得那些活動人士同意、信任與准許後開始，獲得一份研究者和參與者的雙方合約，能讓這個步驟更加順利完成。有時即使有代理者為你處理工作，在某些情況下還是難以進入研究興趣的田野現場。以我的經驗，商業領域、產業現場、某些政府機構與團體會因為他們工作宗旨的敏感性與排他性（像自我扶持社團、種族和族裔社團等），讓外人難以進入。Bogdan和Biklen（2011）點出多數團體會希望得到以下的答案：

- 你實際要做的是什麼？
- 你會不會造成麻煩？
- 你要如何處理你的發現？
- 為什麼是我們？為什麼是「他們或他們的組織」、「為了研究被單一挑出來」？（頁88）
- 我們可以從這件事得到什麼？（頁87-88）

研究者在回答這些問題時要儘量的誠懇並始終如一，若能夠調整修改你的最初要求，可以增加進入田野的機會。Bogdan與Biklen（2011）提供研究者在田野的最初幾天一些意見：

- 不將田野所發生的事做個人詮釋（頁91）。
- 讓田野中的某個人介紹你。
- 一開始維持短暫的觀察，以免被環境的新訊息迷惑了自己。
- 保持相對的被動與低調，讓人們自在，學習在環境中如何適當表現與穿著。
- 保持友善與誠實，但當解釋自己在做什麼時，不須全盤托出細節或技術。

他們也建議研究者藉由融入參與者的日常活動，尋找彼此的共通點、幫忙一些事件、保持友善與展現活動的興趣來建立和諧關係。

一旦研究者熟悉場景以及開始查詢有什麼能觀察時，就可以開始嚴肅的資料蒐集工作了。由於本研究階段缺乏迷人之處又工作沉重，研究者須花費極大專注力仔細觀察，並儘量記下各項訊息與盡可能仔細記錄下適才所觀察的事件。每進行一次觀察，即便是短暫的觀察都是耗心費神的工作。尤其在研究的起步階段，任何人、事、物都是新的，你不曉得什麼會是重要的，所以試著觀察所有的一切，包括自己在觀察現場帶來的影響、記錄田野筆記時或許錯失了某些事等諸如此類的事。最好的方式是盡可能在一開始進行多次頻繁而短暫的觀察，當感覺越來越熟悉，在環境中越來越自在時，觀察的時間就越能拉長。

研究者無法事先準確預期整體田野中花費的時間、拜訪的次數，以及每次造訪的觀察量。同時，在時間和金錢不斷流逝的狀況下，理想的情況是隨著資源消耗下換來資訊逐漸飽和；然而，觀察者與觀察現場人員的關係建立及場域習慣模式等因素，時間久了讓觀察者離開田野可能比進入更加困難。Patton（2015，頁405）建議透過「離開或停止參與策略」來思考；Bogdan與Biklen（2011，頁116）建議「與其突然結束這個階段的研究，不如選擇減少造訪的頻率淡出場域，最終完全停止」。任何觀察情況下，「所有田野工作者，包含研究新手與有經驗的研究者，都會擔心他們是否獲取足夠、正確的資料。當然沒有人能得到所有的資料，但研究者必須問自己，他們是否已取得與主題相關範圍及多樣程度的資料（Preissle& Grant, 2004，頁180）」。

觀察者與觀察對象之間的關係

當研究者以觀察者的角色蒐集資料時，可假定自己為以下數種關係的其中一種，觀察者與觀察現場的範圍可以從一名完全的參與者，即調查者為觀察對象團體中的一員，到完全的旁觀者。Gold（1958）舉出四種可能觀察者—觀察現場間關係的類型：

1. **完全的參與者**：研究者為被觀察團體中的一員，且在團體前隱藏自己的觀察者角色，在不打擾團體自然活動的情況下進行觀察。使用這種方法可獲取內部資訊，但觀察者需考慮潛在缺點，這些潛在的缺點包括缺乏團體以外的觀點：當研究活動被揭露時，研究者會被貼上間諜或叛徒的標籤，以及欺騙其餘參與者相關衍生的倫理問題等。

2. **參與者作為觀察者**：觀察的對象團體知道研究者的觀察活動，研究者以參與角色為主、觀察為輔。Schensul與LeCompte（2013）形容此類型的觀察為「一種要求研究者現身、參與及實際記錄每日例行田野現場人們活動的資料蒐集的技術（頁83）」，觀察者同時仍維持著積極活躍的參與者角色。此處的難題在於研究者面對的資訊深度的拿捏，以及團體成員訊息揭露度的平衡。。

3. **觀察者作為參與者**：觀察的對象團體知道研究者的觀察活動，研究者以資料蒐集的角色為主、參與團體的角色為輔。研究者可能透過這個方法，接近許多人士與接觸到廣泛的資料，但資料顯露的程度則由受觀察團體成員所控制。Adler與Adler（1998）區分此「邊緣的團員角色」不同於先前所提的「活躍的團員角色」，在這種方法下研究者「觀察、與團員緊密交流，足以建立圈內人士的認同身分，但無須參與建構團員核心的活動」（頁85）。

4. **完全的觀察者**：研究者不是隱身於群體中（像藏身在單面鏡之後），就是在完全公開如機場或圖書館的環境下進行觀察。

　　近期許多著作定義了另一種研究者面對參與者可能的關係：「合作夥伴」。這種角色最接近以上所提的完全參與者，但所有參與其中的人都清楚了解調查者的身分。雖然教師研究、女性主義研究、或行動和參與研究等領域在定義有所不同，但合作夥伴的定義特色為，在研究過程（包括定義研究發問、資料蒐集與分析、撰寫與發表研究結果）中研究者和參與者為平等的夥伴（更多關於此角色的討論，請見 Cranton & Merriam, 2015; Herr & Anderson, 2015）。

　　完全的參與者或完全的觀察者下關係著調查公開與隱蔽的程度，不論研究者是完全的參與者或完全的觀察者，在一些案例中，觀察對象都不會

知道研究者「真實」的活動（研究者觀察的確實細節）。這種情況將導致涉及研究對象隱私和保護的倫理問題，我們將於第九章做更詳盡的議題討論。Uldam與McCurdy（2013）也有更多關於隱蔽與公開研究相關議題討論。

　　實際上，研究者鮮少是完全的參與者或觀察者，通常是混合的角色。一開始可能是完全的參與者，後來退到比較研究者的姿態；或是相反的，一開始是觀察者，但隨著時間逐漸變成參與者的，雖然質性研究理想上是從參與來獲得內部觀點，但觀察時全然參與並非總是可行的，像研究者再如何參與也很難理解文盲或心智受損人士真切的感覺。另一問題是作為內部人是否真能對研究帶來助益。選擇成為團體的一員，變成內部人或僅僅成為成員都不必然能提供研究現象所需之視角。反過來說，成為研究對象團體中的一員，可能是接近與獲取可信賴資訊的唯一方式。Patton（2015）強調質性研究中內部人與外部人間必須的平衡，「作為一個內部人的體驗計畫，強調了參與式觀察的涉入部分；同時，調查者維持身為圈外人的意識。此處的挑戰在於結合參與和觀察，研究者以內部人領會理解田野發生的事件，但也能透過描述方式提供訊息給外部人知悉」（頁338）。

　　當研究者越來越熟悉研究現象時，參與者和觀察者的混合角色也可能隨之改變。如Walford（2001）所記，成為一名觀察者是一個「角色定義、協商與重新協商的過程」（頁62）。進一步來說，最初開放給研究者的唯一一個角色，無論研究者的意圖為何，這個角色是被限定於那些被觀察的角色，它為「自動分類於研究者」（頁63）。研究者可能以旁觀者開始，之後逐漸投入被觀察的活動中。在其他情況中，研究者可能決定加入團體，來了解成為實際參與者的感受，之後再逐漸淡出，在最後設定自己成為有意的觀察者角色。舉例來說，Uldam與McCurdy（2013）在執行參與者觀察研究時，提供了一個關於內部人與外部人議題的有趣討論，他們指出透過不同的社會運動涉入研究發現，角色是如何的移轉和改變。他們指出這樣的現象已發生在占領運動上，也開始考慮社群媒體對於成員角色改變的影響力。

　　參與式觀察是一個精神分裂的活動，研究者通常參與其中但不會到完全涉入活動的程度。Roach（2014）指出，傳統對於參與者觀察角色的概念，為研究者試圖在參與時仍能保持適當的疏離來觀察和分析，就個人而

言這樣的邊緣位置實難維持。Gans（1982）理解這種作為研究參與者的苦處，表示「想投入的誘惑持續存在，我得抗拒脫下綁住研究者的情感枷鎖與自然反應情況，像常人般與他人作連結，想辦法從觀察與參與中獲得樂趣而不僅僅是從情境中獲取資料。我常常處在內心的拉鋸戰，作為一名研究者情況下，到底自己能在多少程度的自然參與下，又不會錯失某些訊息」（頁54）。

　　參與式觀察的模稜兩可是質性研究者的焦慮來源之一。Gans（1982）引述其他三種來源使這種資料蒐集法難上加難。他寫道，研究者對「研究活動順暢性的持續擔憂」，他繼續問道：「我是不是在對的時間做對的事、參加對的會議、或跟對的人談話（頁58）？」另一個焦慮的來源是，「如何確定我們現在研究的是什麼？如何面對最初無法理解狀態時不感到心煩意亂？還有如何控制不斷湧入的資料（頁59）？」最後，參與式觀察的固有欺騙，導致「無止盡的罪惡感」以及「與研究對象過度確認的趨勢」（頁59）。

　　另一考量是觀察調查者對觀察對象的影響程度。傳統研究模型的理想是盡可能地保持客觀與超然，以避免影響研究。然而，女性主義研究、後現代與批判研究已開始質疑這樣的傳統研究立場，這些研究路線主張研究環境下的任何事物與人都或多或少帶來影響（Roach, 2014），因此最好有個人的立場來解釋觀察發現的現象。進一步而言，質性研究中研究者作為資料蒐集的主要工具，研究者的主觀性與觀察過程中的人我互動本為自然。觀察者與觀察對象的交互關係可能帶來雙方行為的改變，於是問題不再是觀察過程是否影響觀察對象，而是研究者如何分辨這些影響，以及如何在詮釋資料時考量這些影響因素。比方說，知道自己是觀察對象的參與者，通常行為會傾向以社會合宜的方式表現，以令人喜好的舉止呈現自己。此外，即便是觀察者像寫筆記或以特殊行徑參與的行為等，都會帶來參與者的自我規範行為。最後，僅僅是觀察者在場域中的現身都可能影響環境的氛圍，經常造成一種比平常更為正式的氣氛。

　　關於觀察者影響研究情境的程度多寡並不清楚，Frankenberg（1982，頁51）指出傳統人類學研究中，民族學者（研究者）的活動並不傾向改變「經年累月建立的民俗與實踐」，而更像是研究者作為「帶來改變的催

化劑，催生已發生的事物」角色。其他人則建議，隨著時間的演進，社會環境的持久性鮮少因為觀察者的出現而中斷。如先前所述，如女性主義、後現代、批判或複雜科學等研究者觀點，宣稱觀察者總會帶來影響，這些影響也不盡然是負面的，最好的方式就是說明這些影響。依照許多田野研究者的經驗，當他們首次現身時可能引起較禮貌、正式與防衛的行為，但這種態度不會太久，社會環境還是會回到正常的運作模式。任何情況下，研究者必須敏感地察覺可能造成環境的潛在影響與解釋那些影響。Patton（2015，頁413）寫道，「觀察者必須努力去觀察自己的觀察行為，並記錄他們觀察時帶給被觀察對象的影響；同樣重要的是，觀察者能反思他們在觀察現場經驗到的變化，觀察者須能透過反思來檢視觀察、管理涉入和疏離之間的緊張感」。

　　Wolcott（2005）總結此處的「掌握涉入和疏離之間的緊張感」，他認為所有研究者應：

> 致力達到參與和觀察兩者可行的平衡。問題在於無論參與和觀察是否為彼此分離的機制，或無論任何人在任何地方努力嘗試下，參與和觀察兩個過程仍無法交織在一起，即便如此，擁有與他人不同、具備自身之獨特標籤是令人安心的。此自我意識的角色，是用來檢驗與討論我們所進行的參與式觀察研究過程與經驗，我們理解觀察者不僅僅單純現身在觀察現場，而是在觀察現場經歷那段極度煩惱的自我覺察之點滴過程（頁89）。

記錄觀察

　　由一段時間的觀察過程，所寫下或機器設備所記錄的，終將成為研究發現的原始資料。觀察記錄相關內容的田野筆記和訪談記錄稿，有著同等的作用。這兩種方式所蒐集的資料，能有越詳盡的記錄，則越有益於資料的分析。透過觀察能有多少斬獲，端視研究者的角色扮演及參與活動的程度。因此，現場記錄的尺度是有差異的，可以做持續性的快速描寫記錄

（特別是全程參與的觀察者），到毫不記錄。不過，「撰寫田野記錄是一件麻煩的工作，但是田野記錄卻是構築研究的基礎資料，沒有田野記錄，就沒有資料可言」（Schensul & LeCompte, 2013，頁20）。

　　儘管諸如攝影機或者筆記型電腦這些機器設備可以作為觀察記錄之用，但有時因為經濟能力或者隨手取得的方便性，使得它們派不上用場。研究者比較偏好的狀況，是觀察時就進行速記或事後再把觀察所得的細節詳載。因此，不同於訪談者頻頻將錄音檔案一段一段地重聽，參與觀察者必須仰賴記憶力和筆記重述所觀察的部分。當然，錄音機可以放在觀察之處的某個地方，例如：教室或小組會議中。錄音將確保訪談活動能掌握的口語部分，有助於田野觀察記錄的撰寫。

　　儘管研究者在觀察中能寫關於細節的筆記，但仍應於觀察之後儘速用手寫、打字或口述的方式，以敘事型態撰述整個筆記。坐下描繪觀察所得，需要很好的自律。現場的察看僅完成觀察研究的前半段，這比將剛發生的事寫成長篇的觀察筆記還要有趣許多，後續要寫田野觀察筆記，則通常比現場察看要花費較多的時間。

　　針對觀察研究，每位研究者總會自行發展出頭腦記住和筆記記錄的特殊技巧，這可是質性研究相當令人生畏的部分，然而還是建議先從短時間的觀察著手，再練習資料的回憶與記錄。Taylor和Bogdan（1984）對於觀察資料的技術提供一些建言，對於此研究有所助益。

- 集中注意力。
- 將注意力由整體概觀轉移至細部觀察；也就是將注意力排除其他一切外在，而關注在特殊的人、互動或活動上（頁54）。
- 注意受觀察者講話所使用的關鍵用詞，使它呈現在筆記上。
- 注意每次對話中受觀察者的關鍵用詞。
- 當觀察或對話中止，研究者腦中仍應索思受觀察者所表達的關鍵用語與情境。

　　一旦觀察完成後，他們建議如下：在觀察內容還能被記住的範圍內離開，儘速寫下觀察後的田野筆記；如果從觀察到撰寫觀察報告有較長的時間間隔，要先對觀察情形摘寫重點與綱要；畫出訪談的情境圖和過程

的動態軌跡；將初始的田野筆記與之後憶起補述的資料相互結合（Taylor & Bogdan, 1984）。我的許多學生發現一離開觀察現場就趕快著手記錄（例如：回程中），對於觀察筆記的撰寫很有幫助。Bogdan和Biklen（2011）建議當筆記還未完成就和別人討論觀察所得是不恰當的，因為「對話使得重點變得渙散」（頁127）。他們也強調撰寫觀察日誌在時間上的急迫性，「觀察與記錄筆記之間的時間拖得越久，你所能記得的越少，你越難記錄你的資料」（頁127）。

　　本於觀察田野筆記所呈現的形式，需要讓研究者輕易找到他所需要的資訊。田野筆記呈現形式千變萬化，但是通常以觀察的時間、地點與目的為開端。以有助於研究意義呈現的方式，列出被觀察者的表現，或至少指出他們呈現的人數與類型。若以研究者正在觀察一個舉辦中的護理領域之延續專業教育專題研討會為例，記下參加者的表現就很重要，無論他們是指導老師、老練或新手護士，乃至於研究相關的年紀或性別背景特徵，也應該能夠呈現研究者與被觀察者所在方位的關係位置圖。其他的提示還有：在筆記的當頁邊緣留白，或留下半頁，乃至空出下一頁，以利後續補充書寫；對活動記錄繕打的電腦版面配置，採用雙行距，以方便閱讀及資料分析；當直接引述某人話語時，加上引述的符號。你也可以在每頁的左側標上頁碼序號，有助於分析觀察資料時容易找到重要頁面內容。

　　田野筆記需要豐厚的描述。描述的內容包含參與者、觀察情境、參與者的活動與行為，以及觀察者的所作所為。豐厚的描述意謂透過細節的清楚交代，使得讀者有親臨其境的感受，如同親眼目睹。例如：取代「會議室整潔」的說法，你可以記述「會議室的四張桌子圍攏成一個工整的正方形，每張桌子配置三把椅子。會議資料置於藍色資料夾之內，平放桌面，各桌子有三份，每份皆置在椅子前面。每張桌子的前面擺上一壺水和三個玻璃杯」。

　　反思的部分在田野筆記也是相當的重要，它關乎觀察者的評論內容。呈現方式可以和觀察筆記的主文分開，寫在筆記左右兩側空白的地方，或者用括弧方式說明評論。反思性的評論可以包含研究者情感、反應、預感、最初詮釋、預測及正料想的假說。這些評論會超越對實際進行狀況的真實描述，對於觀察的情境、人物與活動提出意見與想法。當研究者對於所觀察現象產生種種問題，或者推測情事各種意義時，資料分析的

工作實際上已經在進行。資料彙整和資料分析之間連結，對質性研究是非常必要的。

　　通常田野筆記包含以下內容：

- 情境、人物、活動的描述。
- 直接用引號標記說詞，或至少引述他的說話大意。
- 觀察者的評述 —— 寫在頁面空白處，或在敘說的內文中採用底線、斜體、粗體、括弧或標注是觀察者自己意見等方式，作為區隔。

　　範例6.1呈現蘇珊在南韓首爾老人中心對於運動課程所觀察的田野記錄。她對於老師與年長學生的教學指引及其間的反應特別感興趣。畫出教室的現場配置圖，包括蘇珊自己的位置（「觀察者」在中心外圍，上課團體的側邊）、指導員的位置（「老師」在中心上課學員的正前方）。觀察者的評述穿插於觀察記錄之中，以黑體字或觀察者評述的字樣標示。豐厚的田野筆記描述會使讀者如同與觀察者置身現場一般，讓讀者神遊其中。如同範例6.1觀察者的評述筆記，能對於觀察所得進行問題探討，或是由觀察的實況描繪轉進為資料分析，田野筆記甚至包含教室前方牆上器物的描述。

　　民族誌學者通常保留著人類學家置身田野整個過程的省思紀錄，而這種田野工作紀錄的內容包含研究者的想法、憂慮、錯誤、混淆之處、所見所聞的反應，乃至於對研究方法論本身的看法。Walford（2001）表示他使用一臺小型的錄音機作為廣泛的資料蒐集，「從不同理論的初期形成，到對於憤怒、苦惱、自憐的怒吼，每當結束一段創傷經驗，我就會原原本本的把我所經歷的負面情緒說給錄音機聽，我想將這個簡單的方法推薦給每一個民族誌學者，他具有自我療癒的效果」（頁70）。除了田野筆記和田野工作記錄，你也可以寫下包含某些初步分析和詮釋的備忘錄。質性研究者對觀察的記錄，有些人會如同先前提到的將觀察的實況與評論寫在同一份筆記內，有些人是將兩者分開撰述，有些人則使用紀錄資料作為撰寫方法論的素材。

範例6.1　韓國老人中心田野筆記

研究者：Sharan Merriam
地點：韓國老人中心
目的：認識韓國老年人的成年教育
時間與地點：2006年3月24日星期五下午3:00-4:15

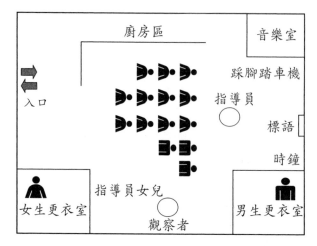

韓國老人中心教室場地配置

　　聽到我對成人教育和老人教育有興趣，鄰居就邀請我到我們公寓附近的老人中心參訪。我的鄰居是在這個中心每週三次的運動指導員。我首度參訪那時，是在了解中心的樣子且實際參加運動授課。**我觀察所著重之處在於教學指引及師生互動。**

　　這個老人中心在我家公寓附近林立公寓的獨棟建築。除了老人中心，大樓的另一部分則是日間托兒所坐落之處。大樓嶄新的，且老人中心只開業四個月。

　　當我們脫鞋進入中心，我聞到濃濃食物的氣味，大概是有煮了東西，應該有用到廚房（詳見位置圖）。我們進入一個相當寬敞的空間，金黃色的木質地板、白牆、四株植物（三株靠近我決定坐的地方）。還有兩面天窗，讓室內更加明亮及寬敞。

　　回想起首度拜訪時的印象中，一些學員對我的出現做彎腰作揖、微笑以對。上課老師的女兒跟我們一起前來，儘管她說是第一次到訪，但似乎相當融入其中。每個人各拿一張椅子坐下，而我坐在側旁，共有11位女性

和3位男性。（觀察者評述：我認為韓國和美國一樣，女性老人的比例比男性高。當我知道這些老人住在附近的公寓大樓時，我對於這11位女性是獨居、與配偶同住、或是和其他家人住在一起，相當好奇。）

　　這位指導員行禮致意後，學員報以掌聲。（觀察者評述：他們看到他似乎很高興。）一個我猜約莫三歲很特別的小男孩，沒人帶的樣子到處閒晃，一對夫婦拿了張椅子給他。這位指導員拿著一本書，似乎在解釋整個運動學程的計畫。這個小男孩跑來跑去，一下子跑出去，一下子又跑回來坐下。（觀察者評述：我後來發現這個小孩子是某位學員的孫子，他跑到隔壁日間托兒所，但我並沒有看到任何學員直接跟他說話。儘管我猜他是那家日間托兒所跑出來的，我真納悶他為何可以跑進跑出的，可能這邊上課可以容許小孩子或是學員的家人如此。）

　　這個指導員正從書中展示一張身體圖像，在課堂來回走動，讓大家能看到，從頭到尾都是他在講。（觀察者評述：他似乎對有一些年長而視力不佳的人很敏銳；他也跟我說這堂課他想讓學員不僅是懂得身體操作，還試著教授與環境、肌群……多方面的結合。他似乎覺察到學習、身體、心靈之間，相互全然的結合。）

　　眾人之間只有一位女性站著做手部放鬆運動，其他學員則是在課室內邊走邊甩手。指導員用錄音機播放一些容易令人放鬆的樂器所演奏之音樂，且引導教室中的學員。隨著每次走動間，會有一兩位學員坐下來，到後來所有人都坐下。三歲的小男孩從相鄰的男生更衣室中跑進來，但沒人注意或搭理他。

　　下一組的身體活動是讓學員站在椅子後面，利用椅子來做平衡運動，指導員偶而會轉過身來讓學員仔細看清楚如何做操（不管轉身與否，他做動作的方向都與學員看起來同一邊）。指導員讓學員和他一起數拍子（我認為大家一起數），使現場熱絡起來。那些坐著的學員在結束前照著做運動，隨著指導員的鼓舞，學員雖席地而坐，卻相當盡力。（觀察者評述：指導員將站立方式改為坐著的運動修正，他很清楚知道學員在身體姿勢的限制，於此狀況下進行教學）指導員持續講課，眼神則與每個上課學員交會，傳遞需要的修正訊息。他語氣愉悅中帶著鼓舞，他的笑臉充盈，整個動作示範親力親為。

　　大約下午三點四十分，某位我上次來訪所見的男士穿著西裝前來，他在男生更衣室換下西服後，就跟著大家一起運動。（觀察者評述：他必定是某個官員，我首度到訪時他拿出音響播放器，看起來比較年輕，我可要問個清楚。）

　　下午三點四十五分指導員拿出一袋每個直徑約六英寸的海綿球，他示範如何壓著球而能支撐住手肘，他指出身體的不同部分，明顯地說明運動的設計內容。這種球衍生許多的運動，像是在腳趾的左右之間來回傳動。四點的時候大家圍成一圈，指導員先將球收齊，接續試著讓學員在腰下彼此相互傳球，當我對此有所疑惑之際，師生與學員之間在歡笑中玩成一團。最後大家停止傳球活動，繼續動作把球移到左側。這是指導員第一次沒說話，讓學員將球移到左側。（**觀察者評述：他改變指引模式，讓這群學員保持專注。**）

　　現在每個人發顆球，指導員則於大家圍成的圓心放一個袋子，自己先示範用力擺臂將球丟到袋子裡面，大家開始跟進，重複丟好幾次的球，他女兒則幫忙匯集球。這群人中的4名男士似乎特別享受其中，在微笑與大笑裡明顯地熱衷於投進更多的球。到了四點十二分，所有的球被收到袋子，在共同的掌聲中結束了這堂課。（指導員後來告訴我，這堂課實際上大概上四十到四十五分鐘，但他們興致盎然，加上我二度參訪，這堂課上滿一小時。）有些學員就此離開，2位男士則走進男生更衣室，有幾個女士走進入口處旁的女生更衣室。當指導員在做文書工作之際，我請他女兒解釋前面牆上的那些裝飾的牌匾。

文件與器物

　　我看到這個老人中心有些器物。首先是植物，左前方窗下擺設一株大型蕨類，在我座位附近則擺設著三株並排植物——一大株綠葉植物高達六英尺，一株較小日式植物相鄰，接續是一株開著紫色花朵的植物。這些植物為這個中心散發怡人迎賓的氣息。左前方有一臺跑步機和踩腳踏車機。當我到訪時，沒有看到有人使用，但顯而易見地這些機器隨時開放大家使用。（我後來發現，這中心幾乎所有的東西是大家所捐出來的，包括在廚房旁邊的小房間有一組音效非常精密／配備電視螢幕的卡拉OK。）

　　我最感興趣的就是掛在前面牆面上的器物，由六個裝飾牌匾與一個加框掛相片所組成，這些裝飾品的上方則是裱框的韓國國旗。裝飾牌匾的右側牆上有個高掛的時鐘。在這個沿牆而立時鐘的右下側還有所謂的老爺鐘——這個巨大矗立的時鐘也是捐來的。我很好奇牆面上的這些東西似乎只是擺上去，在此中心似乎不具美感，牌匾擺設彼此不搭，且在中心的牆面上也沒有置中，而是稍向右偏，國旗與牆上時鐘相當高，對我而言這簡直是大雜燴。

牌匾與相片

指導者的女兒簡短的描述這些牌匾的內容（它們大小不一，平均約一平方英尺）：

1. 第一個牌匾寫著：「成為令人尊敬的長輩」。
2. 第二個牌匾寫著某種效果：「讓長者的寶貴經驗與智慧，傳承給年輕人」。
3. 這個牌子放著老人中心的使用執照。
4. 這個牌匾則列出老人應為之事：有益國家、享受人生、維護健康、老而不倦。
5. 下一塊則是這個老人協會主席的牌匾。
6. 接續是8個男士的加框合照，畫面中此老人中心還是嶄新建築而其入口兩側各4人一排，顯然是開幕的照片。
7. 最後的牌匾說明這個中心服務社會貢獻人群的宗旨。

線上觀察

本章如果沒有討論運用新型態媒體科技所獲得的線上觀察與資料蒐集，則不能算是完整。承前所述，伴隨著深度訪談所進行的觀察，在各種不同的資料蒐集型態中是很重要的類型，用以檢視與觀察特定現象如何開展，諸如群組如何學習、固定情境中如何結束溝通的模式。對於著重檢視文化的民族誌而言，這也是一種重要的資料蒐集方法。近來對於數位、虛擬、網路的民族誌討論趨於熱絡（Ardévol & Gómez-Cruz, 2014; Boellstorff, Nardi, Pearce, & Taylor, 2012; Underberg & Zorn, 2013）。在Boellstorff等人（2012）所討論民族誌與虛擬世界的書中，主張線上或虛擬世界既然是整體文化的一部分，且自我構築成所屬的世界，民族誌研究就應該與對虛擬世界的了解相互結合。進而言之，網際社群也是在各個較為廣大的社群中，由一群興趣相結合的人們所形成的主要次文化。例如：Gómez-Cruz做了一個關於數位圖片攝影師對此類圖片上傳分享的研究（Ardévol & Gómez-Cruz, 2014）。此外，Waldron（2013）透過Banjo Hangout網站（www.banjohangout.com）實施音樂教學的網路民族誌研究。研究對象包含Banjo這種琴的玩家和老師，而這個網站則連結

著YouTube、其他教學網站，以及之前不上線的而基於同好結合的玩琴團體。

　　Waldron（2013）所做的網路民族誌研究，是透過電腦中介技術的Skype軟體實施訪談，以及進行線上觀察與討論。許多民族誌研究者如同Waldron一樣的資料蒐集方式，無論觀察、文化參與、討論皆透過網路上線實施研究。但是當研究者所著手蒐集的民族誌資料採用線上觀察，則透過科技所使用之介面的特殊性也要一併考慮。畢竟在實體與虛擬環境所做的觀察，兩者有著不同的前提條件。

　　首先的議題是諸如網路上的對話、部落格此類訊息，不全然是可算成書面資料，但卻也可以將它列印出來，這到底算是觀察還是線上文件。就本章所言觀察的目的而言，我們可以從寬認定它是在數位、虛擬、網路社群上所從事的觀察。然而，我們於下章還會就網路文件的文獻與實體認定的屬性，進一步探討。

　　其次要區隔透過虛擬情境進行線上觀察，與實體情境進行觀察，往往繫於從事線上虛擬觀察，觀察者是從完全隱藏的視角出發。但是從事觀察研究時，卻會發現觀察者出現在多數的實體情境是非常困難的，就算他出現在如同商店、巴士車站等公共場域或不尋常地點，研究者仍可立身於單向觀察而不被人看得到的鏡子後面。研究者可以相當輕易的在網路的世界中，就像潛藏水中的人一樣，躲在暗處實施觀察研究。觀察者同樣可以選擇成為參與觀察者，在虛擬世界中進行提問與評論。如同本章前面所言，研究者透過觀察進行資料蒐集，須決定參與研究的範疇。然而在虛擬的網路世界，非常容易使研究者成為完全觀察者和隱藏的參與者。關於此類行為的倫理在數位人類學家之間引發廣泛的討論（Boellstorff et al., 2012; James & Busher, 2012）。然而如果網站瀏覽為設限或對於相關文件未設密碼，採取對外公開的方式，透過隱藏者的角色蒐集資料一般是可接受的（Waldron, 2013）。然而大多數的網路研究者希望他們的角色被知道，因為他們通常想要進一步提問，或對此議題有興趣且持續參加此主題的網路社群之特定研究參與者，進行訪談（Ardévol & Gómez-Cruz, 2014）。

　　第三個關於從事民族誌網路觀察研究的議題，在於許多文化與民俗的場域，經由博物館和數位人類學家的開創，成全了研究上對世界各地文化

的接觸。Underberg和Zorn（2013）就此類特色場域，建構人類學與觀察的研究進行專論。通常網站在電腦專家設計之下，瀏覽者可以和上面的圖像影音進行對話。透過影像媒介所產生的問題，在於由此所構成的意象是否和實體之間毫無二致？其實不然。這些網站傳達人造資訊、網路社群所說、虛擬神遊方式，是之前世代所未經歷的。而鑽研虛擬數位的民族誌學者，就是對這種線上文化的特點加以探研的人。

　　最後一個關於網路觀察研究的議題，是如何做田野筆記。在前面例子中，Sharan所做的田野筆記是整個人出現在韓國老人中心，她如實的手寫見聞之後進行繕打。研究網路的民族誌研究者在這個領域中，也會撰寫田野筆記並做記錄，但會有所變化。在Gómez-Cruz所做關於數位攝影師（包含有或無網路連線情況）的研究中，他每天寫下田野日誌。然而，他也在田野研究中使用智慧型手機做筆記和拍照，因此「智慧型手機就成為田野資料蒐集的工具及持續和群組聯繫的器材」（Ardévol & Gómez-Cruz, 2014，頁512）。他後來選用他在田野所拍的照片，用在網路進行討論和個別訪問時，藉此引發與參與者們說出想法的意願。因此在網路情境實施觀察研究，應謹慎處理文件，以特定形式做田野筆記，細心發展研究進程。

摘要

　　觀察是質性研究蒐集資料的主要方法，它提供研究情境的一手資料。當它與訪談和文件分析相結合時，可以對研究的現象提出完整的詮釋。當行為可以直接觀察或者當事者不能或不會討論研究主題時，觀察是研究的技術選項。

　　如同參與觀察研究所稱呼的田野工作，它涉入情境、計畫、機構，在田野中進行現象觀察。除非研究者想要觀察的是公開場域之行為，否則研究者必須獲得進入田野現場的同意。在田野現場，研究者沉浸在什麼是需要觀察、記得與記錄的，本章對此提供一些活動指引，例如：觀察什麼，然而成功的參與觀察最終還是要靠調查者的才華與技巧。

　　從事觀察時，調查研究者可以設定不同的立場。可以是田野群組的

一員且成為完全參與的內部觀察者，到不被觀察者知道的完全觀察者，而不同研究立場會有各自的優缺點。無論任何的立場，研究者會忍不住和情境產生交互影響，這樣的互動會使得一些不實狀況誤以為真，造成扭曲誤解。在資料蒐集的方法上，研究參與者又可以同時扮演觀察者，所造成的角色混淆，是難解的習題。

　　最後，當數位、虛擬、網路之相關研究日益蓬勃發展，從事此類型研究對於線上虛擬情境的觀察時，有必要對其研究的特色審慎以對。然而無論研究者在實體或虛擬情境做研究觀察，當場觀察的行為皆僅是這個方法的前半部，還應該盡可能地對於觀察所能蒐集成為後續分析的資料，詳加記錄。田野筆記能以多重面貌呈現，但見聞的描述、標號的引述、觀察者的評論則是最基本該有的。

第七章

從檔案與物件來挖掘資料

　　訪談（interviewing）與觀察（observing）是兩種特別為了研究問題而設計的資料蒐集策略，但是檔案與物件就有所不同，它們原本就是研究環境的一部分，所以理所當然的，它們也可以是質性研究的資料來源。所以可以說檔案與物件是研究環境最真實的一面，它們不會像訪談與觀察一樣，當調查者出現時，可能會打擾或影響研究的環境。事實上，檔案與物件是既存的資料來源，可輕易的被有想像力與資源豐富的調查者所挖掘，而這些類型的資料來源，就存在於實體環境與線上環境。

　　本章檢視檔案與物件的本質、它們在質性研究的應用以及它們的優缺點。檔案（documents）——廣義的字彙，泛指任何與研究相關的文字、影像、數位與實體資料。物件（artifacts）是在環境中可以呈現某種溝通形式的立體實物東西或物體，且這些東西或物體對於研究對象與／或環境是有意義的，例如：美術作品、組織或學校標誌、獎盃、獎章或個人禮物。

　　大部分的檔案與物件在著手研究之前就先存在了，一般的檔案涵蓋官方紀錄、組織促銷的資料、信件、新聞報導、詩、歌謠、企業紀錄、政府檔案、歷史報導、日記、自傳、部落格等，這些檔案的取得可以從實體環境、網路或兩處皆可。相片、電影、各種形式的影像（包含從YouTube取得）與影像網誌，也都可以被當作是資料來源（Lee, 2000; Snelson, 2015; Webb, Campbell, Schwartz, & Sechrest, 2000）。現今許多學者使用視覺方法（visual methods）這一詞，來泛指在質性研究中可以在網路上或實體環境蒐集與分析的許多視覺檔案與圖片（Grady, 2008; Pink, 2013）。

　　本章會先回顧不同類型的檔案與物件，雖然會著重於討論從實體環境或虛擬網路環境中取得的文字類型檔案，但是大部分的內容也都適用於

所有不是從訪談或觀察蒐集得來的資料。藉由討論檔案的類型，我們會介紹各式各樣的網路資料，也會在本章的後面討論一些有關於網路世界的議題。

檔案與物件的類型

　　不同作者以不同方式分類檔案與物件。公共記錄與個人檔案是兩種常在質性研究中被使用的檔案類型，第三種為Bogdan與Biklen（2011）所提出的「大眾文化檔案」（popular culture documents），第四種則為「視覺檔案」（visual documents），包含電影、影像與攝影（Pink, 2012, 2013）。而視覺檔案與大眾文化可以是同時存在交錯的，就算是公共記錄與個人檔案本質上也可以是視覺類型檔案，所以事實上相同的檔案可以不只一種的方式來分類。物件與物理材料（例如：環境中的物體或物理環境中的改變），它不像其他類型常被使用，但不失為質性研究者的潛力資料來源。這第五種類型的檔案或物件，通常自然地存在於研究的環境中。第六種則為研究者產出的檔案或物件，這種類型比較不常見，大部分出現在質性的行動研究或參與類型的研究設計。

公共記錄

　　公共記錄是社會活動的官方持續記錄。現在甚至可以大膽的這樣說，當一件事情發生，某些地方一定可以找的該件事情的公共記錄，特別現在有每天二十四小時的新聞轉播循環與網路報導。公共記錄檔案涵蓋真實的紀錄（出生、死亡、婚姻）、美國人口普查、警方紀錄、法院抄本、仲介紀錄、協會手冊、節目文件、大眾媒體、政府檔案、組織開會的分鐘數等。尋找公共記錄靠的是研究者的想像力與勤奮的程度。以Auster（1985）的研究為例，該研究示範了如何利用單一資料來源（女童子軍手冊）來進行一個改變社會對於家庭、職業、性別角色與性行為之期待的研究，她指出「青年組織手冊呈現了自傳與歷史的交錯之處」（頁359）。Fear（2012）利用在威爾斯組織的衛生局開會時間之公共記錄來做一個研究，他檢視地區組織如何處理地區、國家與國際的議題，並從這

些公共記錄來建構與重新建構他們社會現實的狀況。

　　而對於教育問題有興趣的研究者，許多公共記錄檔案來源可供使用——國會議事錄（Congressional Record）中的教育議題與法案的討論、聯邦、州政府與私人機構報告、個人活動記錄以及教育統計中心的統計資料庫。因為許多個案研究還在計畫的階段，尋找能揭露計畫的紙本線索便變成特別重要，這些資料「無法藉由觀察蒐集得來」，因為這些資料「在研究計畫開始之前就發生存在了」。這些資料也包含私下交換的一些訊息，通常這些訊息是研究者很難得知的私密訊息，但這些資料可以顯示一些無法從直接觀察得知的理想抱負、布局、緊張感、關係與決策（Patton, 2015，頁376）。理想上，這些紙本線索包含「所有客戶的例行事務紀錄、所有計畫人員的往來書信、金融與預算紀錄、組織條目、規定、備忘錄、圖表以及其他計畫所產生的官方或非官方檔案」（頁376）。這些資料是非常可貴的，「因為從這些資料不但可以直接獲得一些訊息，還可以讓研究者知道應該要透過哪些途徑去找誰直接觀察或訪談」（頁377）。

　　舉個例，若你對於研究社區學校家長參與的角色有所興趣，你可以查看以下形式的公共記錄檔案：寄回家給家長看的通知、在教師、職員與家長會之間的備忘錄、提醒家長參與的正式決策通知、學校布告欄或其他展示家長參與的公告、有關家長參與的新聞與其他媒體報導，以及任何家長在學校出席或參與的官方紀錄。

　　其他一些容易獲取但常被忽視的公共資訊來源為前人的研究與資訊的資料庫，但在使用這些資源時，研究者需要仰賴他人對資料的敘述與詮釋，而非使用未經處理的資料作為分析的基礎，這個方法稱為統合分析（meta-analyses，或稱整合分析），通常被使用在量化研究，但近來已有人思考如何在質性研究中應用此技術，對於大規模或跨文化的研究，依靠前人研究可能是執行該類型研究唯一較實際的方法。

　　人力關係區域檔案（Human Relations Area File）是一個對於質性研究非常有用的資料庫，尤其裨益於民族誌研究（見第二章）（Murdock, Ford, Hudson, Kennedy, Simmons, & Whitney, 2008）。這份資料庫整合了超過三百五十個社會的民族誌研究，依文化族群分類與編碼資料，條目

主題超過七百項。教育為其中的一個母主題，其下可找到像是小學教育、教育理論與方法、學生與職業教育等子題。索引也組織化，所以研究者可以索取關於某特定文化族群教育實踐的相關檔案，或取得關於特殊實踐的檔案，例如：橫跨多文化的「學生暴動」。此資料庫中能找到的檔案類型，包括民族誌學者田野筆記、日記、不同機構的報告、書籍、報紙文章、關於文化的小說作品與攝影（如果要找該資料庫的使用方法，可以找Ember & Ember, 2012）。

個人檔案

不同於公共記錄來源類型的資料，個人檔案「指的是任何以第一人稱的敘述來描述個體的行動、經驗與信念」（Bogdan & Biklen, 2011，頁133）。這類檔案包含日記、信件、家庭錄影帶、孩子的成長紀錄、剪貼簿與相簿、月曆、自傳、旅行日誌以及個人的部落格。在某些層面，觀察讓我們看見作者的公開行為，而檔案則像是藉由觀察這些文件來讓我們知道作者覺得什麼是重要的，也就是去了解他們個人的觀點。上一章有提到，許多作者認為從網路上取得的談話紀錄、部落格、線上研討團體、各種社群媒體網站與影像網誌是網路觀察或虛擬世界的民族誌，而不是檔案資料，但這些資料被歸類為觀察類型的資料或檔案類型的資料其實不是那麼重要，重要的是這些無論是從網路上取得或只能從傳統紙本取得的資料，可以告訴研究者每日事件的內在意義。這類型的資料或許可以對一些高度不尋常或奇特的人類經驗產生描述，像在海軍柏德上校的報告中可找到他隻身在南極的經驗，或海倫凱勒對於克服多重肢體障礙的訴說，有些資料可以從旅行部落格或網路上記錄生病的部落格來找到。

在考量個人態度、信念與世界觀時，個人檔案是一個好的資料來源。但是這些個人檔案非常的主觀，因為作者是唯一挑選他或她認為重要的事物來記錄，顯然這些檔案對真正可能已經發生的事物不具有代表性或必要的可靠性，但是這些檔案仍然反應出參與者的觀點，這也是多數質性研究所追尋的東西。特別在談論到自傳與日記時，Burgess（1991）寫道：

田野研究者需要考量，這份資料有信實度嗎？這份資料是非典型的嗎？這份資料有被編輯或修改過嗎？這份自傳性的資料是否只有包括一些被認為有趣的重點？再者，當只有特定人士可以生產自傳或撰寫日記，無可厚非的，這些資料自然就是偏頗的。這些人選定他們想要使用的事物，所以這些資料無法提供一份完整的歷史紀錄，但是這些資料確實提供一份對於情況的主觀論述，這些都是生活部分的重建，它們提供一份立基於作者經驗的論述（頁132）。

　　一份完整的研究也可以只奠基於個人檔案上，Abramson（1992）對於俄籍猶太移民的個案研究，就完全仰賴他祖父的日記，日記內容記錄他祖父超過十二年的生活。而另一個早期有名的波蘭移民生活研究，也大量仰賴移民與歐洲親戚之間的個人信件往來（Thomas & Znaniecki, 1927），其中許多信件的取得，是透過在當地新聞刊登徵求廣告而得來的。

　　在網路的時代中，個人的論述常經由網路上的部落格或其他線上資料來取得的。Hookway（2008）認為「當在做質性日誌的研究時，部落格的資料比非線上的資料更寬廣」（頁92）。他繼續討論當在做跨國研究時，該種資料的蒐集便利程度，這些資料可以讓研究者從不同的理論觀點來執行更全球化的分析。不管如何，重點就是無論是從網路上蒐集的或非網路上蒐集的，個人檔案提供廣泛的機會來蒐集資料，以獲取參與者的觀點或從這些個人的經驗來推論有意義的論述。

大眾文化檔案

　　除了公共與個人記錄之外，社會也會產生一些為了提供娛樂、告知訊息或勸說大眾而設計的東西，這些材料本質上是公開的，所以有時也會被分類在公共記錄之下。大眾媒體形式如電視、電影、廣播、新聞報章、文學作品、攝影、卡通以及網路媒體都是「公共」資料的來源，大眾傳播的資料在處理某段時間內某些社會面向問題方面是絕佳的資料來源，例如：在某些面向方面來比較不同團體或追蹤文化的改變與趨勢。舉一個例

子，像是檢視美國總統選舉的政治活動本質改變方面，我們就可以以電視轉播的辯論為資料，有趣的是2008年的選舉開創先例開始使用YouTube這項網路科技。許多研究也開始探討女性與不同膚色的人種在電影與電視的角色改變，McLean（2013），Hollenbeck（2005）以及Wright與Sandlin（2009）皆在他們的研究中使用大眾文化資料。McLean探討經由自我閱讀書籍的非正式學習狀況，Hollenbeck研究當代網路串聯的社會抗議團體（如反麥當勞、反星巴克、反沃爾瑪），Wright與Sandlin（2009）檢視在中年時看1960年代電視節目《復仇者》（*The Avengers*）對於英國女性性別認同建構的影響。在該節目中，Honor Blackman飾演有權力的女性主義者角色 Cathy Gale，Wright與Sandlin針對該節目進行內容分析法，以及訪談這些女性關於看這個電視節目對於她們性別認知的想法。

　　不像計畫歷史其中一部分的紀錄或可能擴充一份訪談研究的個人檔案，與某一特殊研究相關的大眾文化檔案數量可能不計其數。Bogdan與Biklen（2011）提供一些使用大眾文化檔案為資料來源的建議：

> 在上千小時的商業錄影帶、電影與大眾紀錄，和每天出現在媒體的上百萬印刷文字與圖片裡，你該如何縮小視角，讓你的工作變成可管理的……。從小處開始想，大部分的人閱讀研究時不會期待研究者能容納整個宇宙，挑選一個特殊計畫或特殊的事件，細緻的琢磨它，而不是延展得太大而失去深度（頁65）。

視覺檔案

　　電影、錄影與攝影機為視覺檔案，當然我們也能在剛剛才提及的檔案類型中找到它們，也就是說公共記錄、個人檔案與大眾文化檔案也都可以視覺形式出現。近年來，越來越多人將視覺檔案當作資料的來源與一種呈現研究發現的工具。如Pink（2013）觀察到「相機與數位影像的確越來越常出現在我們的口袋中、手中與電腦中，現在它們已經是我們當代現實生活中的一部分」（頁31）。而與其他的資料蒐集方法融合起來，現在已經有許多的資源投入視覺研究方法中，包括手冊（Margolis & Pauwels,

2011）與一套四冊（Hughes, 2012）。

　　歸功於網路與新電腦導入科技的發展，讓視覺材料更方便使用，所以研究對於使用視覺材料開始有了興趣。但回朔於二十世紀初時，發現人類學早就開始使用電影、影片與攝影（Pink, 2013）。最有名的，也許是人類學家Bateson與Mead在早期四〇年代對巴里島文化電影與攝影的研究，但他們非凡的作品還是無法改變人類學視覺研究被邊緣化的事實。直到九〇年代電影與攝影逐漸普及化，因為它們變得比較好用、比較好取得以及比較好搜尋，才有越來越多在各式各樣視覺材料的討論，此外許多領域也開始探討它們在研究中使用的方法（Margolis & Pauwels, 2011; Pink, 2013）。

　　研究者可以使用一些已經存在於網路或實體環境的視覺材料來研究，研究者也可以使用影片與攝影來當作資料蒐集的方法，但是這樣做會有一些明顯的優勢與限制。這種資料蒐集的形式能捕捉事件與活動發生的現況，包括「非語言的行為與溝通模式，例如：臉部表情、姿態與情緒」（Marshall & Rossman, 2016，頁186）。能被捕捉進入影像的，「僅受限於心裡所想像的與攝影機能記錄的部分」（頁184），所以說我們常受限於攝影機所攝影的角度。另外攝影還有一些實務性的限制，例如：需要研究者學會某些技術性的專長，而且它們可能會具有侵入性的，但是電視節目秀所展現的「真實」，在許多場合錄影機的出現很快就被拋在腦後了。

　　不像電影，相片通常比較便宜且也較容易融入研究案中，要開始蒐集攝影照片時，研究者可先用「找」照片這個方法（Tinkler, 2013）。這些照片是已經存在的照片，這些照片可以從一些歷史社會與圖書館公共典藏中或研究者家庭集會相簿之個人收藏中找到。其實，單是照片本身就能說出攝影師覺得什麼是比較重要且需要捕捉的，或特定相片可以傳送哪種文化價值等故事。在後殖民、非裔美國與女性研究中，研究者近來常使用照片「來了解被壓迫族群如何被那些次等化他們的人們所拍攝」（Bogdan & Biklen, 2011，頁144）。

　　當攝影影像是無法被搜尋得來用於反思時，研究者也可以自己生產照片，這些通常是做參與者觀察時照的相片，「可被當作是一種工具，

用來記憶與鑽研一些可能會被忽略的細節」（Bogdan & Biklen, 2011，頁151）。另一種在質性研究中使用攝影照片的方法稱為「照片引談法」（photo elicitation），這種方法就是研究者展示各式各樣不同興趣主題的照片，以刺激參與者對主題的討論（Tinkler, 2013）。這些照片可能是研究者所拍攝出來的，也可能是在公共或個人紀錄中找到的，或是研究參與者自己所照出來的，這些資料基本上是靠語言資料提示所產生的。例如：Smith, Gidlow與Steel（2012）敘述青少年在戶外教育計畫經驗的研究中使用照片引談法，他們要求青少年在活動計畫中照相，然後研究者再訪談他們有關於照片與他們的經驗。

　　還有另一種照片引談法的技巧，就是研究者提供參與者可拋棄的相機，然後要求參與者對有興趣的現象拍照，這種方法有時又被稱為影像發聲（photovoice）。該方法早就在參與性的行動研究中被使用以及用來提倡草根性社會行動，特別是在社區發展、公共健康以及教育的部分。其實，影像發聲已經被用在許多研究中，研究對象包含30位非裔美國社區的健康顧問（Mayfield-Johnson, Rachal, & Butler III, 2014）、成人的流浪漢（Padgett, Smith, Derejko, Henwood, & Tiderington, 2013）、鄉村的教會與女性的健康提倡（Plunkett, Leipert, Ray, & Olson, 2014）以及腦部受傷的生還者（Lorenz, 2010）。在這些研究中，參與者照相，而研究者訪談參與者來解釋照片，這些資料都可被研究用來分析。但是，Harper（2003，頁195）提醒我們，「在所有照片引談法的研究範例中，照片喪失了它的客觀性。的確，照片的力量在於它開啟主觀性的能力，它讓受訪者看見不同於研究者所見到的影像」。

實質材料與物件

　　物件與實質材料就是在研究環境中被找到的實體物體，有些質性研究學者統稱這類實體物體與物件為「材料文化」（Lindlof & Taylor, 2011，頁218）。人類學家通常將這些東西稱為物件，包含每日生活中使用的工具、設備、器物與器械。考古學家Hodder（2003）對文化的研究中，他總括歷經時光的物件與書寫文字為「無聲證據」，「這類證據不像口說

話語出口即逝，必須忍受實質環境的改變，可橫跨時空，與作者、生產者或使用者區隔開而存在」（頁155）。使用實質材料的許多著名研究中，其中之一即是亞利桑納大學研究者歷經數年所做的垃圾研究（Rathje & Murphy, 2001）。藉由分類人類的垃圾，這些研究者能夠談及許多有關各種不同社經族群選擇不同生活風格的故事，例如：低收入的人傾向購買知名品牌的小包裝產品，而不是購買較廉價的大包裝一般品牌產品。Hawkins（2016）也在我們生活中的浪費道德觀研究之中使用垃圾。另一個研究則使用不同種的垃圾（數位垃圾），Gabrys（2013）研究電子產品的危機與溶解，並把它們當作文化的物件。

就我在韓國長青老人中心體育課一部分的觀察（見第六章，範例6.1的田野筆記），我注意到牆上的一些框架的匾額，這些經由翻譯而讓我理解的「物件」，訴說了韓國人對長青族群與他們學習的觀點。舉例來說，有一個匾額寫道「讓長者的寶貴經驗與智慧，傳承給年輕人」，另一個匾額列出韓國長者應該做的事：「有益國家、享受人生、維護健康、老而不倦」。這些匾額提供我除了觀察教室之外，其他關於參與之重要性和尊敬長輩的證據。

實質環境軌跡的材料是另一項潛在的資訊來源，實質環境軌跡是因為人們的活動所導致的實質環境改變。以下是Webb, Campbell, Schwartz與Sechrest（2000）將實質證據的範例用在研究的介紹（頁2-3）：

- 一位研究者想要了解鎮上的威士忌消費情況總是「乾涸」的原因，於是他計算垃圾桶裡空瓶罐的數目。
- 對於一個鬼故事所造成的恐怖程度，可以從留意圍坐圓圈小朋友的退縮半徑來推論。
- 圖書館消退的借書風氣可以用來證明電視引入社區所造成的影響。小說借書量減少，但非小說類別則不受影響。
- 小朋友對聖誕節的興趣，可由對於聖誕老人繪畫的失真程度來判定。
- 藉由留意交誼廳中黑人與白人族群的程度，來比較兩所大學對不同種族的態度。

　　留意物體侵蝕與累積的程度，是兩種研究實質環境軌跡的基本方法。像一個有名的侵蝕例子，是從美術館展覽前地板磁磚的磨損與裂縫，來判斷大眾興趣的象徵（Webb et al., 2000）；而之前所提到累積的威士忌瓶子則是一個好的累積案例。一般來說，研究者可以使用實質環境軌跡的消長來作為記錄現象的資料，像Moss與McDonald（2004）使用圖書館借閱紀錄，來呈現學前孩童的閱讀習慣。還有Patton（2015，頁375）提供了一個如何使用實質環境軌跡作為評估的有趣範例：「在一個為300人設計的一週員工訓練課程裡，我請廚房有系統地記錄每天早晨、下午與晚上消費的咖啡數量。研究結果發現，無論是在一天的哪個時刻，這些我判定特別無聊的課程，相對而言有較高的咖啡消費量，而那些活潑與互動的課程則有較少的咖啡消耗量（參與者可以在任何時刻起身取用咖啡）」。

　　因為實質環境軌跡通常能被測量，它們經常最適合用在取得事件發生率與行為頻率的資訊，它們也適合用來比對從訪談或調查所取得的資料。而在質性研究中，大部分實質環境軌跡被用來補充從訪談或調查得來的資料，像是研究者可以比較學校電腦的磨損與損耗程度來推論在基本的課綱裡，是否要求學生使用電腦的情況。Rathje（1979，頁78-79）列舉了其他使用軌跡量測的優點：

- 軌跡量測記錄實際行為的結果，而非報導或實驗概要。
- 軌跡量測通常是非干擾與非侵入的，因為它們是在行為發生之後才開始測量的，所以它們不會改變該研究要調查的行為。
- 物質軌跡是普遍以及易取得的研究材料。
- 因為物質軌跡被應用在無生命的物體上，它們通常不需要麻煩人類受試者來合作與造成這些人的不便。
- 由於軌跡量測的數量取決於記錄者的興趣而非受試者的耐心，調查者通常可以一次研究多種相關的行為。
- 因為僅造成受試者最少的不便與花費，軌跡量測可被用來當作綜觀監測的工具，用於橫跨長時間的研究。

研究者生產的檔案與物件

　　被研究納入的檔案，通常指的是公共記錄、個人檔案（網路或非網路取得）、物件以及已經存在於研究環境的實體材料。由於它們不是因為研究目的而生產的，所以通常包含許多與研究無關的部分；但也因為這樣，它們提供許多對研究現象的見解。大多數的研究者認為，花力氣去查明與檢視它們是值得的。

　　研究者生產的檔案為研究者所準備的檔案或在研究開始後由參與者提供給研究者的檔案，生產檔案的特殊目的在於掌握更多關於研究的情況、人物或事件，這些資料在行動研究與參與性研究是非常普遍的。像Siha（2014）在社區大學使用一項重要的教學方法來教作文的行動研究中，要求學生每兩個禮拜填完重要的附加問卷，然後他再依學生的建議來調整課程，然後課程也要求學生針對上課中所討論的部分議題繳交反思報告，這些都是研究者生產的檔案。另一種情況，研究者可能要求某人在調查期間持續寫日記或是書寫活動日誌，或研究者徵求某人的生活史或某個計畫的歷史觀，以描繪當今情況。有時候研究者要求研究參與者創作一件藝術作品或抽象拼貼畫，或帶一個可以呈現他們學習或經驗的物件，這些也都是研究者生產的物件。像Stuckey與Tisdell（2010）的研究在討論各式各樣形式的創意表達、物件與藝術作品，這些東西都是由糖尿病患者在一個敘述性行動研究中所創造出來的。就像前面所談到的，參與者創造或用來表現他們的物件，或者是研究者或參與者照的相片，都可以是珍貴的資料來源，且可以提供另一種表達途徑，這些表達可以從標誌或文字中取得。

　　調查者生產的量化資料也是歸類在這類型的檔案裡，在任何主題數量的調查，得來的計畫測試、態度量測、內容檢視與統計資料等，都可以被當成質性調查的輔助檔案。

　　總而言之，檔案涵蓋廣泛的物質，只要研究者有創意來追尋就找得到。無數的公共與私人檔案、物件與人類行為的實質環境軌跡都可被用來當作主要或次要資料的來源。甚至研究者可在研究開始之後，就自行生產檔案。

在質性研究中使用檔案與物件

將檔案材料當作資料使用與使用訪談或觀察來取得資料，並無太大差異。Glaser與Strauss（1967）將田野工作比擬為在圖書館裡的研究：「當某人站在圖書館的書堆中，他就像是被聲音包圍，這些聲音渴望被聽見，每一本書籍與每一篇雜誌文章，等同代表了至少一位接受人類學家調查的對象或社會學家的受訪者。在這些出版的作品裡，人們議論、宣布立場、與眾多雄辯之人交鋒以及描述事件或景象，完全就像一般在田野工作所見所聞的方式來進行」（頁163）。

不論是在田野工作、圖書館作業或線上作業，資料蒐集均按照問題發問、知識直覺與浮現的發現所指引進行，雖然搜尋是系統化的工作，這樣的環境也允許偶然發覺的珍貴資料。無論研究者是在訪談、觀察或分析資料，跟著線索繼續追蹤、開放面對新的意見以及對於資料保持敏感度都是需要的。因為調查者是資料蒐集的主要工具，他／她仰賴的是從檔案中尋找與詮釋資料的技巧與直覺。

尋找相關材料是這個過程的第一步。如我先前所提，一般來說它是一個從調查主題本身演化而來的系統化過程。一份教室內教學的質性研究所用到的檔案形式，包括指導老師的課程計畫、學生的作業、教室裡的物品、官方的成績報告與在校紀錄、教師的評量等。除了教室環境以外，還需查看的合理空間包括圖書館、歷史社群、典藏與機構文件。其他個人檔案像信件或日記的取得，可以從報紙、廣告信或相關網站上刊登廣告來進行。

因此對於發現有用的訊息這方面，研究者必須時時敞開心胸，保持對任何可能性的開放心態才能夠帶出偶然的新發現。九〇年代晚期，藉由發現一份隱藏的尼古丁上癮成分紀錄，始揭發菸草公司一案立於不敗之地；而聲名遠播的水門案錄音帶，則是在白宮官員的例行諮詢中偶然出現的。

一旦找到了檔案，接著要做的事情就是評估它們的真實性。「撰寫的作者、地點與時間都需要被建制與確認」（McCulloch, 2004，頁42）。除此之外，若可能的話，查明檔案是在哪種情況被生產出來的也是重要的。例如：對一般民眾所發布的新聞稿，與在相同議題上的內部筆記相比，兩者代表目的便極為不同。相同地，在評估一樣物件時，也要了解該

物件是被特殊文化團體或獨立參與者所使用或製造的，了解物件的歷史（該物件是為何與何時被製造的？該物件是否隨時間而改變？）與用途（該物件是裝飾品嗎？如果它們被使用，是被誰使用？以及它們是如何被使用的）是重要的。

確認書寫類型檔案的真實性與正確性，是研究過程的其中一個步驟。調查者的責任在於盡可能地確認檔案的一切——它的來源、它被寫下的理由、它的作者與書寫的內容。Guba與Lincoln（1981）在書中引用了Clark（1967）的說法，當詢問有關於檔案的真實性時，以下的問題應該要被提問：

• 檔案的歷史為何？
• 檔案如何到我手上？
• 如何保證這份檔案和它呈現的樣子相符？
• 這份檔案完整如初嗎？
• 它是否有被改寫或編輯過？
• 若這份檔案是真的，它是在什麼樣的情況與為了什麼樣的目的而被產生的？
• 作者是誰？
• 作者嘗試完成什麼？檔案是針對誰？
• 作者的資訊來源為何？檔案呈現的是現場目睹的敘述、二手的評論、遠在書寫之前就已發生的事件重建或是作者個人的詮釋？
• 作者的偏見為何？
• 在什麼樣的限度下，作者可能願意說出事實？
• 是否有其他使我們更加明白相同的故事、事件、計畫、課程和脈絡的檔案呢？如果有的話，可以取得嗎？誰擁有它們（頁238-239）？

上述有關質疑檔案使用與真實性的問題，早在網路時代來臨以前就被提出來了，所以上述許多問題還是跟傳統的紙本檔案比較有相關。關於網路檔案的真實性與其來源的議題，遠比紙本檔案複雜許多，這不只是從質性研究的角度來判定，而是所有網路相關的資料，包含網路約會網站到

eBay銷售的東西。Treadwell（2012）做了一個研究來探討這些知道如何運用網路平臺來銷售仿冒品的人，研究結果發現有許多從事網路詐騙的例子。這對於質性研究者在處理網路檔案與觀察者是需要警惕的地方。

首先，我們建議研究者在使用網路檔案時，要參考更多的資料來源。再來，研究者要牢記在心，網路上的人格特質跟真實生活中的本人是有所不同的，就算那個人嘗試要呈現他現實生活的樣子，也只是他理想化版本的自己，且他們也可能在網路上扮演多重的角色，尤其是在一些數位環境中特別常見，特別是在一些社會模擬網站，像是第二人生（Second Life）（Fielding, 2014）。實際上，已經有許多學者特別研究網路多重身分的議題（Bullingham & Vasconcelos, 2013; Gatson, 2011; Parmentier & Roland, 2009）。的確，網路上的互動種類是非常多元的，可以是在學校的社群，每個人依照學校給的帳號以真實姓名呈現，也可以是在虛擬遊戲（fantasy games），其中遊戲者可以依自己的想法創造一個與真實世界完全不同的名字與自我敘述。一般而言，研究電玩與虛擬環境的研究者，也會調查該電玩與虛擬環境的「遊戲規則」，如此他們才可以了解該環境與成立目的之特殊性。所以看起來，依他人在網路上想呈現的自我來判定他們，這是風險很高的方法，就算有確認或是進行三角檢測，其可靠度也不一定好。但Paulus, Lester與Dempster（2014）有不同想法，他們有探討數位世界以及其質性研究使用的工具，他們認為「行動電話、地理資訊系統、線上社群以及YouTube國度，讓研究者更容易去了解人們的社會化生活，在資料方面也可以增加其真實性」（頁191）。總而言之，當在探討網路檔案的真實性議題時，有必要去參考過去的文獻來了解一下如何去處理這類型的議題。

歷史學家與質性研究者的重要區別是，質性研究者可能還會注意檔案是否為第一手或二手資料來源。第一手資料來源是這些檔案的原創者針對這些有興趣的現象所陳述的第一手經驗，最佳的第一手資料來源是由被認證的專業人士所蒐集而來，且這些資料所蒐集的時間與地點離該現象所發生的時間與地點是最接近的。基於這個定義，大部分對於社會現象的個人文件與目睹報導皆可被認為是第一手的資料來源。二手資料來源來自於那些未直接經歷興趣現象的人的報導；這些資料編寫的日期通常較晚，而

且通常最少是第二手的報導（Altheide & Schneider, 2013，頁7）。有趣的是，依據研究的目的，同一份檔案可能被分類為第一手或二手資料來源。在一份照顧至親癌末病患的日記中，在照護的研究裡可能是第一手資料來源，而在理解病患如何對抗疾病末期的研究裡，則被視為二手的資料來源。Altheide與Schneider（2013）提及到第三種檔案──稱為「輔助檔案」（auxiliary documents），輔助檔案「可以輔助研究計畫，但是它們不是研究的主要主題，也不是了解研究主題的主要資料來源，當電子訊息資料庫變的方便取得了，似乎大部分的人就開始持續的使用輔助檔案，數以百計在報紙上的部落格與評論以及在網路上呈現的文章，都可以提供許多有趣的重點，這些重點對於支撐某些從其他系統化分析檔案研究後的研究發現是很有幫助的」（頁7）。

　　評估檔案或物件的真實性與本質之後，研究者必須採用一些系統來編碼與分類這些檔案。如果可能的話，書寫的檔案應該要被影印，物件應該要被照相或攝影。在早期為了編碼要建立基本描述類別，到了分析與詮釋階段，研究者就能更容易取得資訊。在質性研究中，我們常用內容分析的形式來分析檔案，「本質上，內容分析法是一種不引人注目的技巧，讓研究者去分析相對而言較沒有架構的資料，可以從該資料的意義、象徵性的特徵以及內容的觀點去分析，也可以從資料來源中他們生活的溝通角色來分析」（Krippendorff, 2013，頁49）。歷史學家與文學評論者早就開始使用內容分析法來分析歷史檔案與文學作品，現代的內容分析法最常被大量應用在傳播媒體（報紙、刊物、電視、電影），且具有很強的量化導向。舉個例，Stellefson等（2014）針對慢性阻塞性肺炎的教育相關YouTube影片做了內容分析，最主要在計算有多少影片談到藥物治療、戒菸的議題等。在類型的研究中，許多內容分析在測量訊息的頻率與種類，以及確認假說，而資料的蒐集通常由一群初學者執行，過程中使用一定的規範，並訓練其成為計算分析單元的工具。

　　內容分析法不一定要量化，反而是要評估資料的本質。Schreier（2014）描述質性內容分析與量化內容分析的差別，傳統來說量化內容分析藉由計算來歸因意義：「量化內容分析的焦點持續在找出意義（藉由計算），而質性內容分析則是被應用在潛在並較多獨立內容的意義」（頁

173）。Altheide與Schneider（2013）認同以上說法，點出量化內容分析與質性內容分析最大的差別，也就是大家所稱的民族誌內容分析，「它的特質在於調查者、概念、資料蒐集與分析的反思性與高度互動本質」，不像量化內容分析，「規範是工具」，而在質性內容分析，「調查者始終是最重要的」（頁26）。Schreier提供Shannon（1954）對《孤兒安妮》（*Little Orphan Annie*）這部卡通的內容來討論；Shannon為了展現它的價值來做分析，特別著重報紙編輯如何利用這部卡通來傳遞「保守反羅斯福情緒與價值」（Schreier, 2014，頁172），所以Shannon著重於五個問題來分析這些價值是如何被傳遞的，例如：檢視卡通主角安妮的朋友與敵人是誰？安妮想要完成什麼目標？如何完成這些目標？安妮喜歡什麼標誌？哪一種標誌她覺得是負面的？這樣的分析可以獲得更多卡通想要傳達的潛在意義，所有的證據都在該環境中呈現，從劇本或照片取出來文字與例子都是證據，而不是數字。

檔案與物件的優缺點

在判斷資料來源的價值時，研究者需要了解是否它涵蓋與研究問題相關的資訊或見解，以及是否能以合理實際且系統化的方式來獲得，若能肯定回答這兩個問題，就沒有理由不去採用這特定的資料來源。但在質性研究中，檔案或物件一直不被廣泛的使用。超過五十年前，Glaser與Strauss（1967）列出了許多檔案未被廣泛運用的理由：研究者偏好生產自己的資料、檔案使用與歷史研究太相似、研究者「想親自了解具體情況與調查對象」（頁163）以及研究者不信任自己使用檔案材料的能力。這些特點在現今似乎還是存在；但是基於部落格與影像網誌的特點，在其中作者可以針對特定現象的經驗寫出深度的想法，部落格與社群媒體線上的討論的確還是很便利蒐集的檔案資料。

研究者對其他資料來源的偏好，可能會反映出研究者對於檔案與物件所可能帶來的知識與見解潛力產生不確定性，但是研究者的擔憂也可能會反映出這種資料來源的某些天生限制。比較這種資料來源與從訪談或觀察產生的資料時，有些限制建立在兩者基礎的不同上——多數檔案型的資料

不是為了研究目的所發展的。因此，如果從研究的觀點來看，這類型的材料可能被視為不完整；不同於田野筆記，可用的材料可能無法「提供理論學家所需要的，對發生事件鉅細靡遺描繪的完整性」（Glaser & Strauss, 1967，頁182）。不論採用的是個人意見或官方檔案，來源可能提供了不具代表性的樣本，「通常計畫裡不會有人為過程記下詳細筆記，可能有少數備忘錄產生，但更常出現的情況是，被完成的記錄就只有用來回應計畫資助者要求的技術報告，或其他有關於計畫或研究進展的定期呈報敘述，但是如果沒有任何檔案存在，或是如果檔案稀少與缺乏資訊，則應該告訴研究者背後的脈絡」（Guba & Lincoln, 1981，頁234-235）。

　　因為檔案通常不是為了研究目的而產生的，所以它們所提供的資訊對調查者可能不是有用（或得以理解）的形式。再說，檔案資料可能與從觀察或訪談資料導出的發現並不一致，或者當檔案被用來當作二手資料來源來檢視從其他資料導出的發現時，這樣還會造成更多的問題。但是如果檔案被發現是與研究主題有相關的，或者一開始就被整合進入歸納性建構類別與理論性的構面，他們就可以被用來支持研究發現的證據。

　　另外一個有關於檔案材料的主要問題為確認其真實性與正確性，即便是力求客觀和正確的公共記錄都有預設的偏見，而研究者可能也不會留意到。像登錄在警方記錄的犯罪或然率與頻率，可能是依靠著特定犯罪的定義來執行的結果，或是一個記錄這些犯罪的部門特別的程序。個人檔案有可能是具有意識的主觀性或無意的欺瞞，像是個人所得稅報告對個人收入的低估，與授權計畫書裡高估的花費。個人檔案裡的曲解可能不是故意的，像作者沒有意識自己的偏見，或僅僅無法正確地回憶。Selltiz, Jahoda, Deutsch與Cook（1959，頁325）引述了Augustine的名言，在他有名的《懺悔錄》（Confessions）裡標注了真實性的問題：「當他們聽到我在自我懺悔時，他們怎麼知道我所言是否為真？」對於真實性的顧慮不但要應用至歷史檔案，也要應用至匿名者的計畫報告與來源，例如：在1974年水門案的「深喉嚨」（Deep Throat）（Webb et al., 2000）。

　　儘管有這些限制，還是有許多檔案作為良好資料來源的理由。首先，它們可能是某個特定主題最好的資料來源，遠勝於觀察或訪談。許多檔案是容易獲得，它們是免費的，且包含可能會花費調查者許多時間和力

氣去蒐集的資訊。像若有人對機構或計畫的歷史個案研究感興趣，檔案可能就是最佳的資料來源，特別是機構相關的人員無法接受訪談時。其他檔案可能是最佳的資料來源的情況，為該研究需要依賴技術專業（像是醫學報告），或在研究親密的個人關係時，無法使用觀察或人們不願討論。

　　從檔案中找到的資料，可與從訪談或觀察得到的資料進行相同的處理，檔案也可增加描述的資訊、修正浮現的假說、助益新的類目與假說、提供歷史的理解、追蹤改變與發展等，諸如此類。Glaser與Strauss（1967）指出檔案裨益於理論的建構，理論建構的過程「渴求比較分析。資料庫提供了浩瀚無界的比較群體，只須研究者擁有發覺他們的聰慧才智」（頁179，引號中為原文）。

　　使用檔案材料最大的優勢之一就是其穩定性，不像訪談和觀察，調查者的出現不會影響研究的事物，相對於其他形式的資料來源，檔案資料是「客觀」的資料來源，這樣的資料也被稱為是「非干擾」的資料來源。Webb, Campbell, Schwartz與Sechrest（1966）針對非干擾測量的經典著作，重新修改了標題「社會科學的無反應測量」（*Nonreactive Measures in the Social Sciences*）（1981）出版，他們寫道，因為「這麼多年來我們領悟到原本的標題不是最好的，比起著重測量的非干擾性，不會引起反應才是應該關注的重點」（頁ix）。但在後來又修改的版本，作者還是使用這兩個詞：不干擾的測量：社會研究的無反應研究（Unobtrusive Measures: Nonreactive Research in the Social Sciences）（2000）。無反應的測量包括實體環境軌跡、官方紀錄、私人檔案與簡單的觀察。

　　所有就像其他資料來源，檔案亦有其優缺點。由於它們並非為了研究目的而製造的，所以它們可能是零碎的，它們可能無法切合研究的概念框架，它們的真實性也可能難以判斷。但是因為它們通常獨立存在於研究期程之外，它們是無反應的──也就是說不會被研究過程所影響。它們存在於它們被產生的脈絡裡，紮根於真實世界。最後，許多檔案或物件所費不貴或甚至免費，而且通常容易取得。

處理線上資料來源的注意事項

從一開始只是低調專門作為大學教授與科學家的通訊工具（最初是為了抵抗戰爭的結果而設計），網路已經成為標準的資源，任何人有問題、對於任何事有好奇或者是簡單的想要隨機的探索有興趣的研究方向，都可以透過網路搜尋。

除了提供一定數量的參考資料（先不論其品質不一的情況），網路提供人們以不同形式電腦媒介溝通的可能。電子郵件、線上聊天群組、新聞群組、聊天室、維基百科、部落格、臉書、影像網誌、YouTube 與各式各樣社群網站，讓素未謀面的人們相遇，甚至透過線上接觸來建立關係。這些互動有些還尚未被我們的社會詳加定義，但它們明顯成為質性研究者的興趣。

應對這種網路資料來源或虛擬資料，在質性研究是一個新興的話題。前面我們已經介紹許多線上資料來源檔案的例子，但研究者充其量也只有接觸網路資料大約二十年的時間，因此網路時代中的質性研究是一個持續變化的領域，也提供無限的研究可能性（Marotzki, Holze, & Verständig, 2014），所以對於研究新手與老手，網路資料是既讓人興奮又怕害怕。

所以當我們取得與分析這些資料來源時，我們又應注意什麼要點呢？接下來，我們將探討關於線上資料來源使用的一些議題。這些來源和其他我們熟悉的來源，像是檔案、訪談與觀察有何相似之處？又有何不同？在資料蒐集的過程裡，媒體造成的影響又將引起什麼樣的議題與思考？在此新的研究脈絡下，會引起什麼樣的倫理考量？

這些都不是容易回答的問題，也不是只有會發生在質性研究者身上的問題。許多在受歡迎刊物上刊登的文章，定期的在討論網路對社會所造成的重大影響，這些文章內容包括探索網路「多重自我」的可能性、談及素昧生平人們的「網戀」、組織社會遊行、消費物品的買賣以及當然還有從事非法活動。甚至一些有水準的雜誌著重網際空間的相關議題——亦即由訊息高速公路引領的模糊終點。由於變換的電子景觀已超越特定地圖或嚮導的發布，這樣的討論僅能概述一般範圍的思考，所以只要領域有所不同，這些資料使用的考量就要有所調整。

線上與離線資料

　　在質性研究中，三種傳統的基本資料蒐集方式為透過訪談、觀察與檢驗檔案和物件。許多參考文獻與線上可得的資料來源，反應了這些為人熟悉的資料來源特性。網頁、透過檔案傳輸程序取得的論文以及各種不同形式的「電子論文」，都是線上可輕易取得的檔案，Marotzki, Holze與Verständig（2014）把這些稱為「靜態資料」（static data），這些資料的特徵為「(1)不是由人們互動而產生出來的；(2)無論被取得多少次，基本上都不會有所改變」（頁452）。圖解與計畫（甚至遊戲），可以以靜態資料的方式讓使用者下載的，都可以被視為物件。這些類型的資料與在實體環境中可以被取得的檔案，大部分的特徵都相同。

　　Marotzki, Holze與Verständig（2014）所指的「動態資料」（dynamic data）為社群網頁發展的結果，「這些資料是由使用者在互動的脈絡中所產生的」（頁453），例如：可以從Facebook與Twitter等社群網頁中取得。這些資料可以被轉貼與刪除，有時候這些資料會被歸檔，但是有時候這些資料是短暫的存在。這類型的資料與靜態資料在功能方面有點不太一樣。靜態資料比較像傳統的檔案，而動態資料比較像是訪談資料，例如：這些經由網路信件所產生的資料。或者是比較像觀察資料，因為研究者必須要決定是否參加該線上群組，以及考慮要以參與者或觀察者的角度來蒐集資料。

　　於是，從某種程度上來看，線上資料蒐集的技巧跟一般研究者熟悉的資料蒐集方法技巧是類似的，且可以提供研究者一些電子化的資料，來增進研究者資料蒐集的範圍。當然，許多在離線情況所面臨的決定也會在線上研究浮現：如何投入線上社群，是以完整的觀察者、完整的參與者或介於兩者之間的角色？如何選擇抽樣的群體？當研究開始時，如何接觸潛在的參與者？如何取得信任？等諸如此類的問題。

　　線上資料因為其所使用的媒介本質的關係，所以跟其他資料還是有一些非常重要的差異。這些差異對研究產生深遠的影響，是不能被忽視或輕視的，像這些沒有途徑來使用電腦的人，自動就被研究所排除了，這樣對研究是適當的嗎？與電腦使用情況有相關聯的人口統計差異是否會扭曲了研究發現？

　　沒錯，資訊數量已經成長到一個令人驚訝的程度，但並非所有研究需要的重要互動資料都可以被取得，例如：線上課程的學生，可能使用私人信件訊息來溝通，而這些資料是研究者很難看到的，且資訊的數量多寡並無法保證對於整個事件全面的了解。

　　每一種電腦媒介溝通的形式對它所傳遞的訊息都具有獨特的影響，像透過電子郵件來訪談的內容可能跟面對面訪談得到的口語內容是相同的，但是它缺少了情緒、肢體語言與其他比文字更能生動表達的細微差異。電子郵件的重度使用者了解其缺點，而新手常被告誡，玩笑與諷刺在網路上可能會走味，他們也被教導以「表情符號」意圖取代一般言談的豐富情緒。同時，有些溝通特質會被縮減或修飾，有些則被人為操作而提升。電子郵件擁有非同步的本質，因此網路訪談時，受訪者就享有更多的反應時間，這點在面對面訪談時就沒有這種情況。對於研究者而言，他們失去了受訪者立即的反應、強烈的情緒反饋與未防備的表情，除非是受訪者在思考過後選擇做出這些第一時間想法的反應，然後再將之訴諸文字。然而，這些反應可能完全改變回答的詮釋。反過來說，一個尋常的反應可能會引起預料之外與不穩定性，但是早就被遺忘的電子郵件互通可以再被找出來，但有時則是在完全不同或甚至誤會的脈絡下進行。

　　即使研究者越來越熟悉線上表達的形式，研究者仍必須維持機警的態度來面對電子溝通的特徵。在線上的討論團體與其他各式各樣線上的群組參與者，通常擁有一套完整描述特定溝通類型的術語。

　　提到群組的互動，書寫技巧與電腦語彙強烈的影響線上個體對於資訊的感受。常常發覺有些人在網路上似乎有一個完全不同的人格特質，一位風趣迷人的人士，當在伴隨語言出現的笑容消失時，可能會被視為尖酸刻薄；而另一位擁有成熟圓融筆觸的個體，當被迫及時反應而失去思考時間時，可能被認為缺乏社交技巧。

　　這是一個新的領域，一旦你熟悉這些規則，這些規則很快又被改變了。我對研究者最好的建議是，研究者必須要知道，由於資料呈現媒介的本質，資料揭露、隱藏或改變的特質會強烈的影響研究結果。分析、描述與討論這些特質的潛在效應，將成為使用線上資料研究的重要面向。

資料蒐集媒介的效應

　　除了線上與離線資料的差別外，也必須考量蒐集資料使用方法所引發的差異。在質性研究中，研究者為資料蒐集與分析的主要工具，這個因素通常被視為是一項優勢，因為人類是有反應且具適應力的。同時，這也是研究者的責任，他們必須要評估與報告這些可能會對研究造成影響的研究者偏見。

　　當從網路蒐集資料時，研究者就不再是主要的資料蒐集工具，研究者可以應用各式各樣的軟體工具來尋找、挑選以及處理資訊。如同研究者作為資料蒐集工具的優缺點，這些工具也有可能影響研究的偏見，但其偏見可能較細微，研究者通常較難察覺與描述之。舉個例，當談及使用網路攝影機來執行住在不同地區的人的焦點團體訪談之優缺點，Tuttas（2015）提及有些參與者無法參與，因為他們沒有參與的管道或該地的科技無法支援。另外，儘管這項方法有可以讓來自不同地方的人參與該研究的優點，但是一個人真的很難察覺該項科技是否會對研究帶來哪些潛在的影響。

　　資料蒐集媒介可能造成的影響，讓使用多重溝通工具來獲取網路資料的質性研究者廣泛的討論：他們使用的工具如何完成任務？Salmons（2015）在他書籍中有關線上訪談的章節，討論如何使用有視訊功能的科技（例如：Skype），其中能讓研究者或參與者畫一個圖或製作一個表格讓對方了解要表達的意思，但如果是使用電話訪談，就無法這樣子做了，這就是一個簡單的例子來說明研究工具如何完成任務。

線上環境的倫理議題

　　在任何的質性研究中，涉及保護參與者的倫理議題一直是討論的重點。在線上的環境裡，像是個人智慧財產權、版權與自由言論都是被廣泛討論的議題。這些由素未謀面的網路芸芸眾生所寫的大量內容，可輕易的讀取、保存、複製、封存以及編輯，造成研究者忘記這些內容也是許多個體所寫的文字。有些人即使姓名改變，但透過他們訊息的細節，還是可以輕鬆的指認出他們。這些人們交換想法的電子環境具有高度的公共性，使研究者麻痺，忘記這些個體擁有的隱私權，就像表面上看起來是匿名的電

子溝通平臺，就會麻痺個體，讓這些人洩露自身生活的極私密細節，使每一個碰巧出現在該平臺的人都能夠閱讀到他們的訊息。

　　隨著研究對網路的依賴趨向增加，越來越多在工作環境使用網路的作家牽扯到倫理的議題。Hewson, Yule, Laurent與Vogel（2003）特別點出透過網路研究應深思的四項議題：第一是取得告知同意；傳統上參與者簽署聲明，指明他們參與的意願，這些人必須要十八歲或以上，才符合資格簽定這份同意書，因此研究者就必須以有創意的方法來獲得同意書與確認這些參與者是成年人。第二是確保保密性與資訊的安全；沒錯，可以採取一些機制來確保保密性，但是這些機制在電子環境中不像在面對面資料蒐集時來的有效率。第三項倫理議題是要確認公開與私人資訊的差別：「關鍵問題是研究者在使用公開訊息作為研究資料時是否有倫理正當性；或說的更白一點，在什麼樣的脈絡下，這樣的方式在倫理議題上是被接受的或無法接受的？」（頁53）。第四項倫理議題是如何發展簡報程序，讓參與者可以評論或詢問問題，以及確保沒有傷害產生。一開始可能會發覺上述的這些議題有些複雜，Marotzki, Holze與Verständig（2014）提及，就算個人的網路發言是以筆名的身分來發表，「一個新聞團體或討論版直接引用該文獻，我們還是可以輕易的找出這是誰發表的」（頁461）。

　　參與者（participants）一詞普遍地被質性研究者用來描述被研究的個體，這是一個被細心挑選的字眼，它隱含了包容與合作的意願。這個單字從質性典範裡有攝取到很多有關研究的態度，它也是擔任檢視倫理議題的試紙。如果研究者無法準確使用參與者一詞，反而受試者（subject）一詞在研究者審視的情況下，更適切的描述涵蓋非自願與未被通知個體時，研究者就應該誠實地重新評估研究方法與過程。

　　線上互動的重要性不斷的成長，使網路成為質性研究的自然場域。質性研究者必須考量的三個重要面向為脈絡對於資料的影響、軟體功能對於資料蒐集程序的影響以及該媒介可能對於倫理實務造成的影響，清楚地考慮與描述這些因素的影響是質性研究者新的責任。

摘要

　　檔案（documents）是第三種質性研究主要的資料蒐集來源（除了訪談與觀察之外），廣泛的定義包含有公共記錄、私人文件、大眾文化檔案、影像檔案與實質材料及物件。雖然有些檔案可能是因為調查者要求所準備的（例如：要求受訪者持續寫日記或撰寫生命史），但大多數不是因為研究的因素而被生產的。因此，它們是不受研究影響，並紮根於研究的脈絡裡。因為它們並非為了手上的研究而產生的，所以研究者必須具備有根據研究問題來找出檔案，並且分析這些內容的能力。檔案與研究問題的一致性，取決於研究者臆測研究問題與相關研究問題的彈性。這種透過研究設計產生與在分析中的歸納本質，尤其適合質性研究。所有類型的檔案都能幫助研究者挖掘意義、發展理解以及發現與研究問題相關的見解。

　　線上資料蒐集是質性研究者殷切興趣的新場域，但是當在使用這些線上互動的資料時，有許多的議題需要被思考，而我們已經在這個章節介紹許多的相關議題。

第三部分

質性資料分析與報告

　　選擇質性研究設計預先假定了世界的一些觀點，反過來又定義了研究人員如何選擇樣本、蒐集資料、分析資料，並且處理有效性、可靠性和倫理問題。第三部分由三個章節組成，包含研究的後期階段，包括分析質性資料，以兼顧倫理方式產出有效與可靠的知識，以及如何撰寫質性研究報告。

　　本書分別將資料分析章節和有效性、可靠性和倫理議題分開可能會造成誤導；因為質性研究不是一個線性的、循序漸進的過程，而是資料蒐集和分析是同時活動。分析從第一次訪談、第一次觀察、第一個文件資料閱讀就開始。新興見解、直覺與暫定的假設為下一階段的資料蒐集提供指引方向，進而對研究問題加以改善或重新設計。這是一個互動的過程，允許研究者產生可信賴和值得信賴的發現。與研究前考慮信度與效度的實驗設計不同，質性研究中的嚴謹性源於研究者的存在，研究者與參與者之間的相互作用的性質，資料的三角檢核，感知的解釋以及豐富、厚實的描述。

　　因此，質性研究的報告與量化研究設計的報告不同。雖然沒有統一標準來進行質性研究的撰寫，但有一般性的指導方針。其中包括提供如何進行研究的資訊，提供足夠的證據來支持研究結果，並討論研究如何擴展知識與實踐。

　　在本書的最後三章中，讀者將了解資料蒐集，分析和報告的交互性。第三部分第八章討論蒐集資料的同時，分析資料的重要性以及管理資料的實用指南，也包含討論電腦軟體如何促進資料管理和分析。本章還專門介紹如何分析蒐集的資料。資料分析可以從描述性寫作貢獻到理論的建立。本章另一大部分描述從資料中引入意義的逐步過程，特別是在跨資料的類別或主題上的發展。第八章的最後一節介紹不同類型質性研究的資料

分析策略。

　　無論是進行研究還是重複實踐別人的研究在自己的場域，其中研究的可信賴程度至關重要。第九章探討內部有效性、可靠性和外部有效性的問題──使質性研究的成果能夠在最大程度上應用於其他場域。比起任何質性研究的方面，推估與應用議題引起更多討論和辯論。如何思考這些問題，以及確定質性研究可信度的具體策略，是第九章的重點。同樣重要的是質性研究過程的倫理問題，從研究的概念到研究發現的發表也被討論。

　　本書第十章重點在於質性研究報告的撰寫。我們在此介紹寫作準備、報告內容、與內容相關的問題以及調查結果的發表。本章還包含行動研究和藝術研究的撰寫簡要討論。

　　本書這些章節中，我們意識到詳細說明質性研究的分析和報告雖有助益，但這僅是質性研究中解釋和應用指南的組成部分，而關鍵仍然是研究者。

第八章

質性資料分析

　　前面幾章已經說明在質性研究中如何透過訪談、觀察與文件來蒐集資料，在本章中我們會討論如何整理及分析這些資料。本章談資料分析，前幾章談資料蒐集，這個作法有些誤導讀者，好像這兩件事是分開的，其實質性研究中的資料蒐集與分析是同時進行的歷程，這也是質性研究有別於傳統實證研究之處。質性研究設計是自行呈現的，質性研究者通常事前不知道每一位將被訪談的人，也不知道每一個將被問到的問題，或是接續該注意哪些方面，除非資料在蒐集時就開始分析。研究者的直覺、做研究的假說，並以曾受過訓練的猜測會導引自己注意某些資料，去精練或驗證研究中的直覺。資料蒐集與分析的歷程是迴遞式的（recursive），而且充滿動能。雖說如此，但也不是當資料蒐集完畢分析跟著終止；其實是相反的，當研究不斷進行且資料全部蒐集完成，分析的工作更顯精練。

　　Flick（2014）形容質性研究分析是「對語言（或視訊化）素材的分類與詮釋，陳述當中內隱及外顯的範圍，尋找這些素材中的意義結構以及相互間所代表的意涵」（頁5）。本章包括資料分析的重要論題，特別注重如何在實務上「做」這些事。首先，我們談到蒐集資料當下早些開始分析的重要性，資料的組織與管理也需要儘快啟動，一旦資料蒐集完畢就要完成這項工作，以進行精練透澈的分析。第三部分，也是本章的核心，我們會談如何建構範疇（categories）或主題（themes），這就是你的研究發現。這時候，我們也會談及質性研究分析軟體在分析工作中的角色，最終，我們會針對在第二章中論及的幾個特殊質性研究方法，回顧特定的分析策略。

在資料蒐集時開始分析

　　你可以想像一下，你正坐在餐桌前準備開始對你的一份嚴謹的質性論文進行分析，在你的左手邊是上百頁的訪談文字稿，在桌子的正中央是一堆現場觀察的田野筆記，右手邊是一盒你蒐集來認為和研究相關的文件。然後你再回顧一下研究的目的與問題，現在，你要做些什麼？要從哪裡開始？你要如何從數百頁資料中精練出你的研究結果？你開始閱讀一頁訪談稿，再翻開另一頁，你突然想到，實在應該在第二位參與者第一次訪談時問一些該問的問題，很快地，你覺得心裡充滿負擔，快要受不了，彷彿要在這堆文字資料之中溺斃。你很懷疑自己，不可能在這些資料中找到任何發現，這就是你沒有在蒐集資料開始的時候就進行分析，那些對完成資料蒐集的等待，一點一滴侵蝕了整個研究進行的工作。

　　另一個比較明智的劇本是這樣的，你坐在餐桌前，手上僅有的是第一次的訪談文字稿，或是第一次現場觀察的田野筆記，或是第一份蒐集來的文件。你回顧一下研究目的，你閱讀資料，一次、再一次，然後在空白處做註記，在資料上寫出你的想法。再用另一張紙為自己寫出反思、暫時性的主題、直覺、想法、任何事，那些你由第一組資料所得來的回應。你寫出會對第二輪資料蒐集時所要問的問題、所要觀察的東西、想尋求的目標。當完成第二次的訪談，便可以拿這兩次的資料做比較，這個作法讓你知道接下去的資料當如何蒐集，然後如此延續下去。幾個月過去，當你坐下來分析資料時，有了許多暫時的範疇或主題用來回答研究問題，這就是你可以繼續做下去的根基，可以進行資料組織與精深化，而不是才要開始分析而已。

　　質性研究資料分析涵蓋的各方面中——可能是唯一的一面——是一種較被研究者喜好的方法。誠如前述所言，就是資料蒐集與資料分析同步進行。在研究一開始，研究者知道研究問題，也使用目的性取樣的方式來蒐集資料以回應研究問題。但是研究者並不知道要去發現什麼、要去注意何事或何人，也不知道最後的結果會像什麼。最後的結果是由蒐集來的資料所形塑，而分析的工作貫穿整個歷程。缺乏持續的分析時，資料極可能呈現散亂、反覆的狀態，而且等著被處理的材料分量非常龐大，令人承擔不

了。在蒐集資料時就做分析，資料會呈現出精簡且明朗的狀態。

　　無論進入研究現場或已退出，資料蒐集與分析皆須同步。就算你正在蒐集資料的時候或是你在蒐集資料的空檔時，都可以做初步的資料分析，就如同前述第二個劇本所展示的狀況。Bogdan與Biklen（2011）提出資料蒐集時的十個有用的分析建議：

1. 迫使自己做出選擇去窄化研究的範圍：「督促自己不至於什麼都要達到……否則你會讓自己處身於散亂的狀態，不知如何決定。對於一個確定題目、環境或主題，你擁有越多資料，越容易讓你深入思考，而且當你要做最後結果分析時，極可能會更有收穫」（頁161）。

2. 迫使自己做出選擇去思考你打算完成什麼類型的研究：「你必須設法讓自己思慮清楚，舉例而言，是要完成一篇充分描述研究情境的作品，或是你有興趣從這個情境中產出特殊的觀點」（頁161）。

3. 逐漸產生分析性問題：有些研究者會先有一般性研究問題，這些問題對做研究很重要，因為當研究進行中，無論在蒐集資料及整理資料的時候都能夠幫助研究者聚焦。我們建議在你進入研究田野之後，就要開始去評估哪些問題是相關的，哪些需要再重新調整來引導這個研究」（頁161）。

4. 根據已經做過的現場觀察情況計畫資料蒐集的作法：當資料蒐集階段回顧田野筆記及備忘錄來「計畫特定的指引，你下一輪要怎麼做、做些什麼」（頁163）。

5. 觀察時寫下許多「觀察者評注」（observer's comments）：「這個意見為了刺激批判性思考，以便使你知道觀察什麼，而非僅僅做一臺現場紀錄器而已」（頁163）（見第六章撰寫研究者評注的建議）。

6. 記下有關研究中學習的備忘錄：這些備忘錄提供你去思考在資料蒐集的情境中產生的一些反思，讓你連結到與研究相關的理論、方法學和實質上議題（頁165）。

7. 嘗試對參與者提出想法與主題：當你訪談參與者時，詢問參與者對你資料分析的初步想法，「但不是每一位參與者都適合詢問，也不是你所聽到的回應都有幫助的情況下，某些合適的機會試試關鍵參與者，

他們的回應可以幫助你增強分析工作，特別是能彌補你描述的不足之處」（頁165）。

8. 當你在田野時就要開始閱讀研究文獻：「當你在田野待了一段時間之後，閱讀與研究相關的文獻強化分析工作」（頁169）。（事實上，我們比較建議你回顧設定研究之前已經涉獵的文獻，然後再去閱讀新的文獻）（見第四章）。

9. 遊走於隱喻、類比及概念：若無先見之明做研究是會產生困擾的，經常問自己問題：「這會提醒我什麼呢？」

10. 使用視訊化策略：儘量將你研究的現象視訊化，這會使分析更明晰。

　　資料蒐集與分析的確是一項持續不斷進行的工作，可以無限延伸。永遠都有另一個人可以去訪談，另一個場景可以去觀察，另一種文件可以去閱讀。何時才能停止搜尋而去精深分析呢？你如何得知自己的資料是足夠的？答案在於研究者實務的經驗以及理論的考量上面。實務上，你可能已經用盡時間與經費，也耗盡精神與體力；理想上，你要考量的是「資料飽和」（saturation）的問題。資料飽和是指在你蒐集來有關研究議題上的資料，再也沒有新的資訊以及洞見產生了。舉例來說，你進行訪談的時候所聽到的都是先前聽過的，沒有新的資訊出現，縱使有些不同的東西出現，對整體研究的重要性或是你所花費的努力而言是微小的；還有就是，你持續的資料分析已經發現了範疇、主題、結果，呈現出堅實的內容，足以勝過未來可能再繼續蒐集所能得到的成果。

✎ 管理你的資料

　　儘早於研究初期想出一種系統來組織及管理資料，包含編碼（coding）方式，這是一個本就充滿神祕的資料分析歷程中又被高度渲染的一個名詞，編碼其實就是在資料分類時為資料的各種屬性做一些簡略的命名，以便事後你可以容易檢索得到。這些命名可以是單一的字詞、字母、數字、片語、顏色或以上的結合。大多時候這些編碼會是單字或短詞，可象徵性地代表部分語言或視訊資料中概括的、突顯的、本質的／喚起式的意義（Saldaña, 2013，頁3）。

　　每一段訪談、田野筆記都需要有些註記讓你可以在事後分析資料或書寫研究結果時能快一點找得到，這個基本的組織資料作法經常被忽略。因為當你在進行資料分析的時候，你認為不可能會忘記某個特殊事件或某個剛訪談過的那人的特質。然而，當你訪談了10個人之後，極可能已經忘記早先那幾位參與者的特質了。數個月之後，也可能忘記大部分的資料了。因此在你蒐集資料時，很重要的一點，就是按照你研究所參照的基模，還有根據與你研究有關的理論架構去進行編碼的工作。舉個例子，在馬來西亞傳統治療師診治癌症病患的研究（Merriam & Muhamad, 2013），每一份訪談都編碼了；也就是說，對匿名受訪者、地區（都市、鄉間）、年齡、性別以及病患接受治療多久都註記了描述性說明，還有做了怎麼樣的治療（傳統療法約可分為兩大類別，使用藥草、樹根、植物治療的，稱作bomoh；另有一派是使用韓國來的詩文來治療，稱為伊斯蘭派或韓派治療師）。這可以使得研究者容易檢索到訪談稿，在浩大的資料中可以有系統地連結資料屬性或結合的屬性，例如：鄉村的伊斯蘭派治療師。

　　當你在準備資料進行分析時，必須去了解自己的想法、思考、推測與直覺的狀態，這一類的訊息交織在初步資料中（像在觀察的田野筆記，見第六章），也有可能在另外的備忘錄或資料夾中。與其另僱他人替你繕打訪談文字稿，倒不如自己來，因為自己處理這件事，可以由資料中覺察發生了些什麼事的洞見和直覺。這些訊息最理想的狀態是從你的田野筆記中顯示出來，或是從你的訪談文字稿頁面空白處的註記產生，或是另外的備忘錄當中出現，這些都算是初步分析。這些觀察與思考對你在由原始訪談、田野筆記和文件資料間呈現出分析主題的工作上，是非常有幫助的。

　　很重要的是你要建立一組資料目錄，你需要知道自己究竟蒐集了些什麼？像是訪談、田野筆記、文件、人工製品，以及在蒐集和思考這些資料時所寫下的備忘錄等。這是整組有計畫去組織與標示的資料，使用對你身為研究者有意義的方式加以組織與整理。一旦你需要這些資料時，很容易就可以取得。整組以特定方式組成的資料目錄可存在電腦中或以實體文件存放，但是要和一般你正在進行分析的田野資料區分開來。我們聽了許多可怕的故事，像是隨身記憶碟遺失或損毀、電腦撞壞、放置實體資料的包

包被竊等。這種事最好是別人在說的故事，而非發生在自己身上。要處理
或避免此事，可用多種方式放置及存放資料，包括存放於雲端資料庫。

　　當然你可以用雙手來做以上所說的資料整理工作，有許多質性研究學
者的確是這麼做的。另一種選擇是運用質性研究電腦軟體來替你整理與存
放資料，第三種選擇則是兩者並用。至少，當把訪談及觀察都製作成文字
稿之後，實體資料最好在電腦中備份。目前許多文字處理軟體都已成熟足
以作為資料存放與整理使用，因電腦質性研究軟體的研發也讓研究者可以
用來分析質性資料，或者是用文字處理軟體來分析質性資料，目前無論是
質性研究資深研究者或新手都在廣泛使用這些工具了（詳見本章之後會討
論的「電腦與質性資料分析」）。

如何分析質性資料

　　經由訪談、觀察與文件方法蒐集資料，一般初學的質性研究者在實
務的工作中逐漸會上手，然而談到要去分析這些龐大、不同性質、尚未初
步分析的質性資料則令人怯步。以我們多年教學及指導博士生進行質性研
究的經驗，資料分析是整個研究歷程中最困難的工作。這時有一個很關鍵
的態度就是對曖昧不明要存有包容心，新手研究者常會這麼問：「怎麼
辦，我就是什麼都沒發現？」我們要再一次強調，這是我們的經驗，每個
人都可能讀過如何做資料分析，甚至選過這門課，但是，一定要到你親自
做研究，你必須處理資料分析工作以回答你的研究問題，這個時候，你就
真正理解資料分析如何「促成」你這份質性研究了。談到這些之後，我們
要在此提出進行質性分析的幾個基本策略，我們的立場是質性資料分析主
要的方法是歸納和比較。我們要著重在持續比較這個作法上，這是首先由
Glaser與 Strauss（1967）兩位學者提出，他們在發展紮根理論時所使用
的方式。持續比較的資料分析方法就是歸納和比較，從此就被廣泛使用在
質性研究資料分析中，為要產出研究結果（Charmaz, 2014）。唯有使用
持續比較的方法產出實質理論，我們才稱這種研究為紮根理論研究（詳見
第二章）。

資料分析的目的

資料分析是從資料中找尋意義的歷程，其間包括合併、減少及詮釋人們所說出的話，還有就是研究者所觀察和讀到的——這是意義建構的歷程。資料分析步驟複雜，須來來回回往返於零碎、時而具體、時而抽象的資料之中，往返於歸納與演繹的推理思考中、往返於描述及詮釋的過程中。意義、理解或洞見構成研究的結果，這結果可能會貫穿資料形成有組織性的故事描述、主題或範疇，或是能夠解釋資料的模式和理論。無論是怎麼樣的形式都反映出不同的分析層次，幅度涵蓋簡單描述的具體性質到理論建構的高層次抽象性質。

但是，究竟資料中建構意義是什麼意思呢？基本上，資料分析是用來回答你的研究問題之歷程，第四章描述如何設計質性研究以及如何辨明你的研究目的與問題，這是設計的中心點。研究目的陳述是在探求事情是如何發生的，還有其間有哪些重要的元素等。研究目的所陳述的內容通常會隱含一些次元素，這些會顯示在研究問題中。舉例來說，有某個研究目的是這樣陳述的：「本研究目的是了解成人如何面對具威脅性的疾病。」基於此，你會有數個研究問題：其歷程為何？有哪些脈絡上及個人的元素形塑這個歷程？這個疾病如何影響到自我？在資料中，你需要去歸納以便(1)產出歷程；(2)辨明形塑歷程的元素，以及(3)疾病如何影響他們現在看待自己的方式。這些答案就是在回答你的研究問題，也就是你的研究結果。實務上，資料分析就是要回答你的研究問題。這些答案也被稱作**範疇**（categories）、主題（themes）、結果（findings）。

資料分析整體而言，從辨明能回答你研究問題的片段資料開始，這些片段稱為資料單元，這將會當作回答你研究問題或部分研究問題的潛在答案。資料單元指的是任何資料中有意義的部分（或指具有潛在性意義的部分；在研究剛開始時研究者是無法確定什麼會被認為在資料中具有意義），資料單元可能微小到僅僅只是參與者所使用來描述感覺、現象的一個字，甚或大到在觀察稿中占據數頁的一個事件。

根據Lincoln與Guba（1985），這單元會符合兩個準則：第一，它必須是啟發性的，意指它展露出與研究相關的訊息，而且能刺激讀者思考

超越這個訊息所傳達的東西；第二就是，這個單元必須是「能單獨存在某個小片段訊息——也就是在缺乏其他附加訊息的狀況下，它依然能被加以詮釋，而不是整個研究要去完成的那種對脈絡廣泛理解的內容」（頁345）。

資料分析的工作就是持續去比較這個訊息和下一個訊息，尋找資料中一再發生的規律性，這歷程就是把資料斷裂成一片片訊息，然後再將這些訊息歸類「某個範疇或類別，再以創新方式重新把訊息組合起來。資料分析就是這種以某個標準把資料清楚分類，再重新分配進入不同範疇的歷程，然後將這些範疇再細分，讓它們類屬於更高階的抽象範疇」（Dey, 1993，頁44）。

若要解釋如何把資料納入各個範疇，有一個既簡單又生動的例子可以說明，試想雜貨店二百件食品的歸類工作。在我們的研究中這二百件食品就是片段資訊或資料單元，即分析的基本材料。拿一件食品與另一件食品相互比較，那麼就可以將這二百件食品以不同方式加以歸類。例如：從一盒麥片粥開始，你再拿起下一項食品，一個橘子，這是否和第一項相似。很明顯地，這兩者不同。因此，現在開始有兩組類別可供下一項物品相互比較，看看是否可以將它納入其中或不行。在這個相互比較的歷程中，你就可以將所有的品項選擇歸類。有一個計畫就是將食品分成鮮食、冷凍、罐裝、盒裝四大類，或者你要將它們以顏色、重量或價格分類，或者你要以一般雜貨店的分類方式來區分：肉類、乳品、農產品、罐頭食品等。這些類別必須包含所有品項，每一個類別還可以再細分。以農產品為例，附屬類別是水果與蔬菜。水果又包含柑橘屬和非柑橘屬、本國和外國。經由比較，這個設計在歸納資料時——以舉例中的狀況就是食品——呈現出來（emerge）。類別或範疇的名稱以及你所用來分類的設計，將反映出你研究的焦點。

分析步驟

這個部分我們使用範疇（category）這個詞，在基本質性資料分析文本中這個詞經常被使用為分析的重要名詞；然而要記得以我們的看法，範

疇指的就是主題（theme）、模式（pattern）、結果（finding）或一種可以回答研究問題的答案（answer）。範疇建構即為資料分析，許多先前在分析歷程相關議題的警語，隨時都要記在心上，其中最重要的就是資料蒐集與分析是連結在一起的。一旦資料蒐集齊全，你要做的事就是精深分析，對原本記載的暫時結果實體化、修正和重新配置。

範疇建構

　　本歷程的開始是閱讀研究的原始訪談稿、田野觀察筆記及所蒐集的第一批文件。舉例來說，當你閱讀訪談稿的時候，你在紙本空白處快速記下注意事項、意見、觀察及問題。這些批註會轉為對你的研究一份既有趣又具潛在相關性且重要的資料，讓你達成分析工作。試想，你正在和資料對話——問它問題、對它提供意見等。這個速寫批註轉為潛在資料回答研究問題的歷程也可稱為編碼（coding，或譯碼），因你才開始分析，盡可能讓自己有寬廣的思考去辨明資料意涵，這可能對分析有益。因為這表示你以開放的心態對待資料，這種開放形式稱為開放性編碼（open coding）。你快速寫在紙本空白處（打進電腦的資料檔案中）的東西，有可能是參與者所說重複性但很確定的字（詞）、你的用字（詞）或文獻中的概念。範例8.1.出示一項非洲婦女由失業到轉型為成功職業婦女的研究之部分資料（Ntseane, 1999），從這一部分的訪談研究者要探索這些婦女所學到有關從商的訊息，把註記寫在訪談稿右方，針對這些婦女如何轉變成職業婦女，這是研究者對資料的回應。

　　將片段資料命名即是你在做範疇建構的工作了，用這種方式去處理整篇的訪談稿，然後你再回頭去看你寫在紙張空白處的註記和意見（編碼），試著去將這些註記和意見重新組合。這就像前述整理雜貨的例子一樣，去做分類與放置。若以範例8.1在空白處的編碼而言，你可能會把「複製他人經驗」、「姊姊」、「其他婦女」放到「向他人學習」的範疇之內。把開放性編碼分類組合的方式，稱作「主軸編碼」（axial coding）（Charmaz, 2014; Corbin & Strauss, 2015）或「分析性編碼」（analytical coding）。分析性編碼超越描述性編碼所做的工作，分析性

範例8.1　學習需要學習的事物及如何習得

1. 研究者：現在，讓我們來談談訓練。妳是怎麼學到妳從商需
2. 要做的這些事？
3.
4. 參與者：你知道，我沒有讀很多書。我在小學並沒有學到任何有
5. 關從商的事。我只用我的經驗開始這個事業。在這個文化中，我　複製他人
6. 們相信別人的經驗是可以複製的。我想我是從我第一個工作擔任　經驗
7. 店鋪助理那裡偷了管理系統作法。他們教我怎麼對待顧客，特別
8. 的一點就是我必須友善，對顧客微笑，而且尊重他們。我以前就
9. 知道這些事，但是那時並不知道這對從商很重要。還有他們也讓
10. 我看到怎麼讓我所賣出的狀況等留下紀錄。第二點，我從我姊姊　姊姊
11. 那裡學到像我這樣的事業中職業婦女該知道的事，她在G公司工
12. 作。這些學習經驗以及我的基本常識，對我在事業剛起步的階段　基本常識
13. 幫助很大。一旦進入這個行業，那麼，就是從做中學。舉例來　做中學
14. 說，你會遇到問題，你會用你曾經學到的應付下一個危機。當事
15. 業慢慢擴大時，我跟其他的職業婦女學習。我跟她們談我的事　其他婦女
16. 業，特別是和我所做的事業很類似的那些人。有一次，我飛去南非
17. 做採購，坐在我旁邊的人有人是雇員、是顧客或是家人。你必須談
18. 你在做什麼事業，跟旁人學習的可能性就像天空一樣廣闊無邊。
19.
20. 研究者：真有意思。其他職業婦女會跟你學嗎？
21.
22. 參與者：當然（帶著懷疑眼光笑起來）。在我的工作上若沒有她
23. 們，我就不會是現在的我。你看到她們犯錯、受苦，她們不會希望
24. 在她們之後的人，也遭受相同的痛苦。我曾被南非的搶匪揍，也被
25. 當地看不起女人的官員羞辱，我發誓絕不讓其他想從事我這種事業
26. 的女人受一樣的罪。這也就是讓我堅持在這個工作上的原因，我在
27. 這裡為使他人有一個角色典範，或說一個貼身保鑣吧！（笑更多）
28. 我努力接觸更多職業婦女，提供幫助，讓她們知道我家的門一直為
29. 她們敞開，她們可以問我任何事，這會讓她們的人生和事業有些不
　　同。

資料來源：Ntseane (n.d.)，同意後轉載。

編碼從詮釋和意義著手（Richards, 2015，頁135）。你要讓這份不斷進行的編碼單和訪談稿放在一起，或是另外關一個檔案和筆記來存放皆可。在研究剛開始的時候，這份編碼單會很長，因為你不知道再進來的資料會浮現些什麼東西，你也尚未清楚哪些編碼會包含其他的編碼。

　　接著進到你第二組的資料（訪談稿、田野筆記、文件），快速閱讀寫出的概要，和第一組資料所產生的編碼單比較一下，看看是否有和它們相似的內容，或者你也可以另外單獨處理分類組合的工作，再去做比較。這兩份編碼單最後仍要合併為一份主要編碼單，這就是你研究結果的初始輪廓或分類系統，反映出研究重複出現的規則和模式。這些模式和規則會變成後來的範疇或主題，其中有被組合成的子項。範疇具有概念化的成分，它包含一些個別的子項（或稱片段資料，你先前從資料中區辨來的），見圖8.1，三個小的背景盒就是範疇內發生的事，從這些事件產出範疇。這就是使用範例8.1的訪談稿，內容是農村成長識字不多的婦女如何成為職業婦女的部分資料，運用開放性編碼所產出的「複製他人經驗」（第5-6行）、「姊姊」（第10行）、「其他婦女」（第15-16行）三個編碼，組成「向他人學習」這個暫時的範疇。

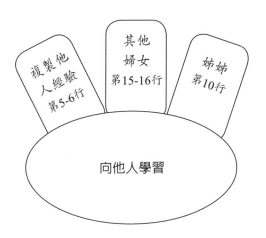

圖8.1　由資料中產出範疇

　　建構範疇時為要能捕捉貫穿資料的重複出現模式是一個挑戰，範疇須從資料產出，但並非資料本身。借用Glaser與Strauss（1967）的話，這些範疇雖由資料出來，但與資料是不同的，它具有自己的生命。

　　資料分析是複雜的歷程，以辯證法視之，在這歷程中你既要看到研究的大景象（見林），還要轉移到參與者的世界（見樹）。以下整理幾個步驟，期待能幫助你思考如何進行資料分析。

1. 首先，思考你的研究目的。什麼是你想要去發現的？或是想要它發生的（例如：行動研究）？

2. 其次，思考你知識論架構的視框為何？由這個視框去觀看。若你是使用現象學理論的框架 —— 聚焦在人們如何體驗一個現象，或建構主義者的框架聚焦在人們如何建構知識或意義 —— 你就由這個視框去觀看。如果你使用批判理論的觀點，或結構／後結構女性主義框架，或批判種族主義，就要去思考在階級、性別、種族（分別的或交叉的）議題上權力／生活經驗的內涵。

3. 為資料編碼，聚焦在與你的研究目的及問題有關的模式和洞見上，且以理論觀點的架構為指引。需在編碼時見「樹」（trees），閱讀整組資料，在此時的互動與對話中於紙本空白處編碼，這就是開放性編碼，你在資料上編碼為回答你的研究問題。在開放性編碼時，你可以用參與者所確實使用的字或詞，有時你也可以用你從確實的字或詞所捕捉到的特別名詞或概念。

4. 隔一陣子之後，你有了許多的「樹」了（資料編碼），你有可能已經忘記這研究是什麼？這時候，你要稍停一下，回到「林」，試想以這份研究而言，資料呈現的主題是什麼？你所囊括的主要洞見是什麼？對你的研究問題而言，答案是什麼？

5. 再度回去見「樹」（個別資料組的註記），這些文字是否支持你在「林」中所見到的？

6. 設法以「持續比較的方法」（或其他方法）去發展範疇，將前述所完成的開放性編碼重新組合，以一種比較少量的、更具包容性的範疇涵蓋之，有人稱這是主軸編碼。

　　隔一段時間在步驟4到5及5到6之間，以超越方法論及理論觀點的方向去思考你個人所帶進研究的偏見是什麼？你有沒有將自己的信念與生活經驗投射在資料之中？你的「立場」與「社會處境」有沒有影響到你在研究中所見到的事？你要如何警覺到自己的偏見？

區分範疇與資料

　　在你開始分析時，你極可能產出數十項暫時的範疇。在分析持續進行時，你為編碼、範疇、主題命名，可能會以分開的筆記處理，保留一些在不同資料中都會呈現的名稱。分析工作繼續，你極可能為了讓命名能更貼切反映資料而去修改範疇名稱，有些原始範疇可能會轉為子範疇。舉例來說，前述所提成為職業婦女的訪談資料，當持續進行幾份訪談稿分析及編碼之後，從家人學習有可能轉變為「從他人學習」的子範疇，所以，「家人」、「其他職業婦女」就變成兩個子範疇。一旦你對從資料產出的初步範疇感到滿意後，你會在資料中搜尋更多資訊以充實這些範疇讓它們整體更加健全。當你做這個工作時，你需要重新修正範疇內容。這段再度精緻化及修訂的歷程，事實上會一直持續到你撰寫研究結果的時候，都還在進行。

　　一旦已產出初步範疇、主題、結果的結構，你要為這些範疇結構提出證據，表示你為何可以這麼歸類，Marshall與Rossman（2016）以「你將片段文本放置進去的木桶或籃子」（頁224）來說明。就是你以各個範疇名稱建立資料夾，每個被命名的資料單元就把它剪下來置入這個資料夾，這工作可以用人工完成（常是小型研究），或是使用文字處理的電腦軟體。每個被置入某範疇的資料單元須包含能被辨別的身分，如參與者名字、訪談稿行數等。這樣你才能在需要引用這些資料時找到它們原屬位置，本文中稱檢索。

　　有許多電腦軟體已研發能儲存、分類、檢索資料，有一些研究者自行設計文字處理軟體來做這些事情，無論訪談稿、觀察稿等都逐字編入這些軟體。研究者可以針對特定資料（如訪談稿、田野筆記、手寫的文件等）去分析。如前述所言，在空白處註記、發展範疇或主題。範疇有各自所屬

資料夾，相關資料都存入其間。研究者可依各範疇存取資料，也可以隨所需求存取各類資料，也可以將同一份資料進行多層次的編碼（更多討論質性研究電腦運用的資訊，將於本章電腦與質性研究分析部分詳述）。

範疇建構是歸納性的，始於閱讀詳細的部分資料，將相類屬者聚為群集，然後將群集「命名」，這就是範疇、主題或結果。當你在資料蒐集時就已經開始分析，這時你就可以「檢查」當時的初步範疇，和你後來進行的訪談、觀察或文件做比較。這件事有點演繹的味道，你已經有了範疇，需要看看這範疇是否存在接續的資料中。若是初學的研究者，思考一下前述所說的「見樹亦見林」的說法，「見林」指的是看到研究的整個輪廓——沉浸在資料中歸納產出的初步範疇。「見樹」則指從小部分的資料去對照「林」（範疇），這就是轉移成為演繹的邏輯思考。到你認為已達到資料飽和（saturation）——就是你知道再也沒有新的資訊、洞見、理解會進來，你就要轉為演繹的思考而非歸納的思考，即是你要把暫時的範疇基模拿來和資料對照。這種從歸納移到演繹的方式，詳見圖8.2。

在研究剛開始，你的資料分析完全是歸納式的，你從一點一滴的資料中產出範疇。當你蒐集並分析更多資料後，你要去檢查這些暫時性範疇能否支撐你接續蒐集來的其他資料。當你持續進行資料蒐集與分析，你會發現有些範疇穩固支撐接續的資料，有些則否。當你的研究進行到尾聲，你差不多是在使用演繹邏輯行事，因為你會去尋找更多證據來支持你最後確定的範疇。這是你已達到資料飽和的狀態——就是說，再也沒有新的資訊投入這個研究了——你是處在演繹邏輯的模式。

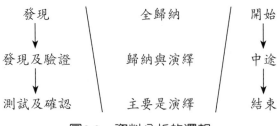

圖8.2　資料分析的邏輯

範疇的命名

策劃範疇命名的歷程大體來說是仰賴直覺的一種歷程，但是這仍是系統性的作法，也與研究目的、研究者過去所受的訓練及知識有關，有一些是明顯來自參與者所說的話。你可以回顧一下第四章的內容，每一個研究都有其理論架構，即每一個研究都處在某種文獻的境況之下產生，或說讓這些文獻成為工具，去陳述研究目的與問題。因為範疇、主題或結果都是為回答研究問題（提供答案），範疇的命名理當與該研究的定位一致。

範疇／主題／結果之實際名稱至少有三種來源（或這些來源的混合）：(1)你自己，研究者；(2)參與者所說的話；或(3)來自研究之外，大部分來自與研究有關的文獻。最常見的狀況是研究者由資料反映出適合的專有名詞、概念和範疇。第二種狀況是參與者的資料自行組織成為一種有系統的結果。例如：Bogdan與Biklen（2011）發現醫院的嬰兒加護病房，專業人員把嬰兒父母親區分成「良好雙親」、「不怎麼好的雙親」和「麻煩製造者」（頁175）。

除了參與者自行說出的範疇名稱外，分類方式也有可能來自手邊研究之外的來源，像是運用他人的命名策略，這種狀況會是這些名稱與自己的研究在研究目的與理論架構上是相容時才可能發生。自己的資料庫經檢視後認為與他人的範疇相容，所以借用其名稱。

使用借來的範疇名稱會有風險，代表資料分析時已產生了偏見（Gray, 2014）。像是Glaser與Strauss（1967）早期指出資料分析的持續比較方法，研究者「僅僅只是選出資料來符合另一個研究的範疇，而不是在這個研究中去產出新範疇，研究者所做的不是去產出範疇，而是在選擇資料。無論如何，自行呈現的範疇才是和資料最有關係，也是最適合的（頁37）」。

詳如範例8.2的說明，在資料分析時建構範疇需要符合以下的準則：

• **範疇須能回應研究目的**。事實上，範疇就是你研究問題的答案。Kim（2014）有關中年工作者退休後受僱的職涯轉銜歷程研究，其研究結果之一，發現這些工作者指出體驗到先前職業失調的現象。這個範疇「體驗到先前職業失調」就能成為研究問題之部分「答案」，且能被

範例8.2　範疇、主題及結果的準則

必須回應研究問題（也就是其答案），以及……
1. 是**詳盡的**（能涵蓋所有相關資料）
2. 是**互斥的**（任一相關資料單元只能置入一個範疇）
3. 盡可能具有資料**敏感度**
4. 具**概念一致性**（所有範疇須在同一抽象層次）

視為職涯轉銜歷程的一個階段。

- **範疇必須是詳盡的**。也就是你必須能將所有你認為重要或有關的資料，都納入這些範疇或子範疇中。

- **範疇通常是互斥的**。一份特定的資料單元只能納入一個範疇，若相同的一份資料可以被納入一個以上的範疇時，在概念化範疇的工作上需要再精練。然而，這並不是說，不可以讓一句話的某一部分進入某個範疇或子範疇，其他部分進入另一個。

- **範疇必須具有敏感度**。範疇命名必須注意它對資料的敏感度，研究的外部人在閱讀時能獲得這些範疇的內在本質，越能確實捕捉到現象的意義越好。舉例來說，若僅以「時間」為範疇命名，絕比不上「時間管理」顯露的內涵精確；另一個例子，「蔑視行為」也比不上「成人權威人物的蔑視」具敏感度；再者，「領導」不像「轉型領導」具敏感度。

- **範疇必須具有概念的一致性**。意指所有範疇在抽象的層次上要一樣，前述提到雜貨店分類的例子，農產品、罐頭食品和水果不宜歸為同一層次，水果應屬農產品項下的類屬。若在Ntseane（2014）以Botswana的婦女如何成為成功職業婦女的研究為例，學習的範疇歸為三大類：(1)非正式未就職前的訓練；(2)正式的技術訓練；(3)在職學習。上述每一個範疇都有其子範疇，如非正式未就職前的訓練由以下來源獲得：(a)家人；(b)工作上的觀察；(c)一般常識。

概念一致性是應用上最難達成的準則，研究者因為潛心沉浸在資料及

分析工作中，要同時注意到整組範疇的命名是否合理的確很困難。有一個策略可以幫助研究者，就是將範疇列表，甚至可以簡化成一字的範疇。以例子來說明，在一份簡單的回憶結構研究中（Merriam, 1989），研究結果的範疇僅列成一張有四種名詞的表：選擇、沉浸、退縮、揭露，但是研究資料的陳列卻是複雜的（Miles, Huberman, & Saldaña, 2014）。重點是在你面前展示研究結果最基本的結構，你可以很容易去檢查這些範疇是不是屬同一層級的抽象層次，也可以看資料是不是也符合各個範疇。最後，在這個表上面寫上你的研究目的，你可以隨時檢視這些範疇有沒有回答你的研究問題。

範疇的數目

　　研究者產出範疇的數目取決於這位研究者資料的狀況以及研究的焦點。無論怎樣的狀況，這個數目都要是在可以處理的範圍內，在我們的經驗中是這樣的，範疇越少，其抽象層次越大，也越容易讓你與他人溝通你的研究。Creswell（2013，頁184）表示若是自己的研究，會希望在分析初期處理二十五至三十個範疇，然後致力於「濃縮或合併成五到六個主題，讓我可以在書寫敘說結果時使用」，太多的範疇致使提出具體描述時承載過重。數年前，Guba與Lincoln（1981）為發展範疇建議四項既完整又清楚的方針，讓目前從事質性研究的研究者參考運用：第一，一個人提出某事的次數，或某事在資料中出現的頻率都顯示出重要性；第二，閱聽者的回應可以決定其重要性——也就是將範疇給值得信任的閱聽者看；第三，有些範疇因其獨特性突顯而出，你會想到把它留下來；第四，有些範疇展露出「研究領域尚未被指認出」或者「提供與一般性問題不一樣的影響力時」（頁95）。

　　另有一些準則可以讓研究者決定這組範疇是否足夠。第一，在研究者已認為範疇足夠說明所研究的現象時，僅剩少量的資料無法納入任一範疇或子範疇；第二，從資料中所呈現的這組範疇看起來是合理的，且能反映出資料的內涵。這些策略讓研究展示出可信度（reliability）與可靠性（dependability），這些會在第九章加以討論。

資料理論化

　　質性研究中資料分析是可能有各種層次的，最基本的層次是將資料以時間序列或有時以主題序列加以組織起來，大致以敘說方式呈現，若非全部這樣做，則是以描述方式書寫。從具體的資料描述移至較抽象層次，需要運用概念來描述現象。舉例來說，研究者與其僅僅只是描述教室內的互動，可能會依研究問題使用「學習」、「抗衡」或「同儕支持」來引證教室內發生的事件，這是一種系統性資料分類的歷程，把資料區分至具有範疇或主題的架構中，這些內容本章先前已經敘明。範疇可以描述資料，只是仍有幾分詮釋的味道。分析的第三種層次是推出邏輯上的結論，發展模式，甚至產出理論。這個向上提升的歷程「從經驗性溝渠爬升至綜觀整體面貌，我們不只是在處理可觀察到的事物，也與不可觀察的事物共事，且用相關線索以連續層次連結兩者（Miles, Huberman, & Saldaña, 2014，頁292）」。

　　思考一下資料的理論化，是進一步去發展理論的步驟，這理論能解釋實務的某觀點，讓研究者能對未來活動進行推論。理論化一詞可以定義為「發現和運用抽象範疇，且找到這些範疇之間關係的一種認知歷程」（LeCompte & Preissle, 1993，頁239），這伴隨著不少曖昧不明的狀況，會「處於一種超越資料到推論的夢幻島上之風險」（頁269）。這工作對大部分的質性研究者都是困難的，因為對研究者而言都與資料太接近了，以致於無法有系統地表述這研究有多重要，也因此無法做推測模式的思考，以線性而非脈絡性思考也會阻礙資料理論化的工作。

　　質性資料分析主要是辨明主題、範疇、模式，或為研究問題找到答案。「因為質性分析者不使用統計測驗，來幫助你確認所觀察的結果或模式是否顯著，你只能先以自己的意識、理解力、智慧、經驗和判斷力來進行資料分析（Patton, 2015，頁572）」。還有，很重要的是你也可以仰賴參與者回應你對它們經驗的詮釋（見第九章參與者檢核）。第三種檢查詮釋是否具意義的方式，就是注意針對你的研究參與者在「閱讀及回顧詮釋內容時的反應」（頁572）。

　　在範疇形成之後分析工作仍然要繼續進行，這段時間有一個關鍵事項要注意，就是當研究者發現範疇架構並不能完全涵蓋這份研究，即研究

者還尚須了解更多有關研究現象時，要把所有重要概念元素以某種有意義的方式連結起來，看看這些概念排在一起有沒有道理。有一個方法有助於這項工作，就是把這些概念（範疇）畫成圖形，看它們之間的關係是怎麼樣，只要用簡單的圖或模式把資料分析後的範疇和子範疇畫出來，就可以有效地捕捉到這些研究結果概念的互動和關係了。

以下展示兩個例子，表示研究結果中範疇和內容如何以一種有意義的方式連結起來，其中第一個例子是男性成人學生選擇接受護理教育課程卻在畢業前退選的研究。Blankenship（1991）訪談已經退選的男性護理學生及完成課程並且畢業的學生，欲辨明這兩類學生的差異因素，範例8.3展示了本研究的結果或範疇。

其中兩個因素，提升社會地位與家庭支持是兩組參與者選擇就讀護理課程的共同動機；其中三個因素，目標取向、形象、學生角色具特色解釋了一些男性參與者完成課程與否的理由。完成學程的畢業生對現實狀況有更多的理解，知道拿到副學位意義是什麼（目標清晰），也知道需要多久的時間可以獲得該學位（期程接近）。完成學程的學生比未完成的學生對

範例8.3　入學和完成或未完成影響因素表

入學因素
A 提升社會地位
B 家庭支持

完成學業因素
A 目標取向
　1. 目標清晰
　2. 期程接近
B 形象
　1. 護理
　2. 自己是個護士
C 學生角色具特色

資料來源：Blankenship (1991).

以護理為專業，及成為護理人員的角色有更多現實的形象，還有完成學業的學生比未完成的學生認為護理學生的角色，對家庭的面子或是工作危機都是無庸置疑的；未完成的學生在學生角色上，認為是處於工作危機時第一個被犧牲的承諾。Blankenship指出範例8.3所列出的因素對理解研究現象而言並不完整，圖8.3將範例8.3的因素整理出來，而且以圖形及線條繪出歷程。如圖形顯示，所有選擇護理學程的學生都具有一個信念，就是相信成為護士將會使他們的社會經濟地位向上提升，在這個選擇上他們也都得到家庭的支持。一旦進入學程，學生的就學承諾會被Blankenship研究中以下因素滲透，來區分出未來會畢業或退出學程：「目標取向、形象、學生角色具特色，成為引導學生繼續求學到畢業或退出學習的行列」（頁88）。

　　Blankenship研究中的分析未預期地朝向建立理論模式的方向，另有Alston（2014）的研究，她以建立跨文化師徒關係紮根理論方向進行。

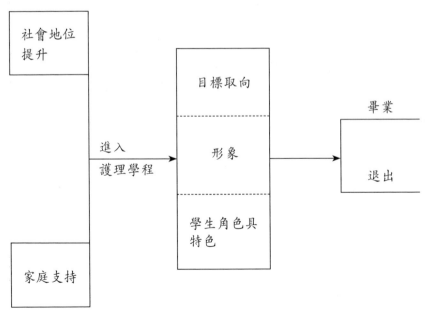

圖8.3　解釋入學與堅持護理教育的模式

資料來源：Blankenship (1991).

非常特別地，她的跨文化師徒關係研究探討黑人女性教授指導白人女性博士研究生之關係，研究結果呈現三個主要範疇（頁65-66）：(1)她們相互間對壓迫與特權分享式與非分享式文化（針對女性氣質、母性與種族）；(2)她們相互間在文化上的權力協商（經由年齡、學術角色與角色翻轉）；(3)在指導工作關係上她們的意向性分享式文化（經由信任、溝通與學習）。這三個範疇是該指導關係研究的背景脈絡，但是在維恩圖（Venn diagram）圖8.4的交集，卻是研究者所討論的核心範圍（回憶一下通常紮根理論都會有核心範疇），這就是非常重要對資料理論化成果的展示。

　　核心範圍即是Alston真實跨文化師徒研究指導的重心，她稱這個範圍為「真實關係的關鍵」（見圖8.5）。她特別指出溝通與關係建立的重要性，還有幾個關鍵元素——處理期待、協商張力、學習時刻、學習轉移，

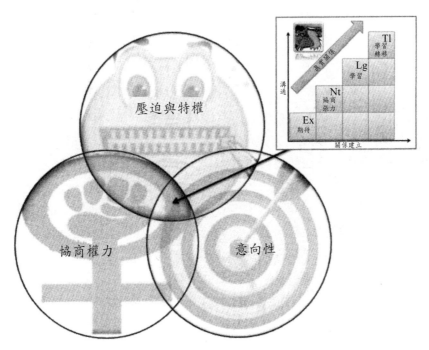

圖8.4　核心範圍：真實關係的關鍵

資料來源：Alston (2014, p. 119)，獲同意後轉載。

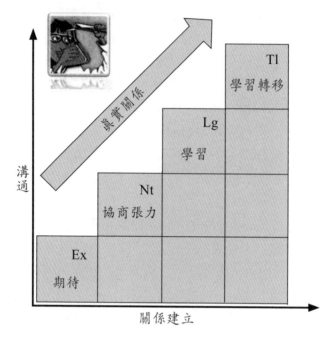

圖8.5　核心範圍詳細說明圖

資料來源：Alston (2014, p. 121)，獲同意後轉載。

是形成互惠師徒關係的主要成分。這個核心範圍──有鑒於壓迫與特權、協商權力與意向性這幾個文化背景脈絡──這些便是Alston對此研究未來理論化及紮根理論作法所要努力的方向。

　　你要用以上提出的重點去思考你的分析範疇與子範疇，認真推斷它們之間相互的關係，看看能否引導你去形成某一種模式或理論。當範疇及其屬性經過歸納和精練之後，就可能連結在一起，然後去分析就可能發展成為一種模式或是理論，這樣便可以解釋資料的意義。這個層次的分析將範疇結構提升，因為理論可以解釋大範圍的現象，還能說明現象中的關係。你可以回憶一下由Glaser與Strauss（1967）所發展出來的持續比較資料分析方法，這就是用來形成紮根理論的方法。相關內容將會在本章之後的紮根理論部分，再多加說明。

　　簡言之，資料分析是將資料賦予意義的歷程。它可以是研究者決定如何把材料以最好的敘說方式表達出來。一般來說，研究者也可以發展出

範疇、主題或其他分類以詮釋資料的意義，讓範疇成為研究的結果。Dey（1993）用一段話美妙地摘述了這個歷程，她把資料分析和登山做了一番比較，以下是她的說法：

> 首先我們須堅信這座山高於一般常識世界的平原，它能提供科學性的觀點……我們可以想像山有它的形狀和高度。一份大學時代的短期研究計畫就像座小山丘，或是大型的研究計畫宛如陡峭的山峰，無論大小其實做研究時所要做的功課都差不多。登山總是一步一步向上行進，當我們正在步行時，我們都是專注在當時的步伐之上，然而，我們能觀看的景色會超越攀登時每一步所見的總和。經常當我們偶而停駐回首，望向地平線那方，站在嶄新的優勢位置環視周遭的山間景致……這個攀爬的經驗有迂迴的步履在其中，有時切進小路，有時翻轉方向，隨時帶著對未見之境的期待；這段經歷反映出分析歷程中創造性和非連續性的特質。進度緩慢而艱苦，卻能在最終獲得令人驚嘆的啟示（頁53-54）。

電腦與質性資料分析

電腦擁有儲存大量資料的能力，促進分析工作效率，也有助於一同進行研究的同儕相互溝通。電腦的使用形成一個質性分析的次領域稱作CAQDAS（或近來稱作QDAS），為電腦輔助質性研究分析軟體（computer assisted qualitative data analysis software）。Bogdan與Biklen（2011）指出「輔助」（assisted）一詞有操作的意味，因為「電腦程式只是幫助組織和分類資料的工具，它不能幫助研究者分析資料」（頁187）。Gibbs（2013）在最近的一篇有關CAQDAS的文章中明確指出，「CAQDAS並不是一種拿來分析用的不同方法或取徑，〔而且〕這個軟體也不是來『做』分析的。相反地，這個軟體的主要功能是用來協助組織分析的事務。這個軟體不比我現在正以文字處理程式來寫出這一章節能多『做』些什麼」（頁1）。

將這個警語放在心上，研究者可以使用各種不同的電腦軟體來協助

分析工作，特別是那些能處理質性資料的程式，或是基本的文字處理程式Microsoft Word及Excel，運用這些程式來進行質性研究分析。Ruona（2005）以及Hahn（2008）都提過這些文字及電子表格程式皆很適合進行質性資料分析，他們在文章中詳細說明如何運用這些程式來管理和分析資料。文中記載了電腦程式用來處理質性資料的綜合論述，提出其優勢與侷限，對於讀者如何使用電腦程式的相關資源也做了說明。

研究者無論使用購買的專門處理質性研究的商用軟體或是某個研發出來為分析目的之程式，它們的主要功能就是整理質性資料。資料整理有三個主要面向：準備資料、辨別資料和操作資料。準備資料包含研究者繕打筆記、訪談稿，將資料準備妥當以進行分析工作。除此之外，可能還有處理簡單的編輯或格式化，目的是做好簡明的紀錄以進行分析。此階段只要一般標準的文字處理程式就可以進行，就算研究者之後可能會運用CAQDAS也一樣適用。

第二面向辨別資料部分，誠如先前已有說明過，就是將訪談稿、田野筆記、文件以及聲音或影像資料編碼的歷程。再一次強調，無論是CAQDAS或是其他文字處理程式都無法決定這些編碼——是你，研究者，來決定編上什麼碼。Gibbs（2013）寫過這一段幽默的話：「軟體屬於不可知論者……，軟體完全不關心分析者貼上編碼的動機，它自然也不了解對這些編碼的詮釋是什麼」（頁7）。到了資料操縱的階段，這些字詞可以被加以搜尋、分類、檢索及再安置。

管理資料絕非小事，首先，在質性研究中很難區分「資料管理」與「資料分析」。舉例來說，編碼—與—檢索是一個常被研究者使用的方法（無論有無電腦輔助）。編碼是依內容標注文本中的詞句；檢索則是提供一種蒐集被標注相類似詞句的工具。如Richards與Richards（1998）指出「範疇的產出，就算最簡單的描述，對理論都是一種貢獻」（頁215）。而且，

> 對於研究中重要的範疇已經決定……還有也須決定這些範疇在分析時是否需要改變、重新定義或刪除。第二，決定哪些文句屬於哪些範疇並不是文書工作而已，是牽涉理論思考在內。第三，從

許多文件中察看屬於同一論題或是屬於選擇性論題的文句時，其實是在對資料做另一種新的觀察（頁215）。

　　為了想要讓分析中編碼及檢索的工作不致這麼冗長乏味，有一個新方法讓這項工作自動化，使得研究者可以對資料的各個面向有更創意的觀察，也使得這之間的連結更為可能。然而，不是電腦程式而是研究者在做編碼（或為範疇命名）的工作，也是研究者在決定資料中哪些單元列入某項編碼，這就是為什麼我們說電腦程式「輔助」資料分析。

　　電腦程式可幫助研究者進行資料編碼，還可以檢索某個編碼之下的所有原始資料。同一個分割後的文句資料可以編成各種不同層次的碼，這個狀況是當你把完成的碼分類置入抽象範疇的時候，或將碼分解成為子範疇時會發生。軟體程式設計的複雜性可協助研究者進行碼與碼之間的連結。「這些連結讓你可以展示碼與碼之間的邏輯關係以及浮現的理論」（Kelle, 2004，頁482）。雖然大部分的程式都僅限於「樹狀層級結構」（hierarchical tree structure），但有些程式如ATLAS.ti可以「支持複雜網絡的建構……以及發展範疇圖表的結構」（頁483）。另有更尖端的搜尋及檢索模組，提供研究者檢索文本中出現的相似資料。這些出現的類似資料文句或碼在缺乏暫時性假設建構的狀況下，可「用來當作**探索式策略**（heuristic device）」（Kelle, 2004，頁485，黑體字原文中強調）。

　　顯而易見，使用CAQDAS有許多優點。首先，這些程式提供井井有條的檔案系統可以讓你存取資料與分析。資料可依範疇和檔案分類儲存，且易於檢索。「這可以節省許多花費在無聊的文書處理、大量影印、以顏色筆編碼、資料在地板堆疊、剪貼等的時間與精力；相對地，分析者可以有更多時間思考資料的意義」（Seale, 2008，頁235）。第二，這些程式促進研究者嚴密審視資料，可以提升Seale所說研究的「精確性」（rigor）（頁236）。第三，「具概念圖示特性的電腦程式，使研究者可以藉繪出的視訊化模式檢視編碼與主題之間的關係」（Creswell, 2013，頁202）。再者，一些CAQDAS的程式可以輸入網路資源，例如：部落格、社交媒體像臉書、推特及量化資料，因此CAQDAS可以用在混合式的研究。Davidson與diGregorio（2013）指出我們已經進入QDAS 2.0的

局面，代表電腦程式擴充的狀況「從處理視訊化、地理空間工作及多媒體型態的工具，到提供為研究團隊及納入量化資料的能力」（頁499）。的確，所有的作者都接受CAQDAS對處理多媒體資料及為團隊工作是有價值的（欲了解詳情請至網頁http://digitalresearchtools.pbworks.com.查詢）。

　　運用CAQDAS的優點很清楚，然而研究者需要知道其他的一些影響因素。首先是花費，許多大學已有購買校方使用權，也就是說該校學生及教職員有權使用這些程式，但CAQDAS其中的兩個程式HyperRESEARCH及QDA Miner有提供基本分析免費使用的版本（見表8.1）。第二，CAQDAS對你的研究需求而言太先進了，也就是不需用到這種工具，所以要問問自己，是否真的需要用電腦程式來處理資料。小規模的質性研究並不需使用如此高容量的電腦程式。再者，為了熟悉程式的使用可能花費許多寶貴的時間。我們會提醒學生除非對電腦使用非常嫻熟，那麼就去試一下，否則只要使用你所熟悉的文字處理程式來分析資料即可（Ruona, 2005; Hahn, 2008）。另外一個考量是，你有多喜歡直接處理研究資料，如Creswell（2013，頁202）提出「對某些人而言，電腦程式是介於研究者與資料之間的一個機器，這會造成你與你的資料之間令人不舒服的距離。」最後需要花時間考量的是，哪一種電腦程式最適合你的研究或你的資料？舉例來說，這個程式是否可以處理視訊化資料？Seale（2008）就曾說過「CAQDAS的程式組合對處理微小資料的抽取並不具什麼功效，它只適合對話分析者使用或用來做某些言談分析」（頁242）。

　　選擇適合的CAQDAS程式來使用是需要花一些時間的，初用時最好先整個閱覽CAQDAS的程式，若幸運時都能夠取得這些程式，也讓使用者認識每一種程式的方法學根源及功能上優勢與侷限的細節。因為這些程式都是由曾經做過質性研究分析的人所設計，會反映出這位研究者的個人偏好及策略。有一個先進網站包含CAQDAS十種程式的評論與資訊，網址如下：http://www.surrey.ac.uk/sociology/research/researchcentres/caqdas/support/choosing/index.htm.找到你使用起來舒適的程式是非常重要的，所以我們建議你多使用幾種。除了在網站上搜尋資訊之外，你也可以聯繫軟體供應商，請他們提供最新的資訊及演示（如果可行），也可以

詢問曾經使用過這些程式的同事，聽取他們的意見。最受歡迎的一些程式都有專屬網站，你也可以上網下載試用版。表8.1包含這些網址，前兩個是提供一般資訊的網站，其餘七個是較為特定性質的網站。

表8.1　電腦輔助質性資料分析軟體

	程式	網址	特性
一般資訊	電腦輔助質性資料分析軟體 Computer Assisted Qualitative Data Analysis Software (CAQDAS)	www.surrey.ac.uk /sociology/research /researchcentres /caqdas/support /choosing/index.htm	實用資訊；討論及評論CAQDAS十種不同軟體包，且與相關質性研究網站連結。
	質性資料分析 Qualitative Data Analysis	https:// digitalresearchtools. pbworks.com/w/page /17801694/Perform% 20Qualitative%20Data% 20Analysis	數位研究工具wiki提供連結至相關質性軟體包。
受歡迎的 CAQDAS 程式	Atlas.ti	http://ATLASti.com/	提供免費試用教育訓練；可在Windows或Mac使用。
	NVivo	www.qsrinternational. com/products_nvivo. aspx	提供免費試用與教學，只能在Windows使用。
	MAXQDA	www.maxqda.com/	免費試用與教學，可在Windows或Mac使用。
	HyperRESEARCH	www.researchware. com/	提供免費部分功能試用版本；免費教學；可在Windows或Mac電腦使用。

（續下頁）

	程式	網址	特性
	QDA Miner	http://provalisresearch.com/products/qualitative-data-analysis-software/	提供免費部分功能試用版本；免費教學；可在Windows或Mac使用。
	Qualrus	www.ideaworks.com/qualrus/index.html	提供免費試用；Windows使用最佳，但仍可以在Mac及Linux OS使用，但須有Windows虛擬機。
	Transana	www.transana.org/index.htm	適用於分析影帶、錄音資料、靜態影像資料；提供免費演示；可在Windows或Mac使用。

資料分析及質性研究類型

　　列於本章的資料分析歷程是基本的歸納方法及在大部分的詮釋性研究中的比較分析資料的策略，還有一些資料分析取徑像是對話分析、言談分析或是後現代式分析，甚至有稱為**詩意分析**（poetic analysis）（Grbich,2013）則超過本書所討論的範圍。為了維持原在本書第二章所介紹的詮釋性研究之內涵，以下這個部分將簡短介紹在現象學邏輯研究、紮根理論、民族誌、敘說分析、個案研究及行動研究（在第三章敘明）中的分析策略。然而，這些質性研究類型基本上仍是使用歸納與比較的策略。

現象學分析

　　嵌於哲學中的現象學研究（見第二章）為的是獲取現象的本質與

基本結構，以幾個特定的技術用來分析經驗，像是存而不論、放入括弧、現象學還原、視域化（horizontalization）、想像變異（imaginative variation）等。舉例來說，**存而不論**以Van Manen（2014）的解釋是指研究者要將個人偏見隔離起來，暫時放入括弧，以便對經驗更加開放。而現象學還原的目的是讓研究者回到參與者的經驗本身，對這經驗產生反思，為要將自己的評論放在一邊，以便與現象中的生活經驗共處並找出其本質。想像變異則是指設法以各種不同的觀點角度，針對研究的對象——現象——進行探查。Moustakas（1994）解釋說：「想像變異是運用想像盡可能去尋求意義，從各種歧異的觀點、不同的立場、角色和功能去貼近現象。其目的是達到對經驗結構式的描述，找出是哪些根本的或突發的因素造成這種被體驗到的經驗。到底現象中的經驗是如何變成現在這個樣子的（頁97-98）？」現象學邏輯分析其中一個版本是**發現探究**（heuristic inquiry）（Moustakas, 1990）。發現探究比現象學研究個人化色彩更甚，研究者可在資料中納入個人經驗加以分析。Moustakas（1994）提出現象學或發現探究循序漸進的方法以分析資料。

紮根理論

資料分析中持續比較的方法是由Glaser與Strauss（1967）發展出來的，用以衍生紮根理論。紮根理論包含範疇、屬性及假設，假設即範疇與屬性之間的概念性連結。因為持續比較方法的基本策略和所有質性研究歸納性且概念建構的取向是相容的，持續比較方法也被許多並不以建立實質理論或紮根理論的質性研究者採用。

這個方法的基本策略正如其名，就是持續比較。研究者先在訪談、田野筆記或文件中取某一件發生的事情，再拿這件事和同組或另一組的資料比較。這些比較導向某暫時性範疇，範疇與範疇之間也相互比較，或和其他的例子比較。在各層次的概念化中不斷比較，一直到形成理論為止。此形式的理論稱為**實質理論**（substantive theory），即該理論應用於某實務的特定部分。因為該理論紮根於資料上，也是資料中呈現出來的，這個方法稱作**紮根理論**（grounded theory）。

紮根理論始於資料的範疇化，就像先前討論Alston（2014）的研究為例。除了範疇，理論另由其他三種元素組成——屬性、核心範疇和假設。屬性如同概念，但是屬性描述範疇的內涵。屬性並非範疇的例子，而是範疇的範圍。舉例來說，Alston（2014）的研究探討跨文化的師徒關係，也就是黑人女性指導教授與白人女性博士研究生之間的關係。其屬性或範疇的範圍包含女性、母性和種族。另有一例，「職涯抑鬱」這個範疇，可以用三個屬性「厭倦」、「慣性」和「陷入困境」來解釋。核心範疇（core category）喻為輪轂，是整個現象的解釋中心，以此為中心連接範疇與假設，或相互聯繫。假設（hypotheses）是範疇與屬性之間的建議性關係。舉個例子，某個探究護理人員工作場所霸凌的紮根理論研究（Gaffney, DeMarco, Hofmeyer, Vessey, & Budin, 2012），研究者發現核心範疇「把事情做對」以及其他四個範疇，這些範疇解釋了護理人員從事工作的歷程。在資料分析的部分，研究者寫出「我們把相似的編碼聚合起來形成範疇，從這些範疇相互的關係中我們提出假設」（頁3），這些假設都是在資料蒐集與分析時同步呈現出來的。研究者在以開放的態度等待新的假設呈現出來時，會設法去支持暫時的假設。「產生假設需要在證據足以提出建議時成立，而非靠堆疊證據以提出證明」（Glaser & Strauss, 1967，頁39-40）。

促使紮根理論方法能產出理論，Corbin與Strauss（2015）建議編碼的三個面向——開放式、主軸式與選擇式。開放式編碼是資料分析一開始要做的事，在本章稍早有介紹過，即對與研究有關的資料單元加上標注；主軸編碼是連接範疇與屬性的歷程，並精練範疇結構；選擇性編碼的時段會發展核心範疇、屬性、命題與假設。類似Corbin與Strauss的三面向，Charmaz（2014）提出資料分析三面向——焦點編碼（focused coding）、主軸編碼（axial coding）與理論編碼（theoretical coding）。

民族誌分析

民族誌研究聚焦在文化及日常生活的規律性，豐富、深厚的描述正是民族誌研究的特徵。Wolcott（1994）在他的一本有關民族誌資料分析的

書中提出分析即是描述、分析及詮釋，他認為這些名詞「常結合運用（如描述分析、詮釋性資料）或互換使用」（頁11，原文中強調）。他以這些方式來區分：**描述性**指的是對「到底發生了些什麼？」的描述；**分析**包含「確認主要特徵及對特徵之間相互關係的系統描述」（頁12）；而**詮釋**是指談及意義；換句話說，「這是什麼意思？」（頁12）。

　　人類學家有時會使用既有的範疇結構圖表，來組織及分析資料。Murdock（Murdock, Ford, Hudson, Kennedy, Simmons, & Whitney, 2008）發展出來的文化素材（cultural materials）概要列了近八十種描述性範疇，每一個範疇都有其子範疇，至多九項，讓讀者可以用來為資料編碼。以文化比較而言，這是一份相當有用的結構表。Lofland與Lofland（1995）也有為組織社會面向提出範疇及子範疇，其中四個最廣泛的範疇是處理(1)經濟；(2)人口分布，像是社會階級、性別、族群和種族；(3)「人類生活的基本情況」（頁104），包括家庭、教育、保健措施；及(4)環境，即「自然」環境和「建築」環境兩者（頁104）。

　　雖然教育民族誌可以使用這個範疇結構表來編碼，更常見的情況分類表乃由研究資料本身產生出來。結構表的形成可用一般文化中即可發現的詞類（參與者觀點）（emic），或由民族誌研究者自行構成（研究者觀點）（etic）。結構表中若論題或變項相互相關時，則須自創分類法（typology）。Lofland, Snow, Anderson與Lofland（2006）對分類法的定義是「詳細計畫二個或更多變項相互關聯可能性之歷程」（頁148）。Tesch（1990）認為資料中關係可以用以下方式表達：「描繪關係可以用線圖，如格圖或其他結構性的方形圖、綱要圖、樹狀分類圖……流程圖、決策表、重疊圖、星狀圖（一個詞在中心點，其他相關的詞彙在周圍繞著）、因果鏈或網絡圖，或其他任何研究者自行發明的圖表皆可」（頁82）。在民族誌研究中，這種分類系統或**認知圖**（cognitive maps）常用來為研究中的社會文化模組建立秩序。將分類系統中的元素相互比較，能夠導出暫時的假設和解釋。

　　隨著線上社群的興起，許多虛擬世界的民族誌研究以民族誌觀點出發，探究藉由社交媒體所產生的線上文化。Kozinets, Dolbec與Earley（2014）將這些形式的資料分析歸類為「網絡民族誌」（netnographic）

分析，並對進行這類型分析提出四項主要建言：首先，若把資料放在多個線上網站會使研究負荷過重，他們建議研究者最好從某一個網站開始，以便從深度文化觀點去理解「在那個空間裡發生了什麼事情」（頁269）。第二，他們建議研究者須致力某種程度的文化涉入，如同參與觀察的角色。第三，他們之間的溝通應把握「體驗的、脈絡的、理解的方式，誠如文化中的成員所經驗到的一樣」（頁269）。他們也強調至少在開始進行研究時，分析工作的重點是按照網站表現方法本身的特性去進行，最後著重分析內容、張貼數等，注意這些張貼文出現的時間點。

若以編碼及建立範疇而言，運用社交媒體的線上民族誌研究資料分析工作和其他形式的研究是類似的。然而，表現方法以及網站上確實會有相片、影像網誌和其他媒材，這些都會影響如何去編碼。舉例來說，Alston與Ellis-Hervey（2014）研究黑人女性天然頭髮養護的影像網誌作者，這些人用影像來促進成人學習如何保養頭髮，這幾位研究者發現網站的表現方法的確影響了編碼的步驟，他們特別解釋「為了協助編碼在影像中使用時間郵戳」（例如：謙卑-2:42），而且這個「組織系統易於找到特定的資料影像」（頁5）。因此，運用社交媒體的資料分析歷程雖與一般其他研究沒有什麼不同，但它用的表現方法（媒介）會影響研究者怎麼去做分析。

敘說探究

敘說探究的核心是「人類經驗世界的方式」（Connelly & Clandinin, 1990，頁2）。經由故事來研究經驗成為一種研究技術，這個方法所強調的是人們所說出來的故事以及這些故事如何在溝通──即說故事所使用的語言。有些形式的敘說分析聚焦在整體分析，就是「把每個故事當成一個整體，故事中的部分與其他部分有關聯且相互詮釋」（Beale, 2013，頁694）。這種取徑把寫作當作是為了保持每個故事完整性，而非去透過故事分析範疇。其他的敘說分析則是做範疇分析，就是「從完成的故事中抽取單元將它抽象化」（頁694），這樣很像先前所提過的方式。

以第一人稱述說的經驗描述形成這個方法的敘說「文本」（text），無論這些描述使用的形式為何，有可能是自傳、生命史、訪談、日記、

信件或其他蒐集來的材料，這些都用來「組成我們的生命」（Clandinin & Connelly, 1998，頁165），文本會以特定的領域方法或觀點來分析。社會學及社會語言學模式的敘說分析強調敘說的結構，以及對社會脈絡的關係。而「理解、回顧和摘述故事的歷程」（Cortazzi, 1993，頁100）簡言之——記憶——是心理學取徑的特徵。人類學家感興趣的會是故事敘說如何因為不同文化而有變化，以及「習俗、信仰、價值、展演性及說故事的社會脈絡，這些內涵的文化模式」（Cortazzi, 1993，頁100）。另外，文字模式強調文法、句法、說法及劇情的結構。除此之外，具意識型態的理論如女性主義理論、批判理論及後現代學說則會以各自觀點詮釋生命史的敘說。Riessman（2007）敘說方式的書寫，說明敘說分析的四種方式——主題式、結構式、對話展演式及視訊化。Holstein與Gubrium（2012）所著《敘說分析種類》（*Varieties of Narrative Analysis*）一書提出分析敘說的幾個方法，是經由心理學主題、修辭學分析及針對故事的民族誌取徑等著手。誠如Coffey與Atkinson（1996）所觀察到的「分析我們引出來或蒐集來的故事，並沒有『最佳』處方或方法。確實，思考敘說資料最有用的方法之一，就是以開放心態在所有分析策略中找到可能性」（頁80）。

個案研究

雖然在本章所簡述的質性資料分析策略是用於所有的質性研究，但是有些個案研究的特質會影響資料分析。首先，個案研究是對單一或是有界限的單元進行透澈、全面的描述及分析，個案研究的最大考量就是表達出對該個案的理解。研究中的資料通常來自訪談、田野筆記及文件，這些大量的資料經常具有迥然不同的型態，內容有時是不相容而且甚至相互矛盾，個案研究的研究者須從中找出意義則是相當大的挑戰，在這種狀況下，資料管理益發顯得重要。

為了對研究個案進行透澈的理解，研究開始時就應注意資料的存放與管理，最好是所有資料都易於檢索，這些資料包含訪談紀錄或其文字稿、田野筆記、報告、紀錄、研究者個人的文件、研究歷程資料、反

思筆記等。Yin（2014）稱這些整理齊全的材料為資料庫——即「從個案研究中……所有資料有系統地蒐集歸檔」（頁238），這和個案報告（report）是有區別的。Patton（2015）的想法也類似，他認為最終的個案研究與個案紀錄（case record）是不同的：「個案紀錄包含所有重要的資訊，用來做個案分析及個案研究之用，這些資訊已經修編過、雜亂無章已分門別類、零碎資訊加以整合，個案紀錄是經過以時間序列或主題方式組織的資訊提供取用，個案紀錄是完整且易於分辨的」（頁537）。因此，個案研究資料庫（case study database）（或紀錄）（record）是研究資料整理妥當讓研究者方便取得特定資料，來進行個案的透澈分析。

　　本章中已有討論由質性資料中抽取意義的各種步驟，這些方法都適用於單一個案研究。雖然最終研究或報告的撰寫為了表述對個案的全面理解會比其他質性研究形式多出許多描述的篇幅，在處理個案研究分析時，詮釋仍可延伸到範疇、主題、模式，甚至理論的呈現層次。

　　多重或比較型個案研究牽涉到對數個個案進行資料蒐集與分析，舉例來說，Lightfoot（1983）不只研究一所優質高中，而是六所。剛開始在表達研究結果時，她先個別呈現〔或是以她的用詞「描繪」（portraits）〕單一的學校，然後，她提出跨個案分析導引出構成優質高中的綜合推論。Lopez（2013）對自閉症兒童進行一個長期早期強化行為治療的多重個案研究，她的研究結果也是先對5位自閉症兒童狀況之個別描述，接著以跨個案綜合分析的討論對研究問題一一回覆。

　　多重個案研究分析有兩個階段——一是個案內分析（within-case analysis），另一是跨個案分析（cross-case analysis）。個案內分析是把每一個個案當作是完整個案來研究。資料蒐集需盡可能完備以便研究者理解該個案脈絡中的變項，研究者才能看出這些變項對該個案的意義。一旦個別個案完成分析，跨個案分析才開始。質性歸納的跨個案分析是為了對所有個案的綜合理解。雖然對特定個案的特殊描述會有不同，然而，研究者須發展出對每一個個別個案都適用的綜合解釋（Yin, 2014）。

　　就像處理單一個案的資料一樣，多重個案研究的挑戰之一即為資料管理。研究者會有龐大的原始資料需要找到合適的整理方式，否則會造成資料負擔過重。最終，跨個案分析和單一個案分析有些許不同。分析層次最

終以跨個案的整合描述終結，若產出範疇、主題、類型，都從所有個案資料中將之概念化而產生，或者也可以試著由跨個案的研究中提出實質理論能涵蓋所有個案的整合式架構。因此，個案研究的資料分析必須能展現出與其他質性研究不同的特定特徵，就是聚焦在理解，還有就是須廣泛蒐集資料提供分析。在多重個案研究中，先以個案內分析方式進行，再實施跨個案分析工作。

行動研究

　　行動研究的目的是讓某些事情發生，以解決實務問題為要務，或者是為了開展某項介入，不只研究它的整體影響，也注重其歷程的展現（Herr & Anderson, 2015）。基於此，質性行動研究的資料分析不只聚焦在發生了些什麼事，也探究這些事是如何發生的，它以計畫、行動、觀察或反思做循環式探究。前述所討論過的其他質性研究分析機制——即編碼和聚集為主題——是相似的，分析會以各個階段如何開展為重點。舉例來說，在計畫的階段，研究者通常會進行個別或焦點團體訪談，以獲取參與者就研究主題的初始看法或經驗，再和他們一起計畫研究的歷程。一般而言，研究者會為初始的訪談稿編碼，而且呈現出研究剛開始的主題。研究者同樣會為研究的每一階段的資料編碼、產出主題，顯示出歷程如何開展。當然，許多研究者也會在研究結束時訪談參與者，然後呈現最終的主題和研究結果。行動研究可說是捕捉研究的歷程及最後的結果。

　　通常論文以期刊出版的篇幅撰寫僅能論及研究的某些層面，舉例來說，Stuckey（2009）的研究運用創造性的表達幫助參與者對自己糖尿病的經驗產出意義，先簡要描述計畫的階段，然後聚焦在分析他們創造性表達的開展，這些內容顯露在歷程的第二及最後階段中。Ramaswamy（2014）的行動研究對精神病患使用印度Natya瑜伽治療，她的分析大部分聚焦在治療的每一個療程中創造知識的型態，以及瑜伽治療的整體影響。這裡要強調的是分析的歷程並不需要和其他類型的研究不同，重要的是治療的各個階段與面向中的研究結果是如何開展出來的。

摘要

　　本章質性研究資料分析內容是執行資料分析的基礎，為提供讀者在質性研究歷程中最重要、對許多人而言算是最具挑戰性的部分。但是，若你在資料蒐集時就開始分析，可以更勝任這個工作。若等到資料蒐集完畢再分析，已經錯失採集可靠、具效度資料的機會了；待到資料蒐集完才分析甚至會招來災難，因為進行質性研究時這樣的狀況會導致大量、令人難以承受的資料。一旦大部分資料都蒐集完竣，就要準備進行透澈的分析工作了，這時資料整理益顯重要，研究者運用有系統的方式去整理資料，在需要時檢索原始資料能便利進行。一旦各種資料分門別類整理清楚，成為有組織、易於檢索的狀況時，就是做透澈分析的時機了。以持續比較的方法分析質性資料，本章對於基本分析歷程提出循序漸進的步驟，它是歸納性、比較性的作法，將會引出研究結果。這些研究結果一般稱作範疇或主題，這就是回答你研究問題的答案了；研究問題指引你分析且讓你為原始資料編碼有所依循。循序漸進的歷程包含為範疇命名、決定範疇的多寡、思考將資料納入範疇的系統。我們也討論了如何運用範疇成為基本概念性元素，用來延伸分析，使之建構出理論。

　　雖然是否要使用電腦軟體程式輔助，以進行質性研究資料分析尚有不少因素需要考量，無須諱言這些程式的選用的確增進資料檢索的速度，而且特別是對大量資料分析及研究團隊而言是很好的助力。本章對CAQDAS做了優勢與侷限的討論，也提出網站資訊供查考。

　　本章最後以現象學、紮根理論、民族誌、敘說分析、個案研究及行動研究為題，提出相關分析策略。雖然這些質性研究類型的分析都屬歸納性和比較性的方式，但是各自仍有其獨特的分析策略。

第九章

有關效度、信度、倫理的議題

　　所有的研究者都期望自己的研究成果能合乎倫理範圍且達到信實度。在各個專業領域的研究都必須確認其成果是值得被信任的，因為這牽涉到人的生活。這就好比不會有任何一位老師想在未知成果的狀況下，在課堂上冒險嘗試新的閱讀教學法；也沒有心理諮商師會在毫無把握的情況下，貿然對自殺遺族（bereaved family）使用新的諮商技巧。所以，我們該如何知道這個研究結果值得信賴呢？一個研究成果要能被充分信任，主要關鍵在於其研究過程要夠嚴謹。因為質性研究有別於量化研究，強調對現實的假設（見第一章），所以質性研究的嚴謹判別標準也和量化研究有所不同。然而，質性研究仍常在準則（criteria）和名詞術語上被品頭論足，往往得承受不夠嚴謹的批判（Denzin & Lincoln, 2011; Lichtman, 2013）。因此當我們討論到一個質性研究的信實度（trustworthiness）和嚴謹度時，即使借用了傳統研究有關效度和信度的專有名詞，但也不代表要做相同的解讀。

　　此外，還要確認質性研究的執行過程中都有考量到倫理議題。即使在1940年代末期就已經有人建立研究倫理準則，但是直到近幾十年才開始有人關心質性研究倫理的議題。在這個章節中我們會強調在研究中實施倫理的重要性，並說明其在建立研究信實度之間的相關性。

效度和信度

　　如果在一個領域的應用和理論上要有成效，則所做的研究必須非常嚴謹，才能夠提供真實的見解和結論給讀者、相關人員和其他研究者。這種可遵循的程序使得自然科學研究可以無後顧之憂的進行，並從事任何特定

研究。因此Lincoln, Lynham和Guba（2011，頁120）曾討論到質性研究「是否夠真實？……我該相信質性研究具有影響力嗎？尤其是以質性研究為基礎的社會政策或立法等議題，我該相信他們的理論是安全的嗎？」

　　無論研究類型如何，達到效度（validity）和信度（reliability）的方法都可以藉著謹慎關注研究的概念化以及資料（data）蒐集、分析和詮釋的方式，以及發現方式來解決問題。Firestone（1987）曾經探討質性和量化典範（paradigm）對於信實度不同的申論方式。他說：「量化研究很確定的讓讀者知道其研究程序遵循著真理而行，描述得很具體但文字數量很少。而質性研究則做大量的細節描述，以便將研究者的思想清楚而有意義的表達出來」（頁19）。此外，「量化研究繪製出變數和穩定（variables and static states）的狀態，而質性研究描述了人在事件當中的表現」（頁19）。近年來，各種研究方法的設計開始混合使用，包括質性研究與量化研究的準則都已經被接受及使用，且皆被評估為具有信實度（Creswell, 2015）。

　　通常我們所知的研究設計是根據不同的假說（assumption）做探究，以尋求不同的答案。在質性研究的情況中，（對問題現象的）理解（understanding）是做研究的最高指導原則，因此追尋研究可信度的準則不同於發現定律或以實驗證明假設的研究方法。驗證自然科學的研究是否嚴謹、具信實度，取決於其研究設計是否謹慎，以及是否遵循著科學認知的標準進行。但是質性研究處理公信力和信實度的策略不同，其策略是根據世界觀，並且對問題的質疑以符合這個觀點的哲學性假說為基準。（見第一章）

　　許多討論到這個話題的學者都表示：由於追求真實的假說與世界觀的不同，質性研究考量效度和信度的觀點偏向符合哲學性假說的典範，因此諸如Lincoln與Guba（1985）等學者，開始對這些不同的觀念加以命名。這些用在質性研究的名詞有「可靠性」（credibility）、「可轉移性」（transferability）[1]、「可依賴性」（dependability）、

---

[1]　Transferability的中文翻譯有數個版本，譯者參考高淑清的「可轉換性」和李

和「可確認性」（confirmability）等，用來代替傳統的「內部有效性」
（internal validity）、「外部有效性」（external validity）、「信賴
度」（reliability）和「客觀性」（objectivity）。近年來有更多的文章從
「後現代」（post-modern）、「後結構」（poststructural）、「建構主
義」（constructivist）、批評和行動研究角度來全面思考概念化的效度
和信度（Cho & Trent, 2006; Denzin & Lincoln, 2011; Herr & Anderson,
2015; Patton, 2015; Richardson & St. Pierre, 2005）。例如：Denzin與
Lincoln（2000）就認為質性研究的「後現代轉向」（postmodern turn）
具有評估質性研究觀點立場（problematic）[2]的價值。「這是（傳統研
究一切都想要）合法化的危機。因為涉及一系列對於效度、可類推性
（generalizability）和信度等術語的重新思考」，且這些術語已經在其他
類型的質性研究中「再理論化」（retheorized）。近年來Lincoln, Lynham
與Guba（2011）更指出這兩種嚴謹的方法論，在關於方法的應用、詮釋
和結果判讀等有不同的討論，因此他反思：「我們共同創建出來的理論架
構是否可信任呢？是否能適用於人文的詮釋呢？」（頁121）

　　Lichtman（2013）以一整個系列來探討質性研究觀念的變遷，以及
對於定義及信實度觀念的演進加以闡述。在1990年之前，檢視質性研究

政賢的「可遷移性」，綜合「國家教育研究院」的雙語詞彙，翻譯為「可轉
移性」。

[2] 原文的problematic在學術的使用上因內容不同而有不同意義，用在單數時有
「課題」、「問題意識」、「觀點立場」等意義，主要是跟過去所研究的內
容不同而有不同的探究角度。若是用在複數，則代表探究問題或假說極為複
雜，因此有「疑難雜症」或「弔詭」等帶有少許負面評價的語意，其中在哲
學批判中有人將具有「弔詭」意義的problematics與「悖論」（paradox）做思
想的對照，更可知此用字在思辨領域的可塑性。
在本文中，作者力求分辨質性研究與量化研究在哲學思考上的不同，因此所
使用的單數字problematic傾向於探討一個假說所引發的一連串研究設計、執行
與分析，這種種的立論都與研究者對研究的觀點立場有關，因此譯者在此本
文中的problematic皆譯為「觀點立場」。

的觀念是以客觀性、信賴度和內部有效性為主。過了十年之後，也就是
1990-2000年左右，觀念上開始出現了可靠性、可轉移性、可依賴性、可
確認性（Guba & Lincoln, 1981; Lincoln & Guba, 1985）等更為合適的
準則。從2000年開始，她辨別出兩種不同的準則：一種是被她稱作「再
次引起興趣」（a resurgence of interest）的傳統準則；另一種是代表
「不同觀點」（判別信效度）的準則。這些準則「往往注入了新思潮，
也就是他們深受『後結構主義』（post-structuralism）、『女性主義』
（feminism）、『後現代主義』（postmodernism）等新觀念的影響。因
此，政治和權力也扮演關鍵的作用」（頁292）。

再者，由於質性研究有多樣化的型態（見第二章和第三章），所以
其效度和信度的準則一定也有所不同。Creswell（2013）認為：舉敘說為
例，評價一個敘說寫得有多「好」的準則，和評量現象學研究、紮根理論
研究、民族誌研究以及個案研究等的準則都不相同。對於敘說研究，他認
為一個好的敘說會說出參與的故事，也就是民族誌所提到的「對文化群體
細膩的描述」準則（頁263）。Lichtman（2013）提出她評量「一個好的
質性研究」的「個人準則」（personal criteria）（頁294），這些包括研
究者的角色、研究者和受訪者的關係、提出研究主題個案重要性、清楚了
解研究如何完成，並對研究結果做出有說服力的介紹。

Tracy（2013）的「大帳棚」（big-tent）準則和Lichtman的「個人準
則」也很相似，都可以在準則下完成「傑出的」質性研究。她提出了八個
準則，分別是：(1)研究的問題是值得關注的話題；(2)研究內容豐富而嚴
謹；(3)研究要真誠，也就是方法要透明；(4)研究結果是可靠的；(5)能與
各種觀眾產生共鳴；(6)做出明顯的貢獻；(7)必須要遵守倫理，以及(8)這
項研究符合某種意義；也就是「有意義地將文學、研究、問題／焦點，發
現和詮釋互相連接起來」（頁230）。Wolcott（1994）對傳統做出批判，
認為是評斷「有效的荒謬性」（頁364）。他認為不應該判斷有效性，而
是「別的東西，應追尋能指出更多批判性要素，並從中提煉出可辯證的詮
釋。這是一種可以追求的東西，而不是耽溺於找出正確的或最終的答案，
這是正確的版本、唯一的真理」（頁366-367）。對於Wolcott來說，這種
「別的東西」指的就是理解（understanding）。

為了讓新興的質性研究也能適用於強調效度和信度的研究世界，Patton（2015）提供了「一套評判質性研究品質和可靠性的準則」（頁680）。他根據不同形式的研究，做出七點準則上的建議，分別為：(1)傳統科學的；(2)建構主義；(3)藝術的；(4)系統化／複雜性；(5)參與形式；(6)批判的和(7)務實的／應用。

很多質性研究人員已經迫不及待地希望研究界發展出共識，以便適切地評斷研究的信度和效度，如果真有人認為質性研究需要這樣評量的話。一旦關於理論化的辯論進行，則研究者就立刻被迫下場應戰。就如Stake（2005）所言：我們從研究中獲得的知識「包括寫作和閱讀的道路都布滿荊棘，所以寫作者要尋求一路平安」（頁455）。此外，質性研究者還需要回應外界的關注，其中許多人可能因為不熟悉（質性研究）而放肆地挑戰其可靠性。範例9.1就是個例子，條列出質性研究者常被質疑的問題。每個問題都牽涉到或多或少有關質性研究的信度和效度。

範例 9.1　質性研究常被質疑的信實度問題

1. 你能試著指出你研究中的n等於1（還是3、15、29等數字）嗎？
2. 對於參與者（受試者）發生了什麼事的解讀，由研究者做的詮釋有什麼價值？
3. 你要如何歸納少量又隨機的樣本？
4. 如果研究者本身是資料蒐集和分析的主要工具，那麼我們如何才能確定作為工具的研究者是有效和可靠的呢？
5. 你要怎麼知道停止蒐集數據資料的時機呢？
6. 研究者是否有個人偏見？他是不是只看到他想發現的部分？
7. 如果你的研究沒有假設（hypotheses），你要怎麼知道你到底要研究什麼？
8. 難道研究者的存在不會影響參與者的正常行為，甚至汙染數據嗎？
9. 難道受訪者不會對從事訪談的研究者說謊嗎？
10. 如果下一個人跟你做一樣的研究，可以得出相同的結論嗎？

幸好，我們還可以使用幾種策略來增加質性研究的效度和信度。為了順利推廣具有建構主義世界觀的質性研究給大眾，我們決定將重點放在

方法學上的嚴謹；也就是說，作為一名研究者，可以做些什麼來確保研究的信實度。下面的章節介紹了關於內部有效性、信賴度和外部有效性等這些關於質性研究中的具體問題。就如Lincoln與Guba（1985）所稱的可靠性、可依賴性和可轉移性，提出適當的策略來處理以上的這些問題。

內部有效性或可靠性

確保內部品質主要的重點，在於研究發現和現實的符合度。研究發現和現實狀況有多相符呢？研究發現能捕捉到真實的存在嗎？研究者真能觀察或衡量到他們想要的東西嗎？所有研究的內部有效度皆取決於現實的意義。Becker（1993）以幽默的說法評論這種觀念：「現實就是在這一刻絕不能質疑的」，並且「接觸現實才是產生壓力的主要原因」（頁220）。更重要的是，Ratcliffe（1983）提供了一個有趣的觀點來評估各種研究的效度。他建議說，做研究時應該要時時記著(1)「資料本身不會說話，而是需要人解釋或翻譯（頁149）」；(2)「當觀察或測量一個現象或事件時就有可能改變它，甚至於物理學也不再認定現實是單一面向的」；以及(3)數字、方程式和單字「都是抽象的、象徵性的表達現實，而不是現實本身」（頁150）。因此，效度的評估就必須用現實本身以外的東西（這部分是永遠不能被理解的）。在Lincoln和Guba（1985）的觀念中，他們主張「除了現實本身以外的東西」，也就是質疑難道依賴資料研究就具有可靠性嗎？

隱藏在質性研究中一個假說是：現實是整體的、多重角度的，以及不斷變化的。因此質性研究並不是等著去觀察和測量某個單一、穩固以及客觀的現象。在決定研究是否具有效度時，如果將蒐集資料和探討衍生的「現實」相提並論，則這很不適切。Steinbeck（1941）在七十多年前出版的書描寫他去科爾特斯海旅行的事，就用無懈可擊的描述反映了兩個現實的觀點：

墨西哥鯖魚[3]的背鰭骨刺的數目是XVII-15-IX[4]，其實很容易辨認。但是現實的狀況是：鯖魚橫衝直撞使我們手忙腳亂，魚群到處逃竄，再加上在水光中斑斕的顏色，還有持續拍打空氣的尾巴等，這些種種和外部現實所產生的影響形成一個眞實，已經不只是漁夫和魚的畫面而已了。另外還有第二個眞實關係，這是唯一可以辨別鯖魚背鰭不受外界影響的方法，那就是坐在實驗室。你只要打開一個臭臭的瓶子，從福馬林溶液中拿出僵硬且毫無血色的魚，好整以暇的算好魚鰭骨刺，然後就能安心寫下眞相「*D. XVII-15-IX*」。這時你記錄的是一個絕不會被抨擊的眞實，而且最不重要的現實就是考慮到你或魚，因爲這位研究者和他的標本魚已經設定了唯一的眞實，並且用許多謊言記錄了他的經歷，而且在這個紀錄裡的魚不包括顏色、質地、死亡狀況和聞起來的味道等資訊（頁2）。

Maxwell（2013）也認爲我們永遠不可能捕捉到真實。他說：「效度永遠不可能被證實，效度也不是理所當然的存在。效度是必須根據研究的目的和情況進行評估的，而不是和上下文無關的方法或結論」（頁121）。

所以在質性研究中該做什麼事，以及研究者如何評估這些研究觀察的效度呢？人們如何對認知的世界做真實的建構？這就好像是現在有一個多位目擊者的犯罪事件一樣，也會有多重角度的建構，表現出人們經歷一個特定的現象卻對他們生活有不同意義，也有不同的理解過程。

因爲人類是主要蒐集資料和做質性研究分析的工具，所以真實的詮釋是直接來自生活的觀察和訪談。也因此，如果資料蒐集工具牽涉到我們和參與者之間，那我們就「更接近」現實世界的真實。大多數人應該會同

---

3 Mexican sierra是鯖魚屬裡面的一個品種，屬於大西洋鯖魚種，因爲背鰭比一般鯖魚高大，所以也被當地人暱稱爲「墨西哥山脈」。

4 這是這種鯖魚鰭骨的排列順序：XVII是第一背鰭的17根鰭刺，15是第二背鰭後方的15根鰭刺，IX是尾鰭的9根鰭刺。

意，當態度嚴謹時，內部有效性就是質性研究有效的力量。在這種研究類型中，對現象感興趣的觀點，揭示人類行為在前因後果的複雜性，並對所發生的事情進行全面性解釋等，這些都是非常重要的。

　　LeCompte和Preissle（1993）列出四點因素，這些都是民族誌的研究極為重視的內部有效性：

> 第一，民族誌學者常見的作法是跟參與者在一起，並且長時間蒐集資訊。這種作法提供了連續性的資料分析和比較的機會，能使研究架構更精細，且確保研究者類別和參與者現實之間相互吻合。第二，訊息訪談者。這是民族誌資料蒐集的主要來源，這個部分的資料主要都來自參與者說出來的經驗話語，這些話語跟使用實驗器材所得的研究不同。第三，參與者的觀察，這也是民族誌學者第二個蒐集資料數據的研究關鍵。研究是在自然環境中進行，比參與更多設計或實驗室設置更能準確地反映參與者的生活經歷。最後，民族誌的分析，結合了研究者的反思、自省和自我監控，就如Erickson（1973）所稱的紀律主體性，也就是揭露研究的各個階段，並不斷提出質疑和重新評估（頁342）。

　　對於質性研究者獲取的真實或事實，有很多策略可以用來增加研究發現的可靠性。正如 Wolcott（2005，頁160）所寫的，可增加「研究本身和現實世界的相互符合」。支持一個研究的內部有效性最好的策略就是「三角檢核」[5]（triangulation），作法是與主題相關聯的引導或是設定測量的定位，並將其中的二到三個測量點收攏成一個面向。

---

[5] 三角檢核的原文triangulation也被翻譯為三角驗證、三角測量等詞，無論哪一種翻譯皆因為其字面上的意義而直譯為「三」。但在實際進行質性研究的三角檢核時，參與人員不一定是三位（參照資料來源也不一定只有兩三種），有可能如Patton所言的兩者，但也有可能更多。因此譯者在此建議，三角檢核人員（triangulating analysts）的思考不是三個角度也不是三個角色，而是建構宛如XYZ軸般的立體空間，也就是用三維思想的檢視角度來思考。

探討「三角檢核」最有名的是Denzin（1978），他提出了四種類型：「研究方法的多元化」（the use of multiple methods）、「資料採集的多樣化」（multiple sources of data）、「研究的分工合作」（multiple investigators）以及「使用多重理論」（multiple theories）來確定新的發現。這種使用多重理論的方法就好像「在心中觀看資料與假設，並衡量彼此與資料的關係」（Seale, 1999，頁54），其中第四種的類型在質性研究中較少被使用。

　　首先第一種是「研究方法的多元化」。關於使用多種資料蒐集的研究方法，要確認受訪者在訪談中所說的話，對照現場觀察的紀錄或者是閱讀和這個研究相關的文件。如此一來，你就是藉著這三個資料蒐集的方法來做「三角檢核」，也就是訪談、觀察和文件參照。

　　第二種是「資料採集的多樣化」。使用多種資料來源所做的「三角檢核」，意味著檢查和交叉比較這些蒐集得來的資料，這些資料可以是取自不同時間或不同地方的觀察結果，可以是不同角度說法的訪談，也可以是同一群受訪者的後續訪談。

　　第三種是「研究的分工合作」。當進行多元角度的研究學者蒐集和分析資料時，研究分工的「三角檢核」就產生了。Patton（2015，頁665）對此方法也做過類似的建議：「『三角檢核』人員是指兩個以上的人對同一份質性資料進行各自獨立的分析，並且比對其發現」（摘錄自原文）。這種多研究者的概念在某些情況下也被視為協作（collaborative）或團隊研究。在參與式研究（participatory research）中，研究者要遵循民主風範（political empowerment），也就是參與者與研究人員共同確定待處理的問題、共同展開研究，一起進行協作事宜並共同實現變革。

　　因此，「三角檢核」是一種使用的觀念，而不只是單一資料蒐集法（one data collection method）、資料採集的多樣化（multiple sources of data）、研究的分工合作（multiple investigators），或者是「研究方法的多元化」（multiple theories）。「三角檢核」是增加研究的可靠性和內部有效性有力的方法。就如Patton（2015）所言：「『三角檢核』無論以何種形式進行，都可增加可靠性和品質，因為藉由檢討與批評，可以避免研究的結果只是一種單一方法、單一來源或單個研究者的盲點」（頁

674）。

　　另外值得注意的是，還有其他策略也可以確保質性研究的信實度，也就是從後現代的角度來看研究中的「三角檢核」。Richardson（Richardson, 2000; Richardson & St. Pierre, 2005）指出：「『三角檢核』可以假設成一個『立足點』（fixed point）或『對象』（object）來進行『三角檢核』。」但是在後現代研究中「我們不使用『三角檢核』的說法，而是使用結晶化的概念（crystallize）[6]。因此，我們認為對這個世界的思考不只有三個面向」（Richardson, 2000，頁934）。結晶體的特色是：「無限變化的多種形狀，結構性的真實存在（substances）、持續蛻變的性質（transmutations）、多重空間的概念（multidimensionalities），以及各種角度的分法（angles of approach）。結晶體像棱鏡一般反射出外在世界也反射出他自己，用不同的方向創造出不同的顏色、圖案和序列。我們能看到的東西都取決於我們回應的角度，也就是不只是『三角檢核』，而是『結晶化書寫』（crystallization）」（Richardson & St. Pierre, 2005，頁963）。然而，從詮釋的建構主義觀點（interpretive-constructivist perspective）來看，也就是本書的觀點認為：「三角檢核」是確認研究信實度的基本策略。

　　除了「三角檢核」外，第二種確認研究信實度常用的方法是「參與者檢核」（member checks），也被稱作「受訪者驗證」（respondent validation）。這個觀點是你要讓受訪者知道初步訪談的結果，並提供回饋的意見。「這是唯一最重要的方式，可以排除對參與者所說的話和所做的事錯誤解釋的可能性；這也是重要的方法來知道他們對發生事件的看法，以避免觀察上的偏見和誤解」（Maxwell, 2013，頁126-127）。參與者檢核是將初步分析結果交回給你的參與者，以便得知你的解釋是否「完全真實」（rings true）。即使你的用字遣詞（這終究會是你的詮釋，但都來自他們的經驗）不同，參與者要能理解你所解釋的他們的

---

[6] 譯者注：如果三角檢核是屬於三維空間的概念，那麼結晶化就是多重空間的概念，因此思想的建構也會有如結晶般的諸多面向。

經驗，你也要能接受來自他們觀點的微幅調整。還有些學者建議在研究過程中即進行參與者檢核。表9.1是參與者檢核結果的例子。在這個研究中，Crosby（2004）想了解教英語的教師（Teaching English as a Foreign Language）[7]是如何將學習經驗與工作結合的。他的參與者提供的是跨文化環境中教英語的經驗，他要求他們對於他的研究結果給予意見（comment）。

表9.1　參與者檢核意見

名字	意見	採取行動
Holly	「我覺得你的文字敘述能正確反映我說的經驗。」 你所謂「迷失方向的困境」這個專用語讓我很疑惑，作為一種分類對我來說並不是很真實的。這也許有別的含意，但我還是說，我不知道你使用這個術語的意思？也不知道如何融入學習經驗？你的意思是不是我教學的挑戰，在於我教EFL而受到鼓舞或阻撓？	回信解釋「迷失方向的困境」 不需要更改研究結果
Kate	「看到一大堆我自己的想法，已經被分類成一個圖形覺得很有趣！」 Bombera拼錯，應該是Bambara。 釐清兩個編碼中使用的短句：獲得TESOL碩士學位，並尋找更多的教學經驗。	錯字更正 片語不需調整

（續下頁）

7　Teaching English as a Foreign Language是個語言教學上專有名詞，英語課程的老師不以英語為母語，英語對授課對象不是母語而是外國語。這個名詞常簡化為EFL，如表9.1的用字。

名字	意見	採取行動
Grace	「我同意你對評論的分類。」 「我非常同意你的結論。」 你的圖表「給了我更多洞察自我的想法。」	不需要更改
Mary	「全都正確！我已經看過附件，並同意所寫的內容。主題正確。」 「我很喜歡你的圖表，在你的眼裡看到我的進步，我感到很開心。」	不需要更改
Ann	「我想說的事都很正確，找不到需要增加或改變的地方。」	不需要更改
Shauna	「我覺得分析都很正確。」 「這是一個有啟發性的閱讀。它讓我想起了上帝第一個進入我心中的信念，當我展望我在這個行業的下一步時，我感受到鼓勵。」 「我的承諾首先是上帝，祂對我生命的旨意則是我的職業（注：原文有缺字）。」	更改承諾的順序，上帝為先、工作為後
Bob	「兩份文件都很棒。」	不需要更改
Oliver	「我們訪談結束時，我不覺得我表達得很好。但是在看了你的文件後，我覺得你寫的很真實。」	不需要更改

資料來源：Crosby (2004)授權登載。

　　「充分參與資料蒐集」（adequate engagement in data collection）是第三種方法，當你嘗試盡可能接近參與者對現象的理解時，使用這個方法是有道理的。究竟需要觀察多長時間或有多少人需要訪談都是難以回答的問題，因為答案要取決於研究本身。最好的經驗法則是讓資料和新發現呈現飽和（feel saturate）；也就是說，你要對同一件事物重複觀看和聆聽，盡你所能蒐集更多資料直到新的訊息不會出現為止。

在蒐集資訊時，必須給自己充分的時間，一再地比對既有現象的變化。Patton（2015）認為，可靠性取決於研究者的誠信，處理這種問題的方法是研究者「尋找支持替代解釋的資料」（頁653，摘錄自原文）。他繼續指出：「如果沒有發現強有力的支持證據，以提供資料或相反解釋的替代方式，有助於增加你所產生的獨創或重要解釋的確認」（頁654）。Patton還提醒讀者：資料是否支持替代解釋，往往沒有明確的「是」或「否」的答案。相反地，「你要尋找最好的證據，也就是優勢證據。這需要評估證據的分量，並尋找能夠獲得資料優勢的模式和結論」（頁654，原文重點）。有些作家甚至建議反而要尋求可能不穩定或挑戰你原本期望或新發現，但這個策略已被標記為負面或有差異的分析。

第四個策略與質性研究者的誠信有關。有時被標記為研究者立場或反思，反映出研究者在研究過程中的影響和被影響（Probst & Berenson, 2014）。研究者需要解釋他們對待研究的偏見、處置和假設。即使在期刊文章中，作者也被要求闡明並澄清他們的假設、經驗、世界觀和理論方向。這樣的釐清能讓讀者更加了解研究者如何解釋資料。正如Maxwell（2013，頁124）所解釋的，向讀者闡明觀點、偏見和假設的原因並不是要消除「研究者的理論、信仰和透澈的認知，而是因為質性研究必須要充分了解研究者獨特的價值觀、期望如何影響研究的行為和結論（以原文為重點）」。

另一個策略叫作「同儕檢核」（peer examination或peer review）。研究生都會有類似的過程，就是在通過論文審查的這一關，委員會的成員對研究進行的閱讀和評論。另一個相似的狀況是當文章投稿到期刊時，也會有同儕檢核的評議，由知道主題和方法的「同儕」來審查手稿，並推薦出版（與否）。但是，這樣的檢核方式也有可能碰到研究領域的同行或外行的人。這兩者都各有優缺點，但無論哪種方式，澈底的同儕檢核能夠細細審視原始資料，並根據資料來評估研究結果是否合理。

信賴度或一致性

信（賴）度是指可以複製研究結果的程度。換句話說，如果重複一個

研究，會產生相同的結果嗎？這在社會科學中的信度是有問題的，因為人類的行為永遠不會是靜止的。即使那些在純科學（hard science）領域的人，也提出了關於現象一貫性的類似問題。研究設計中的信度是基於一個單一現實的假設，並反覆研究產生相同的結果。這是傳統實驗研究的核心概念，其重點是發現變項之間的因果關係，找到規則來解釋現象。

　　然而，質性研究不是這樣進行的，因為人類行為的規則有不同的解釋。研究者試圖描述和解釋的世界，就是在世界上的經歷。既然對發生的事情有很多的解釋，那麼在傳統意義上，採取反覆措施和建立信度的標準是沒有的。Wolcott（2005）強調了考慮信度在研究人類行為方面的不恰當性：「為了在技術上達到信度的要求，研究者必須操縱條件，以便評估其可再複製（replicability）的特性。在正常的情況下，田野調查人員根本不主動引發任何事情，而且無論如何，我們絕對不能讓事情發生兩次。如果事情發生不只一次，我們連一分鐘都不會認為這個重複是正確的」（頁159）。

　　傳統上，信度指的是其研究結果是可以複製的。換句話說，效度所驗證的是研究重複，會產生相同的結果嗎？信度是社會科學研究中的觀點立場，因為人類的行為永遠不會一成不變，也不一定是很多的經驗加起來就會比單一經驗可靠。眾人所說的個人經驗不一定完全不可靠，甚至可能會比眾人對共同目擊事件所說的經驗更可靠。因為如果眼見為真，那麼魔術師在眾人面前愚弄觀眾的眼睛時，卻騙不了在側幕（wings）[8]觀看的眼睛。因此複製質性研究不會產生相同的結果，但也並不會抹煞任何特定研究的貢獻，因為對於同一種資料數據會有無數種的詮釋。對質性研究而言，更重要的問題是「研究結果是否與所蒐集的資料一致」。Lincoln和Guba（1985）最先將質性研究的信度概念化為「可依賴性」（dependability）或「一致性」（consistency）。也就是說，重點不是在

8　這裡用了一些表演藝術的專有名詞，stagehand指的是舞臺工作人員，wings指的是舞臺的左邊和右邊，是屬於後臺範圍或隱藏於觀眾視線之外的舞臺側面。

外人（重複研究過程）可得到相同的結果，而是在於研究所取得的資料是有意義的——它們是一致和可靠的，即可依賴且一致的。那麼問題不在於是否再次找到研究結果，而是研究的發現是否與蒐集的資料一致。

　　如果從傳統觀點來看研究的假說，則信度和內部有效度之間會被認為有效，是因為觀察到同一個研究可以被重複，或是重複原來的研究設計可以得出相同的結果。這種邏輯就是依賴重複性來建立真理，但是我們都知道「測量」（measurements）、「觀察」（observation）和人類都有可能會重複出現錯誤。溫度計可以重複量出華氏85度的沸水，這是可靠的「信度」。這個測量很穩定，但根本不是有效的。在社會科學研究中，若單單只有一些人經歷了同樣的現象，則不能稱這個觀察為可靠的信度。

　　然而很有趣的是，關於測量工具的信度概念，卻可以應用於與傳統研究中涵義相似的意義上的質性研究。正如量化研究人員修改測量工具和使用統計技術來確保「信度」一樣，以人為主的工具也可以透過訓練和應用，而變得更加可靠的「信度」。此外，還可以藉由各種分析技術和三角檢核來評估文件資料和個人訴說[9]的「信度」。

　　如果想要以傳統的認知（sense）來達到信度的要求，不僅是幻想，而且是不可能的。因為在社會科學中認定世界是流動的、多面向的、高度情境化的；因為資料蒐集的方式取決於誰給的訊息以及資料蒐集者是如何的獲取；也因為質性研究的設計中排除了「先驗」[10]（a priori）控制。Wolcott（2005）曾思考到：為了評估質性研究的嚴謹度，我們到底要「根本上解決信度問題」，還是要說出這種不評估不適宜的原因。他反對的論點是：「（研究結果的）答案相同就被認為是正確答案」，而我們知

---

[9] 原文accounts在某些領域翻譯為「取向」，但語意在此較不通順。若理解為「訴說」，可以映照出質性研究的敘說特色和訪談特性，會更符合本書所探討的研究方法，因此做此翻譯。

[10] 這是量化研究的實驗邏輯。a priori來自拉丁文，字面上的意義為「先天」，代表人類獲取某個經驗之前的「先決條件」，而在獲取經驗後的結果就被稱作「後天」（posteriori）。在自然科學的實驗中，將「先天」解釋為「先驗」，用來表示取得研究結果（經驗）的先決條件。

道這只是一種觀點立場而已（頁159）。

　　因此，就如以上討論的原因，在質性研究中的重複操作不會出現一樣的結果。Tracy（2013）指出：「即使同樣的研究重複施作（一樣的研究者、一樣的方式、一樣的情境、一樣的參與者），結果就是不會一樣，因為我們所認知的社會結構總是一直進展，且一定不夠全面（necessarily partial），所以情境和參與者必然會隨時間而變化，包括年齡增長、持續學習和生活進展等改變」（頁229）。然而這樣的事實，並不會抹煞原來的研究或後續研究的結果。對於資料有許多不同的詮釋都可以被接受，直到新的證據能直接反駁為止。所以如果一項研究的結果與所提供的資料一致，則該研究可以被認為是可信賴的。

　　質性研究用來確保一致性、可信賴性和信度的策略，就有「三角檢核」、「同儕檢核」、「研究者立場」和「研究歷程」（audit trail）。前三種已經在前一節的「內部有效控制和可靠性」當中討論過了。使用多種方式蒐集資料的方法（方法的三角檢核）可被視為獲取一致且可信賴資料的一種策略，也就是獲取的資料和參與者所了解的現實最為相符。「研究歷程」是Lincoln和Guba（1985）提出來的方法。就像審計人員認證企業帳目的方法般，每個讀者都可以藉由跟隨研究者記錄下來的軌跡前進並驗證研究結果。Dey（1993，頁251）寫道：「我們無法讓人重複我們訴說（的話），我們最多能做到的是解釋我們得出的結果。」完整記錄下研究歷程的日誌，就好像船長在航行日誌寫下的每個細節般。Richards（2015）寫道：「好的質性研究之所以有可能成為最好的訴說記事，也就是之所以能宣稱其效度，是因為研究者以令人信服的能力告訴讀者他研究過程的思考和心境。這也就是為什麼質性研究者有記下研究歷史的特殊需求，也就是所謂日記（diary）或進程日誌（log of processes）」（頁143）。

　　質性研究的研究歷程詳細描述了資料的蒐集方式、類別的衍生方式，以及整個調查過程如何做出決策。為了構建這個軌跡，作為研究者的你要保留研究記載或記錄下正在進行的研究過程備忘錄。你在你的記載或備忘錄中寫什麼？你要寫下你的反思、你的疑問和你的決定，尤其是蒐集資料時遇到的困難、議題 、想法等。進行分析和解釋時與資料交互記錄

的方法值得推薦使用。不論是像本書那樣厚或是像篇論文那麼長的研究歷程，通常可以在論文的方法論述篇（或常放在論文之後的附錄）被找到。總之，這是非常詳盡的記事，記下研究執行和資料分析的過程。而由於篇幅的限制，期刊文章的研究歷程和方法學論述往往非常簡短。

外部有效性或可轉移性

外部有效性考量的是：一項研究的結果是否可以應用到其他的狀況。也就是說，研究結果有多少可類推的呢（generalizable）？Guba和Lincoln（1981）指出：即使討論到這個論點，研究仍然是內部有效的，因為「根本沒有必要討論這些無意義的訊息是否具有普遍的適用性」（頁115）。如果一位研究者為了控制變因而做得太過火，那就會影響研究結果，因為這種類推的結果來自於高度控制和大量人造的狀況。

有關可類推性的問題已經困擾質性研究者一段時間了。這裡碰到的難題是可類推性的思考，也就是想要和研究者使用同樣的方法從事實驗或相關設計。在這些研究情況中，要有能力將研究中的人、事、物普遍化，要確保具有這些先驗條件（a priori condistions），也就是在假說中抽選的樣本和數量等值，並且是有所控制的樣本數和亂數取樣（random sampling）等。甚至在這些（有實驗控制的）情況下，類推也是要在特定的程度才能確定。

就如上所言，運算統計隨機抽樣而來的龐大數字，並追求類推的方法，這幾乎是不可行的。舉例來說，在關於學習成效的研究中可能看得見「缺課與低學業成就的高度相關性」，也就是80%成績不佳的學生被發現超過一半的時間缺席。（但換個角度想）如果一位叫做Alice的學生缺席超過一半以上，這也意味著她必定失敗嗎？在看到她的紀錄之前我們無從得知。這時候如果對Alice使用個案研究，就可以對她的學業表現有更佳的推測，如此一來在她案例中的重要細節才有可能被看見。面對關於vis-á-vis[11]如果要從眾多數量中隨機取樣出單一的個案，這無疑使「教育

---

[11] 這一段文句中的vis-à-vis來自於法文。字面上的意義是「面對面」，但在英文中常被當介詞使用，用來表示「和……相比」或「與……有關」。

研究者和醫學研究等人更容易陷入賭徒的局面」（Donmoyer, 1990，頁181）。在質性研究中一個單獨的個案，或者一個小型、非隨機、有目的之樣本，會被精確地挑選出來，因為研究者想要深入了解具體情況，而不是只看表面上的真相。

　　雖然可類推性這種統計上的認知概念（從隨機取樣中選出研究群體）無法應用在質性研究，但是也不能說質性研究沒有價值。Eisner（1998，頁103-104）指出：在我們生活周遭「類推無所不在」。然而，「沒有人會為了建立正式的類推而以隨機選擇發生的事件來生活。我們邊活邊學，我們賦予生活中的點點滴滴各種意義，並且從中學習經驗以引領我們的未來。」為了達到內部有效性和信度，我們需要以適合於質性研究的哲學思維來思考所謂可類推性。

　　Lincoln和Guba（1985）提出對於可轉移性（transferability）的看法：「到處尋求應用的程序，不如原始研究者（original investigator）自己舉出的證據，如此說謊的可能性比較少。讀者（original inquirer）無法知道你需要怎麼樣的遷移性，以及你想要怎樣運用，或你能夠怎樣應用。」研究者需要提供「充分描述的資料」（sufficient descriptive data）來達到可轉移的可能性（頁298）。

　　許多對於一致性的理解，與質性研究的世界觀更加一致。有人說經驗法則的一致性是太高遠的社會科學目標，然而誠如Cronbach（1975）在工作假設（working hypothesis）的想法：假設在特定情境下反映出情況特定的條件。考慮到當地情況的工作假設可以提供參與應用者一些方向以便做選擇，而其結果可以進行監測和評估，以便今後做出更好的決定。因此，「當我們調整研究以適應當地條件時，任何類推都是一個工作假設，而不是一個結論」（頁125）。Patton（2015）更進一步提倡「外推」（extrapolating）而不只是「類推」的概念，他說：「和『類推』這個名詞的意義不同，外推清楚地突顯出一個研究遠超出資料的狹窄限制，並足以考慮將研究的發現應用在其他方面。外推是對於相似但不完全相同條件下其他情況的可能適用性的推測。外推是邏輯的、思慮周全的、案例導出的以及問題導向的，而不是統計的和機率的」（頁713，摘錄自原文）。

　　在質性研究中，適度的外推或工作假設並不是思考可類推性的唯一

方法。Erickson（1986）提出「具體普遍」（concrete universals）的概念，在此其中，研究不是「從抽樣到總量的統計學類推所得出的抽象普遍性」，而是「對於具體的普遍性，要藉著詳細研究某個具體案例，然後將其與其他同樣重要的細節進行比較」（頁130）。每一次研究、每一種個案、每一個情況在理論上，都是新的例子。也就是說，對於特殊處的類推我們在特定情況下學到了什麼，以及我們轉移或類推之後，能否遇到類似的情況。事實上，這也是大多數人應付日常生活的方式。你從躲在速限標誌後面的交警身上拿到一張超速罰單，從此以後，每當你在任何一條路上看到速限標誌時，你都會放慢速度。這時，你已經採取了特殊的應變措施，建立了一個通則。Erickson在教學方面提出了同樣的觀點。

> 當我們看到一個特定的教師教學實例時，這種類推也會發生；也就是說，跨文化和跨人類歷史等方面都可應用於所有的教學情境。這種情況是真實的，而且這些狀況會發生各種巨大的變異像是學校以外的教學、在其他社會團體的教學、教師比學生年輕得多的教學、教印度的烏爾都語、教芬蘭語、或是教數學語言、教狹義的認知技能或廣泛解釋的社會態度和信念等。
> 儘管每個課堂顯示出普遍的教學屬性，這些實例都被視為自己獨特的系統。而這些屬性的表現都是具體的，但不是抽象的（頁130）。

　　一般人所持有的想法，即我們可以從特定的角度提取普遍性，也是使文學和其他藝術形式持久存在的東西。雖然我們可能永遠不會生活在南極，但我們可以透過閱讀Byrd的訴說來了解寂寞；雖然我們不太可能是總統，但我們可以透過聽水門案的錄音後，類推到權力和腐敗。在質性研究中最常見可類推性的理解，可能是從讀者或研究者的角度考慮。讀者或使用者類推研究結果並應用於其他的情況，以及在這些情況中的人。讀研究的人決定發現是否可以適用於他或她的特定情況。這是法律和醫學中的常見作法，也就是一個個案對另一個個案的適用性皆由操作者決定。然而，研究者對於其研究的情境有義務提供足夠的細節描述，以便使讀者能

夠比較兩者情況是否「適用」。

　　最後，Eisner（1998）認為：我們對社會科學可類推性思考的一個絆
腳石是錯誤的假說，也就是研究者無法使研究類推，因而限制了積累知
識的貢獻。然而，知識不只是「積累」的惰性物質，在質性研究中，積累
並不是垂直的，而是橫向的：「也就是我將概念擴展為思考整合的工具」
（頁211）。讀者之間必須建立質性研究與個人世界的關聯，藉由類比和
外推來類推，而不是靠著滴水不漏的邏輯（頁211）。Eisner寫道：「人
類具有超越所提供資訊的巨大能力，會彌補差距、產生詮釋、推斷和推理
來解釋意義。透過這個過程，知識會積累、認知會得到修正，並使其深具
意義。」（頁211）

　　為了提高質性研究結果「轉移」到另一個設置的可能性，可以採用幾
種策略。最常提到的是使用豐富、厚實的描述（thick description）。厚
實的描述最早出自學者Gilbert Ryle（1949）的用語，Geertz（1973）後
來應用在民族誌研究上，用來表示一個具體描述的研究者觀點（emic）[12]
或局內人（insider）的訴說（Maxwell, 2013，頁138），目前已經被使用
在高度描述性的細節介紹，特別是研究的結果。如今，當豐富、厚實的描
述被用作實現可轉移性的策略時，它是指對研究的設置和參與者的描述，
以及具有充分證據的詳細描述，站在參與者的立場做訪談、現場筆記和文
件。正如 Lincoln和Guba（1985，頁125）所述，確保可轉移性的最佳方
法是建立「厚實的描述來呈現情境，以便往後的研究者能於潛在的接收環
境中評估它們之間的相似性……並且做研究。」

　　提高可轉移性的另一策略是留意所選擇的研究樣本。無論是被選擇
進行研究的地點還是被訪問的參與者，樣本的最大變化都允許讀者或應用
者進行更廣泛的運用。Patton（2015）指出最大變異採樣涉及「有目的地
挑選範圍廣泛的案例，以獲取感興趣的維度變化」。選擇廣泛個案的原因

---

[12] Emic在社會學的翻譯是主位，和etic的客位互為相反的概念。在人類學的研究
　　方法中，emic是置身其中的描述，而etic是客觀的觀察敘述。因此emic解釋文
　　化偏向局內人，而etic則是外部觀點。

有兩個：「(1)文件多樣性和(2)確定在多樣性重要共通模式（透過聲音的變化），產生感興趣的維度（頁267）。」我們還想說的是，納入你研究中的各種參與者和／或區域，都能使更多的讀者將你的發現應用於他們的情況。例如：假設你是一個有興趣研究促進社區參與學校的因素之校長，如果有一個研究類似於你社區的學校，你就有機會從中得到有用的研究結果。再舉一個例子，若質性研究過程中牽涉的因素是參與者的糖尿病治療，則可以類推到更多不同的特徵變化（如性別、年齡、教育程度、診斷時間的長短等）。

最大變化（maximum variation）不是唯一可用於提高可轉移性的採樣策略。人們可以有目的地選擇典型或模態取樣（modal sample）。在典型或模式類別抽樣中，描述了程序、事件或個人與同一類別中的其他人進行比較的典型，以便研究者根據自己的情況進行比較。在Wolcott（2003）的經典個案研究中，他寫了1970年代初期選擇小學校長的方法，「就像大多數小學校長一樣」，在他的研究也提到當時的認知是：校長是男性，能負責一所學校，且「認同自己身為校長的職業」（頁1）。

雖然可以使用最大的變化或典型的抽樣來提高可轉移性，但由於其獨特性，研究特定情況還是有很好的理由。有人選擇研究這個特殊的東西，就是因為有一些可以從中學到的東西，就像Eisner（1998）在前面引用的文句中所指出的那樣，這有助於橫向的知識積累。正如Wolcott（2005，頁167）指出的，「每個研究都有某些特殊的面向，同理可證於全部其他的情況、某些其他的情況，甚至是其他所沒有的情況。」

表9.2是本章討論的總結用於提高質性研究的嚴謹性，也就是信實度的策略。這些策略絕對不表示完美無缺，但可以確保解釋質性研究的內部有效性、信度和可類推性。

前面所述的大多數議題都是針對質性研究設計中的有效性和可靠性的適當考慮。同時，根據研究的目的，一些研究設計也需要交替和／或附加的有效性概念化。行動研究設計尤其如此。如第三章所述，行動研究的目的是為了解決實際問題而發生一些事情，還要研究變革本身的過程。因此，除了以前面所述的方式處理信度和效度外，還有其他效度標準也是這種形式的研究，包括結果效度、民主效度、催化效度和過程效度等（Herr

& Anderson, 2015）。結果效度指的是「研究結果出現，解決問題並完成研究」（頁67）。民主效度是指與參與者合作進行研究的程度。催化效度是指參與者和研究人員如何改變觀點。過程效度側重於在研究的過程和階段期間持續發生的變化，以及是否提供足夠的證據來記錄每個階段的發現。雖然這些額外的準則在行動研究中很重要，但是任何質性研究中信度和效度也都是和研究過程所提供訊息和理由有關，並可提供足夠的證據，讓讀者可以確定研究結果的信實度。

表9.2　促進信度和效度的策略

策略	名詞解釋
三角檢核	使用多元的研究者、資料來源，或資料蒐集方法來確定新發現。
參與者檢核／受訪者驗證	將初步的詮釋／結果交給資料提供者審查，並詢問他們意見及記載正確與否。
充分參與資料蒐集	以足夠的時間蒐集資料，使資料變得「飽和」。但結果可能會產生不一致或無效的狀況。
研究者立場	針對研究的假說、世界觀、偏見、理論方向以及與研究相關的影響，做自我評論和反思。
同儕檢核	與同儕討論研究過程，比對新發現與原始資料的一致性，以及做初步的詮釋。
研究歷程	詳細記載所進行研究的方法、程序和決策點。
厚實描述	對於所研究的情境給予足夠的描述，使讀者能夠根據狀況延伸至相符的情境，也就是研究結果是可以轉移的。
最大變化	有目的地尋求樣本選擇的變化或多樣性，以便研究者能將發現做更廣泛地應用。

如何在道德上考慮質性研究的信實度

　　在很大程度上，研究的信度和效度取決於研究者的倫理。Patton（2015）認為研究者的可靠性與嚴謹的方法，是確保質性研究可靠性的基本要素：「最終，無論好壞，資料的信實度都直接與蒐集和分析資料的信實度有關」（頁706）。研究人員的訓練、經驗和「有智慧的嚴謹」就能確定研究的可靠性。「如果方法不夠嚴謹，則研究設計不會嚴謹，分析技術和程序也不會嚴謹。嚴謹的精神會在嚴格的思考中表現出一切，包括方法和分析」（頁703）。這些基本要件至關重要，因為我們必須相信在所有的研究中，研究都是完整地進行的，它涉及研究者的倫理立場。例如：假設你正在研究一所學生留學率和畢業率非常高的替代高中，你要訪談教師、管理人員和學生，並開始確定可能會影響學校成功的因素。在回顧一些學校紀錄時，你發現出席率和畢業率出奇的好。你要決定如何處理這一個發現，因為這會直接影響整個研究的信實度。雖然研究人員的價值觀可以從他們的假設和偏見或研究歷程的陳述中得到推斷，但讀者永遠不會知道研究者所面臨的倫理困境及其處理方式。所以最終還是要取決於該研究者，竭盡可能地遵守道德準則。

　　雖然政府機構、研究機構和專業協會都制定了政策（policies）、實施要點（guidelines）和道德相關法規（codes of ethics），但實際的道德實踐還是歸結於研究者個人自己的價值觀和倫理。Tracy（2013）認為道德議題可以用程序的方式存在，即由「某些組織或機構審查委員會（IRB）規定普遍或必要的準則」（頁243），例如：「不傷害」和知情同意。他們可以是情境性的，就像在研究背景中出現的那些。他們也可以是有關係的。「關係倫理意味著研究者意識到自己的作用和對關係的影響，並將整個人視為全體人，而不是僅僅從事一個好故事的主體」（頁245）。保護受害者、隱私權、知情同意的概念和欺騙的問題都需要提前考慮，一旦在研究現場，出現問題就必須當場解決。道德困境的這種情境和關係的特性無法依靠標準作業的預定方針來執行，而是必須依賴於研究者本身的敏感度和價值觀。

　　在質性研究中，蒐集資料和發表研究結果等方面可能會出現倫理困

境，因為在這兩個過程中交織了研究者與參與者的關係。這種關係和研究目的決定了研究者對實際研究目的之揭示，也就是實際上像是傳達知情同意的概念，以及揭露參與者隱私之多寡及能保護其免受傷害的程度。關於研究者與參與者之間的倫理考慮，是質性研究的主要討論和辯論的核心，特別是針對批判性、參與性、女性主義和後現代等研究。當研究合作密切時，參與方面、政治問題、道德問題變得更加突顯。Lincoln（1995）特別強調以倫理的立場，要考量到研究者與研究參與者的關係，並將效度視為道德問題。她提出了七項有關效度的標準，例如：研究允許所有聲音被聽到的程度、研究關係的互惠程度等。

　　質性研究中蒐集資料的技術是訪談和觀察，但這也是倫理道德上的困境。Stake（2005）認為：「質性研究人員是私人空間世界的賓客。他們應該有禮貌，且他們的道德準則要很嚴格」（頁459）。在訪談方面，是否具有預先確定的問題，不論是半結構式和開放式結構都要考量風險和利益。受訪者可能會感覺到他們的隱私被侵犯，他們可能會因某些問題而感到尷尬，他們也可能被問出從未打算透露的事情。

　　深度訪談有可能產生意想不到的遠端效應。與一位老師進行訪談可能會留下殘餘效應，他可能會因為選擇這個職業而憤怒和沮喪嗎？或是參與研究的行政人員，會因此意識到自己缺乏職業選擇？或是要求成年學生說出閱讀學習能力不佳的原因？這些痛苦的、虛弱的回憶可能會在訪談中表現出來，即使這個話題是常規且良性的。

　　然而，訪談可能會改變他們的情況，例如：要求他們回顧他們的成功或正面的行為。大多數同意接受訪談的人都可以分享他們的知識、觀點或經驗。有些還能獲得寶貴的自我認知。對於其他人來說，訪談可能是治療性的，這就提出了研究者的立場問題。但Patton（2015）指出，訪談人員的任務「首先是蒐集資料」（頁495）。訪談者既不是法官也不是治療師，更不是「冰冷的花崗岩」，而是要忠實記下訪談時的細節，甚至重新體驗到對方的痛苦和傷痛（頁495）。Patton等人也建議，要有轉介資源來協助處理在面試過程中可能出現的問題。

　　觀察是在質性研究中蒐集資料的第二種手段，但有其自身的倫理陷阱，這取決於研究者參與活動。觀察者要對觀察對象保持醒覺，要小心

可能會引起隱私和知情同意等的道德問題。Webb, Campbell, Schwartz和Sechrest（1981）在其關於非反應性措施的書中提出，觀察行為的「公眾」是否存在著一連串的倫理問題。一方面，最不容易違反道德規範，是在公共場合的公開行為。但在中間位置時，公共場合「可能被視為私人的」，例如：公園裡的戀人（頁147）。另一方面，這種涉及「窺探私人行為」的情況，也可能會被當作是明顯的倫理問題（頁148）。

參與者觀察引發了研究人員和研究問題的質疑。一方面，觀察行為本身可能帶來活動的變化，使其變得非常典型。但另一方面，參與者可能會習慣於研究者的存在，他們可能介入活動，他們或許會尷尬，或者揭示他們不打算披露的訊息。此外，觀察者可能目睹創造自己倫理困境的行為，特別是涉及虐待或犯罪活動的行為。例如：假設觀察者在CPR訓練課程中看到教師和參與者之間不適當的身體接觸；或例如：目睹研究的小組攻擊一個無奈的青少年；或許研究人員目睹完全無效但有潛在的損害諮詢行為。干預介入的時機和方法，也是質性研究者所面臨最令人困惑的倫理困境。Taylor和Bogdan（1984）得出結論：儘管「關於研究倫理的文獻一般都站在非干預主義的態度，但是不作為本身就是研究人員必須遵守的倫理和政治選擇」（頁71）。

研究者可能在研究中使用檔案文件較不成問題。至少公開記錄對任何人的審閱都是開放的，資料通常是聚合的（因此通常是匿名的）形式。例如：與持續專業教育計畫有關的文件有哪些揭露了不適當的補助款？還是文件顯示行政職務是以某些優惠為依託的？除非要為研究目的而投降，否則這些個人紀錄都構成潛在問題。

無論是透過訪問、觀察還是文件等方法蒐集資料，這些都要有道德考量，例如：是否獲取知情同意書、評估數據來源的真實性、確定公有領域不需知會的可能性等（有關資料蒐集的問題，請參閱第七章）。

分析資料可能會引發其他倫理問題。由於研究者本身是資料蒐集的主要工具，所以資料透過他或她的特定理論位置和偏見進行了過濾。決定什麼是重要的，在蒐集和分析數據時應該或不應該注意什麼，幾乎總是由研究者自己決定。因此，排除與調查員意見矛盾資料的機會。有時這些偏差對研究人員來說並不是很明顯的，且研究者面臨的所有情況也沒有實用的

指導方針。

　　研究的本身有可能引起更多的倫理問題。如果研究得到贊助，研究成果將繳交給贊助機構，調查者將失去對數據資料及其後續使用的控制權。匿名需求的問題在一般的實驗性質研究中並沒有必要，因為其資料是龐大的數據匯總。然而屬於質性的個案研究，則必須深入探討特定現象的旨趣。這種個案被選中的原因是因為它在某種程度上是獨特的，是不尋常的，或是超乎想像的。甚至在很多地方，幾乎不可能掩蓋其辨識度，也無法避免介入。此外，「匿名防護罩可能使得研究者無法與局內人一起工作，更糟糕的是，他們自以為是，犯了錯卻毫無自知」（Punch, 1994，頁92）。

　　這種關於質性研究倫理學的討論，只涉及到進行這種研究時可能出現的一些問題。有興趣更深入地追求道德考慮的讀者，可以找更多的資料來源。例如：Patton（2015）就曾進行了漫長的討論，在下面提供了一個「倫理問題清單」，以確定從事質性研究時需要考慮的十二個項目：

1. 解釋研究的目的和使用的方法
2. 互惠原則（對受訪者有什麼和補償問題）
3. 保證事項
4. 風險評估
5. 機密性
6. 知情同意書
7. 資料存取和所有權
8. 訪談者的心理健康
9. 道德建議（誰將是你的倫理事務顧問）
10. 資料蒐集邊界
11. 倫理和方法學選擇
12. 倫理與法律（頁496-497）

　　總之，確保研究的信實度，也就是它的可靠性，是研究人員本身可信賴程度，也是研究人員在道德上的行為。

摘要

在任何研究上，信度、效度和倫理都是主要的關注點。每個研究者都希望在信實的基礎上貢獻知識。由於質性研究方法中的假設與傳統研究不同，兩者的世界觀也不同，所以有許多研究者都認為評估質性研究必須採用不同的標準。

關於內部有效性的問題，若要知道研究結果的可靠性，可以使用三角檢核、可以與參與者確認、可在現場停留一段較長的時間觀察來做個人的解釋、可要求同儕評論來衍生出新發現，以及釐清研究者的偏見和假設。信度由審查研究發現有沒有一致性、是否能提升研究者假設的解釋，藉由三角檢核和留下研究歷程，可以解釋研究的假設和理論，可提高可靠性、發現一致性。也就是詳細描述研究是如何進行的，並從資料中得出結果。最後，質性研究的結果可以類推或轉移到其他情況，就像外部有效性的程度。本章還討論了工作假設、具體的類推性等，作為外部有效性統計概念的替代方法。豐富、厚實的描述，也有助於轉移性。

質性研究的信實度，也取決於研究者的信譽。雖然研究者可以轉向尋求指導方針和法規來處理可能在質性研究中出現的倫理問題，但以倫理方式進行和傳播的研究負擔在於研究者本身。

對研究者而言，研究者該如何介入，又該如何避免濫用或非法的情況，如何確保研究的結果不會被用來損害參與者等情況，目前都沒有任何一套規定可以遵循。最好的研究人員可以做的是能自覺的在研究過程中主動考慮倫理問題，並且以這些問題作為與研究相關的哲學信念。

第十章

撰寫質性研究報告

　　對大多數質性研究人員來說，研究意味著為解決實際中產生的一些問題所作的設計、進行蒐集和分析與問題相關資料，最後則是詮釋結果。通常最容易被忽略的是報告和傳遞結果的重要步驟，尤其是將質性研究應用在教育、衛生保健、社會工作、管理等領域。研究結果若是無人知曉，研究就無法產生影響，而其他研究者也沒有辦法從中獲益。特別是對於質性研究而言，在田野現場蒐集的資料是相當具有吸引力和令人興奮，而當你在分析資料、嘗試回答問題時也是如此。相較之下，坐下來寫出你的發現卻無法立刻得到回報，因此需要堅強意志與紀律才能完成研究報告。

　　在質性研究中會因為以下狀況而特別艱鉅。首先，在質性研究中由於資料蒐集和進行分析是連續的且同時發生的，並無法很確切地分割研究什麼時候開始及停止的時間。第二，大量的質性資料必須整理、選擇、編織成一個連貫的敘述。最後，報告這種資料沒有標準的格式。四十多年前Lofland（1974）曾評論質性研究的撰寫格式缺乏共識：「質性領域的研究從業人員對於所作的研究內容似乎缺乏一個公共、共享以及如何進行編碼的概念」（頁101）。作為傳統的質性寫作方法，後現代主義的批評更為真實，因為質性研究成果的撰寫方式已發展出令人難以置信的多樣性，有「自我民族誌、小說、詩歌、戲劇、讀者劇場、故事、諺語、分層的文本、對話、喜劇、諷刺、寓言、視覺文本、多媒體文本、博物館展示、將研究發現編成舞蹈和表演作品等名稱」（Richardson, in Richardson & St. Pierre, 2005，頁962）。

　　雖然，更資深的研究人員可能想嘗試創造性和採後現代的形式來呈現他們的研究發現。在本章中，我們專注於以本書的建構主義視角來談質性研究的書寫（見第一章）。首先，我們就如何準備撰寫報告提出建議。在

第二節且較重要的部分，我們將檢視研究人員可用於報告內容和測量的方法。最後一節討論質性研究和藝術研究。雖然質性研究報告可以口頭、圖像，甚至以戲劇的形式呈現，但本章著重在較常見的書面形式。

✎ 準備

有少比坐在一個空白的電腦螢幕前，卻不知該如何下筆更令人沮喪的事。不幸的是，沒有一個模式可以依循使之簡單化。你可以從一些方法知道有關如何寫作，或是與那些常常下筆的研究者做交流，抑或是多讀一些範本。然而，就像學習游泳一樣，沒有任何人或物可以代替你實際執行操作。但是，這並不表示這是一個完全偶然或無計畫的過程。在寫作之前，可以運用以下的方法來提升撰寫研究結果的品質：確立對象、選擇焦點，並提出報告大綱。

確立對象

在撰寫報告前的準備工作，首先要思考而且最重要的是決定報告的目標，這個報告是要給什麼對象使用的？Schatzman和Strauss（1973）稱這個過程為想像觀眾。「因為只要沒有一個真實或想像的觀眾接受它，人們就很難寫或說什麼，任何描述都必然根據它所指向的觀眾而變化。觀眾要知道報告包括什麼內容、強調什麼，以及傳達重要事實和想法所需的抽象層次和複雜性」（頁118）。一旦確定誰將會閱讀報告，你就可以詢問哪些對象想從這個報告獲得什麼。這個問題的答案可以幫助構建報告的內容，並確定其呈現的形式。

對你的研究結果感興趣的主要群體可能是一般大眾、政策制定者、資金來源、從業人員、你所屬研究領域的團體，或研究的網站或某專業的成員。不同人對同樣研究會有不同的興趣，並可切入在不同的領域做探討。例如：對一個護理機構中的老年人，如何學習使用電腦從事學習和娛樂的質性研究。一般大眾在流行雜誌上閱讀這項研究，將反應出一般人性感興趣的報告，著眼於一些居民的經驗。然而，政策制定者在這篇報告中將關注的是政策選擇。參與老年或療養院管理立法的決策者，可能想知道該

計畫如何影響工作人員和居民的管理方式，是否應將資金轉入相關的事項等。研究的資金來源（例如：電腦公司）會有自己關注的問題、居民對電腦收費的看法或者這個族群是否代表了市場需求者。

　　實踐者最感興趣的是研究設計是否與自己的情況相似，值得採用相同的作法。Erickson（1986）寫道：「執行者可能會說他們需要一些竅門，但是有研究經驗的人都了解，任何方法的實用性和適用性必須根據自己的具體情況來判斷。因此，有益的學習方式是透過某些方面可以與個人自我的狀況能相比較的案例研究假設中，提出正面或負面的例子。」（頁153）。有關先前提到的例子，從事娛樂和休閒研究、成人教育、健康教育和老年學的研究者可能特別感興趣的是，如何學習使用電腦增強居民的生活質量。因此，他們將清楚比較居民和研究場域與居民和研究者之間的關係。

　　對這個問題感興趣的其他研究者，包括碩士、博士論文委員會，將需要知道研究的理論框架和技術層面，如何蒐集和分析資料，以及如何確保可信度和有效度。有了這些訊息，他們可以判斷研究的價值及其對知識的貢獻。

　　最後，研究的結果可能會提供給參與者。有關參與者的主要關注，Erickson（1986）指出，關係到「他們個人和機構聲譽」（頁154）。如果調查結果對參與者有幫助，「報告內容必須對有關人們行為和思想各種訊息中可能危及個人和機構利益的情事具有敏感度」（頁154）。Patton（2015）強調，報告需要對參與者有用，「如果報告試圖囊括所有內容，可能會在演示文稿中大量流失你的讀者或觀眾成員。為了增強報告的一致性或演示的影響，請更遵循簡約的原則。這意味著要有技巧的遮蓋部分發現或結論，而不是全部包含」（頁621，原文強調）。

　　確立研究接收者應該有助於研究人員釐清研究報告裡，不同組成部分的相對重點。若再將研究接收者劃分為目標群體中的特定人員（例如：顧問、特定管理員、代表一般大眾的朋友等），在研究上可能更有幫助。通過「說話」特定的人或群體，你更可能採取適當的語氣（學問、學術、流行、個人），並能在整個報告中保持一致性。Yin（2014）建議，不僅仔細檢視選定的研究接收者，而且閱讀先前給此接收者的報告，先前的報告

可以作為本次報告的範本。

選擇焦點

下一步是為此研究選擇要點。你的焦點取決於讀者或研究目的，以及在分析資料過程中獲得的摘要層次（見第八章）。

為了說明如何在確定報告的重點時要考慮讀者、研究目的和資料分析的層次，如先前的例子教導輔助醫療機構中的居民如何使用電腦來說明。針對研究者將研究結果寫成期刊或雜誌的報告，可以把報告重點擺在將電腦引入這種環境的優點；或者焦點可能是指導老年人使用電腦的訣竅。在任何案例中，詳細描述研究背景將是重要的。學習作研究本身應使用非學術語言以簡化總結，這種助益及竅門應該要重視。

如果撰寫此篇研究是為了刊登於論文委員會或學術研究期刊，則應著重在反映研究的目的，例如：居民在學習使用電腦的認知策略。如果研究將發展為實質性的理論，那此篇寫作的重點將強調研究的方法，以及對研究結果的分析和詮釋。

Bogdan和Biklen（2011）提出了另一種類型的焦點——學位論文。學位論文是一個需要提出辯論和商討的計畫，往往是出於某種理論或和以前的研究有所差異。由於學位論文的論證本質，是一種很容易吸引注意力方式，特別適合作一般大眾事件的研究。例如：在為政策辯護或籌資機構所做的研究報告時，研究問題的焦點可能會是輔助醫療機構的居民購買電腦設備是否算是浪費金錢。

重要的是要選擇一些研究重點。重點就是「闡明目的，然後履行承諾。建立焦點意味著決定你想告訴讀者什麼，你應該能夠在一、兩句話中表述清楚」（Bogdan & Biklen, 2011，頁199）。因此，主要取決於被訪問的談話的重點觀眾和研究者想要傳達的訊息。Patton（2015）建議研究人員「聚焦！聚焦！聚焦！質性研究者要注意的是，若報告中應該被刪略的部分卻仍然被呈現，這將造成閱讀者的痛苦」（頁623）。在撰寫質性研究時，Wolcott（2009）的說法更具體。他解釋說，焦點是能夠完成「關鍵句子」，這項研究的目的是……「如果撰寫報告時你停滯不前，寫

作不是你的問題，阻礙你的是概念性的問題」（頁34-35）。

提出報告大綱

　　在編寫報告之前，應該要處理、分析所有相關資料，並以某種方式進行統合。假設前述事項你都可以在理想情況下持續進行。至少，你應該設計一些系統來追蹤質性調查的典型資料、你對這些資料的分析，以及你自己對這個過程的反思（見第八章）。有了這些資源，並確定你的讀者和所要呈現的焦點，接著就是制定大綱。

　　一些作者說他們只是坐下來寫而沒有輪廓；他們想說些什麼，也許只有一個模糊的概念而已。除了這些非凡及高度創作的作家，大多數其他人都可以透過甚至一個粗略的大綱，幫助他們寫作。只是先記下你想要確定的一些要點，再延伸你是否有什麼要說的話。試圖寫東西 —— 任何東西 —— 都會是一個很好的線索，你是否做了足夠的文獻背景翻閱，你的資料分析已足夠或你對研究的思考夠周詳。正如Dey（1993）指出的，「你不能向別人解釋，正是你所不了解的。製作我們的分析記錄不僅僅是我們為讀者做的，這也是我們為自己做的」（頁237）。

　　一個簡單的羅列大綱是記下報告中可能涵蓋的所有主題。接下來，按照目標讀者所能理解的順序排列主題。所有研究報告需要一個研究問題定義的介紹，並以他們為主，提供方法論的訊息，報告的主體包含以某種方式組織調查結果以主題形式列出。結論則摘述研究及其結果，並對研究結果提出評論。

　　我們撰寫研究大綱的策略是估計每個部分所需的頁面數。例如：如果你將研究作為期刊文章撰寫，首先要確定哪個期刊是你的目標，並找出原稿的平均頁數（這些訊息可以在期刊的網站上找到，通常印在每個問題的內頁，在「作者指南」標題下）。對於一份5,000字或20頁的稿件，你或許可以分配一頁介紹，在大綱中的第一個主題分配4頁等。當然，這會在你實際寫作時進行調整，但它確實讓你可以掌握到報告中的每一部分。

著手寫作

藉由大綱，你可以開始寫出第一份草稿。大綱將寫作任務規劃成可管理的單位，使任務不那麼艱難。然而，沒有任何可以替代實際寫作——在世界上所有的準備，就是從你輸入文字於螢幕上開始。寫作本身就會引發其他想法，可能是因為大多數研究者都認為寫作是一種思維的形式（Becker, 2007; Wolcott, 2009）。它是一個「反覆的社會過程，使作家能夠透過思想建構、反饋和修訂等連續階段來發展和澄清想法，並改善他們的溝通」（Lofland, Snow, Anderson, & Lofland, 2006，頁222）。Lofland等人（2006）繼續說：「寫作本身會延伸出其他的想法，包括你想達到的，或甚至產生新的見解，分層或有條理地闡述你要說什麼，甚至遠超乎你的預期」（頁229，原文強調）。這就是為什麼Dey（1993）認為寫作是「我們分析工具包中的另一個工具，部分原因在於我們可以幫助澄清和整合我們在分析中已確定的概念和關係」（頁237）。

所有的作者偶爾會經歷撞牆期，但如果寫作是一種思維的形式，那寫作撞牆期可能更準確地稱之為「思考」期。Wolcott（2009）同意：「寫作不僅是揭示我們思考的方法，它也是讓我們發現思維中哪些地方還不清楚的一種方式。不幸的是，這意味著我們必須體認有些東西似乎沒有設想完備的時候，當寫作不順利或我們的想法仍然不能用文字表達時，我們不應該因此逃避」（頁19）。

如果研究者在寫作時遇到瓶頸，可以嘗試幾種策略。首先，你應該要回頭閱讀你最原始的資料，然後再思考你想寫出來的內容。第二，寫任何東西總比什麼都不寫好，因為那些基本元素可以在你寫作時一再的被拿來使用，而且強迫自己寫一些東西可能會觸發並延伸出更多不同的想法。另一個策略是規定完成一定數量的頁數的最後期限，無論你寫了什麼都必須在這個期限前完成。Werner和Schoepfle（1987）建議轉向不同的溝通媒介——例如：寫一封關於研究的信件給朋友，或者就這個研究主題發表正式或非正式的演講，爾後記錄上述方法的結果，便可利用這些紀錄來當作寫作的素材。

寫作還有其他微妙的障礙。在寫作給別人閱讀的時候，我們開放自我審查和批評。雖然在事實上是我們的想法正在被批判，但我們將想法

當作是自我的延伸就會認為別人是在批評自己。我們害怕我們會被「發現」——我們對研究的問題所知並不多，我們是能力不足的，也許我們沒有引用關鍵的參考資料，我們的論點有一些致命的缺陷等。Becker（2007）在論及有關學生寫作時常有的兩種擔憂，他說一是「他們不能組織他們的想法，寫出來的東西將會是亂七八糟」、再者是「他們害怕寫出來的東西是錯誤的，人們會嘲笑他們」（頁4）。Becker討論的另一個迷思是——只有一種正確的寫作方式，若寫作真的有所謂「既定架構」，這樣將使寫作就容易了（頁43）。

　　由於以上這些原因，每位作者都應該從寫草稿開始。報告的第一份草稿就只是第一份草稿。無論內容是多麼粗糙或毫無組織性可言，但至少你有寫出一些東西，而不是什麼都沒有。寫出第一份草稿可以給同事、朋友或參與者閱讀，徵求他們的意見。將他們的建議與你自己的編輯整合在一起，如此可使報告的內容更精緻，並將更接近最終版本。在任何情況下，編寫第一份草稿是最費力和最耗時的階段。連續的修訂不會那麼冗長乏味，反而因為報告即將完成而越來越有成就感。

　　總之，將一件任務分成一項項小的步驟，可以使研究的撰寫更為容易。有了處理研究報告的一個良好策略，撰寫報告就是一個可操控管理的任務，以下是這樣的策略：

1. 首先，以有組織的方式組裝與研究相關的所有材料。
2. 第二，確定目標讀者，因為不同的讀者將對不同的研究問題和寫作方式感興趣。
3. 第三，選擇符合目標讀者感興趣的焦點，並解決研究目的。
4. 第四，一旦確定了核心概念就開始羅列大綱。
5. 最後，開始寫作。

　　大綱可以細化、調整或修訂成完全符合你在寫作時的想法和概念。另一個明智的作法是讓其他人在進行修訂之前閱讀第一份草案，以寫成報告的最後形式。

⟋質性研究報告的要點

　　在本章的第一部分，我們提出了一個參與寫作過程的策略。本節討論質性調查人員對報告內容所面臨的一些問題。報告的常見組成部分是什麼？研究方法參考文獻、蒐集的資料與其他元素應該如何排列？應如何將描述與分析結合起來？如何在兩者之間保持一定的平衡？還討論研究報告發表的形式，以及編寫行動研究和藝術研究的問題。

　　質性研究報告始終沒有標準格式，報告風格多年來一直具有多樣性，在當今甚至更具實驗性。質性研究報告的內容取決於讀者的興趣以及研究人員先前進行研究的目的。例如：研究者或公眾對方法訊息不感興趣，而同儕和其他研究人員將發現這些訊息對評估該領域的研究貢獻至關重要。我們在這裡提供撰寫報告最好的方法是：介紹大多數質性報告的基本組成要點和可用於處理報告中各部分的選項。

質性研究報告的內容

　　報告中每個部分的相對重點以及報告的總體形式，可能有很大的不同。然而，所有報告都討論了調查問題的性質、調查方式以及調查結果。在標準研究報告中，報告中先鋪陳以引起研究的問題，本節通常包括文獻參考資料、研究的理論框架、問題陳述和研究目的，以及指導研究的研究問題（見第四章）。至少，讀者必須知道一些關於這項研究的線索是什麼，即使在很多後現代的、實驗寫作也是如此。例如：Tierney（1993）所著一本大學的反歧視政策之民族誌小說。透過引用政策開始述說，隨後是參與政策變化的六個人物的描述與剖析。透過他在報告開始時引用27字的政策聲明，我們至少知道這項研究是在大學進行的，同時也涉及到某種程度的歧視。

　　研究報告的前段，特別是質性研究通常會對研究背景或研究進行的描述。在質性研究的形式中，資料的主要或唯一來源如果是訪談，則在方法部分會對整體研究加以描述。訪談為主的研究，也包括描繪與剖析每個參與者。

　　有關方法部分至少包括如何選擇樣本、如何蒐集和分析資料，以及

採取什麼措施來確保有效性和可靠性。在質性研究報告中包括關於研究者的附加資料項目相當普遍——他或她的訓練、經驗、哲學取向和偏見。例如：在一篇研究18至25歲的學生，從他們脫離高中生活轉銜接受成人教育課程的研究中，以「定位」為題（Davis, 2014）。在文中她表達了她對這些接受成人基礎教育學生的興趣和經歷，以及她認為「許多成年學生在不平等社會和系統的結構中工作，因為他們是沒有高中文憑的成年人」（頁242）。另一個例子，在Abramson（1992）的俄羅斯移民祖父的質性案例研究中，討論有關翻譯他祖父的希伯來語日記固有的偏見，同時也討論他自己帶有「病態」的個人偏見。在這種「病態」的傾向中，他寫道：

> 雖然我從來不認識他，但我認得他的後代（我的父親）。我不喜歡我的父親，他經常使用暴力、衝動、失控的。他也有一個易怒的脾氣，受因於強迫性的恐懼症……他似乎被困在「大軍士長」的角色——他在軍中的職階……從正面而言，我的父親非常聰明，是一位天才的音樂家，有時候還算是迷人的……只要我的父親沒有「跳離宇宙」，我常常這樣想——不知是否公平——他的行為與我祖父的行為兩者之間存有因果關係。因此，結論是我傾向於誹謗我的祖父——塞繆爾‧艾布拉姆森（Samuel Abramson）（頁12-13）。

　　除了注意研究的問題與如何進行的研究訊息外，每份報告都提供了從資料分析中得出的結論。基本上，研究發現是調查的結果——是研究者學習而得或因了解這種現象的收獲。對於報告有幾個指導方針，Richardson（2000）指出了研究結果呈現創新的可能性：

> Margery Wolf在 *Thrice-Told Tale*（1992），從同樣的事件，視其作為虛構故事、田野筆記和社會科學論文。John Steward在《飲酒者、鼓手和文雅人士》（*Drinkers, Drummers and Decent Folk*）（1989）中，寫到關於千里達村（Village Trinidad）的詩歌、小說、民族誌紀錄和田野紀錄。Valerie Walkerdin的《女學

生小說》（*Schoolgirl Fictions*）（1990）發展／展示了「以事實爲架構有關陽剛氣與女人味的小說」的主題（頁xiii）。Ruth Linden的《書寫故事，建構自我：關於大屠殺的女性主義反思》（*Making Stories, Making Selves: Feminist Reflections on the Holocaust*）（1992）書中，交織著自傳、學術寫作和倖存者的故事（頁935）。

　　Richardson支持「人文和社會科學的模糊性」，「不是因為它是『大勢所趨』，而是因為模糊才能更真實的融合生活意識和學習風格」（Richardson & St. Pierre, 2005，頁964-965）。此外，從這個多元化的角度來看，「變得更加多樣化，若不以作者為中心反而比較不無聊與平淡無味」（頁965）。她提出評估這種寫作的標準實質貢獻、藝術價值、反思性和影響等四個標準。關於第一個標準，我們可以自問，它是否對我們社會生活的理解做出了實質性的貢獻？第二，「文本是否具有藝術的形式？是令人滿意，雖複雜但不乏味？」所謂有反思性——就是能否突顯作者的自我意識？這件作品的影響是什麼？「這件事情是否影響我的情感或智能？」（頁964，原文雖強調）

　　雖然Richardson提出了經驗豐富的研究人員可能會嘗試一些新奇的替代方案，但質性報告中最常採用的方法是根據資料分析（見第八章）的類別、主題或理論來進行組織。通常在「調查結果」部分首先簡要概述調查結果，然後介紹每個單獨的調查發現，藉由訪談、田野記錄或引用參考文獻支持。範例10.1是一個關於低知識技能的消費者，如何進行溝通的研究範例（Ozanne, Adkins, & Sandlin, 2005）。將22名參與訪談者依其識字技能區分為四組——疏離的消費者、自我矛盾的管理者、認同轉變與提升的消費者以及精明的消費者。在研究發現的開端，即先對這四組人作一個概述，此概述功能類似地圖，因此讀者可以按圖索驥。第一個發現——「疏離的消費者」——介紹、解釋，並得到參與者訪談資料所支持（見範例10.1）。

範例10.1　研究發現的呈現

疏離的消費者

　　這些參與者默認了拙於表達的汙名，同時還感到恥辱……他們提到因自己不擅長言談而使自己遭受各方的不信任感，讓他們覺得是極尷尬和恥辱。這種恥辱的程度從僅僅只是「感覺不好」到「恐慌」，甚至會有「每當我告訴別人，就會痛哭流涕」的強度。許多疏離的消費者分享了他們經歷偏見的體驗，例如：被稱爲「愚蠢、慢」或「懶惰」。

　　　你知道很多人站在相反的立場。當你在一個團體裡分享時，他們
　　　會看著你，並認為「你到底是知道什麼？」特別是那些受過教育
　　　的人……他們真的讓你感覺矮他們一大截（Sarah）。

　　場域間的互動充滿了不確定性，他們總是擔心在群眾前洩露自己有限的識字能力。這些參與者符合成年學習者的失敗決策者的刻板印象，這讓他或她在社交中遭遇困難。一位參與者解釋當他換發駕駛執照時的情況：

　　　我走進去，被告知要填寫這份文件。我說：「我作不到。」但那
　　　櫃檯人員好像是沒聽見。他說：「你當然可以！去那張桌子，填
　　　好表格。」當時感覺就像房間裡的每一隻眼睛都盯在我身上。我
　　　看著桌上文件，卻根本下不了筆。我能讀名字、地址和電話，但
　　　我很緊張、尷尬，所以我根本做不到。因此我離開，再也沒有回
　　　去（Sarah）。

　　有時這種消極的應對確實是存在的。一些銷售員哄騙消費者。但是社會互動經常是模糊的，成人學習者不確定他們有限的讀寫能力是否能表達他們的想法。

　　　我知道有一次在郵局……我知道他正在談論我。我不確定是
　　　否聽到一切，但我知道他們在說一些關於我讀不懂的事情
　　　（Olive）。

資料來源：Ozanne, Adkins, and Sandlin (2005, p. 256)。經同意後使用。

　　了解需要有多少資料量才能支持研究的類別或主題是需要判斷的，你需要足夠的資料來使讀者信服，但不用多到使讀者完全沒有自己的思考方式。研究結果可以在單獨成為一個章節（通常標題為「討論」）進行討論，其中你告訴讀者你對研究結果做出了什麼？有什麼發現值得驚喜嗎？他們如何與已知的結果進行比較？你的結論是什麼？你的研究對這個領域的知識基礎有什麼獨特的貢獻？

內容安排

　　有關方法學部分應該如何安排，先前參考的研究和資料要呈現在哪裡？同樣地，答案取決於目標讀者的興趣。對於一般大眾、從業人員和贊助機構，方法學可放在報告的附錄中。參考民族誌研究，Werner和Schoepfle（1987）寫道：「只要他或她認可專著是優的、具有效度和信度的。對一般讀者而言，對於如何獲取民族誌並不感興趣。另一方面，對於同為民族誌學家來說，方法學部分可能是非常重要的。在任何情況下都不應該被忽略，但內容的安排應該由目標讀者來決定」（頁282）。

　　質性研究刊登於期刊中或作為書中的章節，在開始撰寫的時候就提出研究方法的討論，通常作為引入問題或緊接著問題的一部分。Hyde（2006）告訴我們，她如何進行她的心理健康團隊的組織動態之多重案例研究，說明如下：

> 研究進行於一家位在人口密集的城市郊區內的心理健康信託中心。使用案例研究設計，每個心理健康團隊被視為一單獨的案例。在進行訪談後，根據單位的開放時間，每個研究案例開始日間班次或整個工作日的觀察。我將現場觀察所得記錄於田野日記中，包括我自己對環境的情緒反應的記錄用於以後探索的初步解釋與觀察到的事件，這包含個人與環境互動及現場細節的一般記錄。
>
> 與心理健康管理者和專員，以及工作人員、患者和護理人員進行深度訪談。在整個研究中使用機會性對話來探討其他員工與工作流程相關的經驗，這些對話是來自和參與者自願的短時間談話，

　　將從這些蒐集的訊息與觀察結果和輔助性資料（如服務訊息單張）進行比較。這些比較的目的是確定支持的價值觀和日常實踐之間的差異，如此可以說明研究辯護的過程。（頁222-223）

　　研究問題的相關文獻應該放在哪個位置？在大多數質性研究的寫作中，對以前的研究和寫作的回顧是問題的引入和發展的一部分。有助於確立研究重點的文獻，也將會在討論你的發現時提及。你的資料分析框架也可能來自文獻。例如：如果你發現採用創新過程的歸納分析中，該過程反映了文獻中的一個已建立的框架，那麼沒有理由不能使用該框架。正如Patton（2015）所指出的，「關於所研究主題已發表的文獻，聚焦於特定研究的貢獻。所謂學問就是與同事就學術界所關心的特定問題進行持續性的對話。因此，分析的重點部分來自於一個人所學到的，將在調查領域的文獻做出貢獻。該文獻可能有助於研究的初始設計（隱含或明確），因此重新審視文獻以幫助分析」是適當的（頁526）。所以，如果進行質性研究作為對某些理論、原則或接受對已被認可的民間智慧作批判時，研究者應在報告一開始時適當參考文獻來確定這一事實。然而，如果使用他人的分類方案來解釋所蒐集的資料（而不是從資料中演繹出來），則應該在使用該資料之前說明引用的方式。最後，對研究結果的討論通常包含與其他研究的比較，並指出研究結果是支持或偏離前人的研究。

　　因此，在描述問題時可以在報告之始提供相關文獻於某章節中，以回顧先前的工作以及介紹和解釋研究結果；做出此決定時，請記住目標讀者和希望報告呈現的篇幅大小。

　　圖表、表格和圖形應如何安排？雖然大多數質性研究的報告使用敘述性的文本，但有時圖表、表格或圖形將使讀者更能夠掌握研究中心的主要發現或想法。以圖表、矩陣、表格或圖形的形式顯示質性資料，使讀者能夠更快地掌握研究分析的複雜性，以取代大量的描述性文字。雖可以簡略版本呈現結論，但無論採用哪種結論都要明智地使用。

　　質性報告中有三個常見的輔助方式。最常見的是列出參與者和關於他們的關鍵訊息圖表，這可以在Kim（2014）對韓國中年成年人的退休後生涯轉變過程的研究中找到。一個標題為「參與者簡介」的表格，列出了每

個參與者的假名、性別、年齡、教育程度、職業生涯、目前職業和任職年分。在以觀察為基礎的研究中,可能首先會有一個「觀察表格」,例如:Enomoto和Bair（1999）在研究阿拉伯移民兒童於校園中被同化歷程的研究,即採用「觀察表格」。第二種類型是將研究結果以敘述方式呈現;即以類別和屬性列表,有時伴隨著證據的事例。第三種類型以圖表方式呈現研究發現的相互關係和互聯性。例如:圖10.1說明了老年人、農村成年人的自我導向學習過程（Roberson & Merriam, 2005）。如圖所示,過程由外部或內部激勵啟動。如果有人對某一主題或活動感興趣,則他或她隨後會探討活動相關的資源。為了使這一進程繼續下去,他或她就會對該項目繼續投注心思和系統性的關注。在嘗試與錯誤中進行調整,最終大多數計畫能夠完成（解決方案）。這個過程中的一個重要面向是以事件或遭遇作

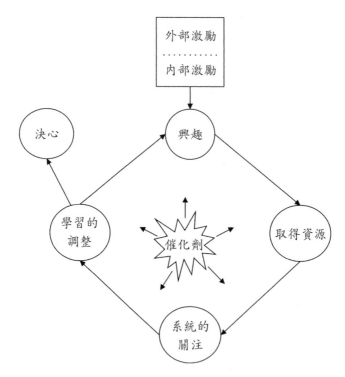

圖10.1　自主學習的過程

資料來源:Roberson and Merriam (2005, p. 275)。經同意後使用。

為催化劑，如此可加速過程或激勵他們更深層次的學習。例如：Charlie
的妻子被診斷患有阿茲海默症病（Alzheimer's disease），這成為他個人
學習的催化劑。他在城鎮會議上巧遇Hattie，透過持續的努力，使他得以
爭取在他家鄉住家附近鋪設人行道。

在研究報告中以視覺圖像呈現時，研究人員應該：

- 簡單化，只需呈現必要且能讓人明白的訊息。
- 保持最少的圖像數量；只用少許圖像來表示重要的概念，如此可引起
  人們對這些概念的注意。
- 在文中提到的圖像應該盡可能接近討論的段落。
- 從讀者的角度出發以說明如何解讀或詮釋圖像。

圖像應該與研究敘述加以結合；若只有一、兩句解釋則使讀者有太多
的詮釋空間。研究者必須至少解釋表格或圖表中顯示的資料，說明研究的
某些面向，是否具描述性或是解釋性的訊息。

描述和分析

解決質性研究寫作兩個最難的困境是：(1)要包括多少具體描述，而
不是分析和解釋，以及(2)如何組合資料，使敘事仍然有趣和詳實。質性
研究的結果來自於歸納訪談、觀察或文件蒐集等資料，其中一些非常相似
的資料呈現可作為研究發現的重要佐證。這些證據的質量和數量是說服讀
者，研究結果是值得信賴的。例如：證據量取決於報告的類型，因篇幅的
關係在期刊文章的證據量遠比學位論文的數據量更受限制。作為質性研究
的期刊評論者，我們也看過極端的例子。大多數質性研究的寫作在描述方
法論之後，即呈現研究結果的類別。一些作者提出長篇大論來支持他們小
部分的研究發現；也有人對於其研究發現太過自信，他們僅憑著少數證據
支持他們的概念計畫。我的建議是大部分的研究案例應該避免冗長的贅文
引述，而是在敘事中嵌入更短、更多的證據。此外，不要將多個證據（引
述）列表呈現；相反，每一證據應該融入敘事中。這些準則的一個明顯例

外是敘事形式的研究。你的目的是深入介紹參與者的故事，以說明研究中的現象如何展開，或者參與者如何以講述他們的故事來作為研究結果的一部分。如Tobin和Tisdell（2015）最近對創造性作家體現學習的研究。

在敘事研究形式中，你呈現研究結果的類別，你可能會問自己，到底要多少證據才足夠證明？這沒有具體答案，但你應該嘗試在描述和詮釋與證據和分析之間取得一些平衡。Patton（2015）也強調這個觀點：「先描述，再透過分析和解釋來輔佐敘述。無盡的描述會造成混亂。分析的目的是支撐描述，使其是可管理的。描述提供了形成分析框架的詮釋。有趣和可讀性高的報告提供足夠的描述，是讀者理解詮釋的基礎，以及足夠的詮釋可讓讀者理解描述」（頁606）。

Erickson（2012）說明特定描述、一般描述和詮釋性評論之間的區分，可能有助於確認幾種概念：原始資料被認定為特定描述，資料中的基本元素為一般描述，而越來越高的抽象層次則為詮釋性評論。特定描述包括受訪者訪談內容的引述、現場記錄和／或與研究相關文件的引述。一般描述是用來告訴讀者，小插曲和引號是整個資料的基本型態。「一般和特定描述的組合在實質上更清楚，並且比僅提供一般描述對讀者更具說服力。因為，僅透過一般描述，人們可以見林不見樹，而僅呈現特定描述時讓讀者見樹而不見林」（Erickson, 2012，頁1465）。詮釋性評論為質性研究報告的第三個要素，上述的討論讓我們了解特定描述與一般描述的框架。這類型的評論「讓讀者知道文本的走向及其進行的歷程」（頁1465）。在描述和評論之間的平衡，Erickson指出，「無論是在長篇的專題論文或在期刊文章中，將一般和特定描述交替運用所作的詮釋是最佳的質性研究報告」（頁1466）。

由於沒有關於如何達成在特定和一般之間、在描述和分析之間實現適當平衡的指導方針，質性研究者通常學習如何透過嘗試錯誤來平衡兩者。閱讀已發表的報告或諮詢有經驗的同事，也可能有助於學習如何平衡描述和分析。主要須記住的事是，「你的任務是說服讀者接受文本的合理性。引述你的受訪者訪談內容，並從現場調查和其他資料中來說服讀者，幫助他或她更接近你所研究的對象」（Bogdan & Biklen, 2011，頁206）。

發表研究報告

　　由於研究贊助商的目的和目標讀者的差異性，報告結果使用的格式也因此有所不同。對於某些群體，實用性摘要或專門精簡的報告是有效的。或者，可以從資料中作成一組開放的問題和答案來替代敘述，此格式對於報告多重案例研究特別有用。讀者「只需要檢查每個案例研究中相同問題的答案，來開始進行她或他自己的跨案例比較。因為每個讀者可能對不同的問題感興趣，所以整個格式便於根據每個讀者的特定興趣來開展案例的交叉分析」（Yin, 2014，頁185）。另一種可能性是在附錄中準備具有支持資料的分析摘要。當然，以會議演講、情況通報、新聞發布會等形式的口頭傳遞，也是傳達和傳播一些研究結果的目的。事實上，研究的結果可以電影、影片或圖片顯示的形式呈現。

　　大多數研究人員樂於分享他們的研究結果更甚贊助商和參與者。這種傳播主要透過領域相同的會議或期刊進行。會議由專業學會、機構和協會組織，通常會開放給對此議題感興趣的任何人。任何會議都是傳播研究結果的途徑，當然，取決於會議的目標，或者你可調整報告符合會議的目標。例如：可以在教育研究、課程問題、教學或社會主題的研究會議上，提出關於教師對社會研究課程影響的質性研究。

　　將研究發表在專業期刊上，意味著你熟悉期刊的格式、風格、提交程序和重點。將質性研究發布到只發表實驗研究的期刊沒有意義，即使主題與期刊的內容相匹配。由於質性報告存在廣泛的多樣性，因此，舉例來說在你的領域中找到質性研究作為原型就是一個好主意。例如：在教育——課程和監督、科學教育、成人教育等領域的大多數期刊——將考慮出版質性研究。相關領域如人類學、社會學和心理學的期刊，也可能發表關於教育問題的研究。還有專門用於報告質性研究的期刊，例如：*International Journal of Qualitative Studies in Education, Qualitative Inquiry, Qualitative Social Work, International Journal of Qualitative Methods, Kaleidoscope: A Graduate Journal of Qualitative Communication Research, Narrative Inquiry, The Qualitative Report, Qualitative Research Reports in Communication, Qualitative Health Research, Journal of*

Contemporary Ethnograpy, International Review of Qualitative Research, Qualitative Research, and Qualitative Research in Organizations and Management: An International Journal.

　　其他發表方式可能是透過專業協會、基金會、社會服務機構和社區組織的內部出版物。當然，質性研究有時會以書籍的形式出版。通常這類書籍由與大學或專業組織相關的出版機構發行，例如：Wuthnow的《上帝問題：表達信念和理性》（*The God Problem: Expressing Faith and Being Reasonable*）（2012）。有時，商業新聞將發表具有大眾吸引力的研究結果。Preston（1995）在《熱區》（*The Hot Zone*）中，描述了在維吉尼亞州雷斯頓的猴子爆發伊波拉病毒株的例子，以及Terkel（2001）的著作《循環永不止息嗎？》（*Will the Circle Be Unbroken*？）探討關於死亡和生命的結束之奧祕。

撰寫行動研究和藝術的研究

　　正如我們已經討論過的，沒有一個所謂正確的方法來寫質性研究報告。寫作的形式取決於讀者、出版地點和空間限制。學者為學術期刊所撰寫的文章將明顯不同於為大眾或新聞所需的報告，它必須考慮使用的語言與表現的形式。但有一些問題，特別是寫行動研究和藝術基礎研究。

　　如前所述，標準論文以五章節格式編寫。傳統的研究文章分別為這五個部分：介紹研究的目的、背景文獻評析、研究方法、結果與討論，最後是結論的呈現。雖然現在有各式各樣的質性研究寫作樣式，五章節格式（或論文的情況下為五章節格式）不適用於行動研究或藝術基礎研究。

　　正如我們在第三章中所討論的，行動研究是關於在實踐中解決一個問題，同時制定方案的一個過程（Herr & Anderson, 2015; Kemmis et al., 2014）。因此，行動研究中的問題不僅僅是「研究結果是什麼」，而且還包括「如何呈現這些發現產生的過程？」研究人員撰寫行動研究文章或論文通常包含多個章節，呈現研究在不同階段所掌握成果的過程。其中可能有一章是關於和參與者規劃之初時的發現；然後可能有兩、三個章節，呈現行動研究計畫——行為觀察——反思螺旋性的循環，最後一章是呈現

結果。Herr和Anderson（2015）提供了關於撰寫行動研究文章或論文，可以更優秀的建議以及一些好的例子。

　　但是，期刊文章的寫作則是另一回事，因為必須處理空間限制的現實。如何設計問題、處理文字，並涵蓋一個行動研究過程，發現和討論得限縮在7,500字內？事實上，當研究者選擇僅將文章發表於期刊時，有關要呈現研究哪些面向的選擇與有限篇幅的考量將會是兩難的考量點。例如：在最近的一項行動研究中，探討社區對話在改善輔助醫療專業人員的臨床教育經驗中的功能，作者更側重於社區對話的方法論（Hickson, O'Meara, & Huggins, 2014）。實質上，他們強調過程的階段，卻只有對結果作一般性評論（缺少支持資料）。他們可能會在另一篇文章中更深入地討論實際發現。另一個例子是在Stuckey（2009）討論了創新性表達，以了解糖尿病患者的方法。另一方面，她和共同作者更關注於隨著時間的推移，在參與者敘述中所呈現的對於意義建構過程的探索（Stuckey & Tisdell, 2010）。

　　在以藝術為本的研究方法中，顯然研究的寫作被視為是藝術或藝術過程的前景。因此，如果它是關於藝術家和／或視覺藝術或攝影的研究，通常參與者的藝術作品會被當作是寫作的一部分。例如：Zorrilla（2012）在她的概念藝術家Luis Camnitzer的論文研究中，展示了一些他的藝術的照片，如此讀者可以遵循她的分析路線。在另一個例子中，Tyler（出版中）研究以社區組織為基本，規劃以講述故事及融入視覺影像的方式以了解策略視覺。這除了提供一個討論的過程，同時社區也製作了馬賽克的照片。從Manovski（2014）有關自我民族誌中的描述，表示藝術和音樂與她的自我認同發展是有關的，文中呈現關於多種藝術形式與不同面向自我認同形成的關係。如果研究是關於人們透過詩歌創造知識，那麼研究的內容應包括詩歌；又例如：Hanley和View（2014）關於有色人種，透過詩歌創作的反敘事研究。顯然有關藝術研究的寫作可以採取各種方法，以滿足作者創作的需要。

✎ 摘要

　　本章著重於編寫一份質性研究報告。若缺少報告和發表結果的重要步驟，研究過程並不完整。有關應用領域的研究對於擴展該領域的知識庫，以及如同理解和改進實作一樣都非常重要。研究有助於理論和實作，但只有當它被傳達時可以超越研究立場。以下是撰寫報告的建議：首先，作者應該編譯所有相關資料，然後確定目標讀者。下一步是確定主要訊息，即研究的焦點或主題。顯示研究重點的大綱，對於處理大量材料是至關重要。然後研究人員準備書寫第一份初稿。本章的主要部分集中於質性研究報告的內容。檢視了研究問題、方法和結果等基本要素、各章節的配置、調和描述與分析，以及發表研究結果等。本章最後討論了寫作行動研究和藝術類研究的議題。

　　編寫成果報告就像進行質性研究的整個過程：與其說它是一門科學，倒不如說它像一門藝術。雖然我們有例子、指南和其他人的經驗可以借鏡，但是過程和最終產物將反映每個研究情況的唯一性、獨特性及其風格。在本書中，我們提供了一些指導方針，分享了我們的經驗，並提供了許多如何處理質性研究中各部分的例子。然而，實際參與和形塑研究問題、蒐集和分析資料以及撰寫研究結果的過程是無可取代的。我們希望這本書能讓你的質性研究旅程更為輕鬆容易。

質性研究的方法學

　　質性研究，無論是一個前瞻性的完整論文，還是簡約版研究方法的提案一宗，都必須向審核委員會說明研究設計、如何選擇樣本、如何蒐集資料並分析，以及如何確保研究的可靠性。以下是質性研究中方法論的部分或是章節（通常是碩博士論文的第三章）的模式。每個部分都以本書的一個章節為重點，你將在其中找到該主題更詳細的說明。這只是一般的指導方針，因為每個研究是獨一無二的，方法論章節中包含的內容將根據你的研究的特殊情況而改變。

方法

　　本章將有一半的篇幅提醒讀者該研究的問題和目的，其次是強調研究問題。你還可以告訴目標讀者研究計畫涵蓋的主題（包含研究設計、樣本選擇等主題）。

研究設計（第一章和第二章）

　　在這裡你會告訴我們，你正在做一個質性研究，什麼是該研究的基本哲學概念（例如：社會建構主義），以及定義質性研究的一些特徵。例如：你可能告訴我們，在質性研究中，重點是過程、意義和理解，研究者是資料蒐集和分析的主要工具，而研究是歸納的過程等。你可能會告訴我們為什麼質性設計最適合你的特定研究，如果你正在作一個基本的質性研究的重要性，這些都是你所需要的。

　　如果你使用特定類型的質性設計（如基礎理論、敘事、現象學、民族誌或個案研究），在這裡你將描述這類型的質性研究特性是什麼。明確

地告知讀者你為什麼選擇這種特定的質性方法，來處理你的研究問題。例如：如果你的重點是文化，採用民族誌的方法是適合的；如果你正在深入研究一種封閉性的系統，則適合進行個案研究。

樣本選擇（第四章）

在質性研究中，我們通常使用有目的抽樣或稱立意抽樣（有時稱作標準抽樣）。首先，定義有目的之抽樣，然後告訴我們你選擇樣本將採用的標準，說出每個選擇標準的理由（除非這標準非常明顯）。例如：什麼教育水準的人有資格參加你的研究？如果是，為什麼？多少年經驗？年齡？性別？種族？又例如：在對變革領導力的研究中，首先必須決定使用什麼標準來識別變革型領導者。如果你的研究是關於成功的企業，你必須定義「成功」的標準。最後，告訴我們你將如何去找到受訪者，以及在你的研究當中將有多少參與者（將研究計畫送到審核委員會之前，就必須要先確認這一點）。

如果你正在做一個個案研究，你將有兩個級別的立意抽樣。首先，告訴我們選擇個案的標準（例如：計畫、機構、干預）。根據預定的標準有目的來選擇個案是第一步。然後，除非你打算採訪所有目標，或觀察所有活動，或閱讀與個案相關的所有文件，否則你必須告訴我們你如何選擇你的樣本、活動或個案中的文件。例如：你將使用什麼標準來選擇將訪談的人？如果希望在個案中有透視的橫截面，你甚至可以在個案中使用隨機抽樣（例如：大學內的教師或學生）。然而，更有可能的是，有目的的選擇受訪者或想要觀察的活動。

資料蒐集（第五、六、七章）

從介紹性段落開始，確定你將在研究中使用哪種資料蒐集方法。然後安排每個方法於各別的次段落。當然，如果你只使用一個方法，通常不需要次段落。

訪談

　　告訴我們研究訪談是什麼，有各種不同的類型，以及你計畫使用哪種類型。大多數質性研究採用半結構式訪談，但有可能將蒐集人口統計資料結構化置於一節；同樣訪談的某些部分可能是相當非結構式和非正式的。簡要描述你規劃的訪談日程或大綱，並將特別的問題放到附錄告訴讀者。告訴我們訪談是否親自到訪、透過電話、透過網路平臺或以上三者的組合。告訴我們採訪是採用錄音，還是錄製和逐字稿的製作。如果可能有後續訪談，也請依照先前所說的原則交代清楚。

　　通常，研究人員也會邀朋友、同事，或甚至有資格參與研究的人（或者你可能已經就研究方法課程的主題進行了訪談）先進行試驗性的訪談。請在這裡告訴我們這些「試驗性」訪談。一定要告訴我們你從這些訪談中學到了什麼？你的訪談計畫是如何經過先導性訪談，之後逐步修改而成的呢？

觀察

　　在現場觀察蒐集資料的研究人員，面臨著如何選擇最佳觀察時間或決定觀察多久等問題。許多人從非正式地瀏覽網站開始，漸漸熟悉情境、人們和活動。然後將對感興趣的現象進行密集和有目標性的觀察。告訴我們你打算如何進行觀察、你將如何進入網站觀察？誰必須得到誰的批准？你會先了解自己的處境，還是這不是必要的？你計畫觀察什麼？你的角色是什麼（完全的觀察者或參與觀察者等）？你觀察的焦點是什麼？（你如何聚焦觀察並與你的研究問題高度相關。）你將使用任何類型的協議或清單嗎？如果是這樣，請解釋它、並列在附錄中以使讀者明瞭。

文本

　　文本可以是你研究的主要資料來源（參見第七章）。如果是這樣，在本節中，你應該對文本資料庫有完整和詳細的描述。然後告訴我們是否計畫檢查所有文本，還是要從文本中選擇一種樣本。如果從特定的文本資料庫中選擇一種樣本，你將使用有目標選樣的方式，建立標準來規範你的選擇。

　　如果你計畫使用文本作為資料源來補助訪談或觀察，請預測可能會找到什麼類型的文本資料，是官方紀錄？學生論文？照片？個人文件（如日記、信件等）？或者你會要求參與者為這研究製作文本資料（如關鍵事件、反思，甚至是現象的尺度或量表）？

線上資料

　　如何對線上所蒐集的資料進行分類，有很大的不確定性。你有辦法「觀察」線上互動嗎？是線上討論文件的列印輸出嗎？我不建議對這個素材進行分類（除了線上訪談，這是明顯的訪談），我建議你只要告訴我們線上資料是什麼，以及你打算如何獲得這些資料。如果打算作線上訪談，我建議你在之前的「訪談」那部分就先處理。

資料分析（第八章）

　　審核委員會有可能會感到興趣的是你打算如何分析資料（然後一旦你完成研究，你將如何實際分析你的資料）。你可以告訴我們你的資料庫將包含哪些內容（例如：訪談記錄、田野筆記和文本資料，以及如何管理和整理資料的計畫）。例如：將使用特定的質性資料分析軟體，還是使用什麼方式處理你的資料分析？

　　所有的質性資料分析都是歸納的和比較的，將資料重新組合以發展成共同主題、模式或類別等。質性資料分析也應與資料蒐集（不是之後）一起進行。告訴我們你的計畫，盡可能分析你的資料（資料蒐集處理分類方式會影響思維），並確認將採用整體歸納和比較分析策略。大多數質性研究學位或論文使用常態性比較法（見第八章）。告訴我們這是什麼，並引用那些參考資料，告訴我們你打算怎麼做，你會先做什麼？第二步作什麼？接著作什麼？也就是說，告訴讀者分析資料的步驟計畫。這裡也可以談論你的資料的編碼方式。

　　儘管所有質性資料分析都是以歸納和比較總結，但根據你進行的質性研究類型，還可以採用其他策略。當然你有可能正在做一個特定類型的質性研究，則需要在本節中解釋，例如：現象學、敘事分析、基礎理論等都

有特定的策略可依循。此外，還可以應用不同類型的質性研究分析策略，例如：話語分析、內容分析和分析歸納。如果選擇使用這些策略之一，請在本節中詳細解釋。

試驗研究

在這裡告訴我們，你如何進行試驗研究或你正打算進行。試驗研究不僅需要檢視你的資料蒐集方法，你將根據一些標準選擇研究樣本、蒐集的資料和分析資料。告訴我們你從這個試驗研究中學到了什麼，或者期望學習什麼。

有效性和可靠性（第九章）

你將在研究中建立什麼策略，以確保你的研究是值得信賴的──也就是說，它是有效和可靠的嗎？三角檢核是一種常見的策略，資料審核以及成員檢查也是如此。告訴我們如何思考外部有效性（泛化性），因為在質性研究中，讀者將無需受限於統計學上的意義。

研究者偏見和假設（第九章）

在本節中，告訴我們你認為研究結果會是如何？你的偏見是什麼？我們透過你了解你的研究，並將幫助我們了解你如何呈現這項研究、你如何解釋資料、你會對什麼敏感呢？作研究時，你與主題的關係是什麼？

翻譯問題

如果以英語以外的語言蒐集資料，你需要告訴我們將如何處理資料並翻譯成英語。學生通常採用兩種策略處理這種狀況：一種策略是，可以使用該語言逐字翻譯成英語，再以英語進行資料分析。另一種是，使用原始語言，包括資料分析，然後僅將結果和支持證據翻譯成英語。在任何一種情況下，都必須建立一個「反向翻譯」策略作為對翻譯的檢視；也就是說，雙語者將被要求將你的英語翻譯成原始語言。翻譯資料越接近原本的意思，結果會越可靠。

參考書目

Abramson, P. R. (1992). *A case for case studies.* Thousand Oaks, CA: Sage.

Adler, P. A., & Adler, P. (1998). Observational techniques. In N. K. Denzin & Y. S. Lincoln (Eds.), *Collecting and interpreting qualitative materials* (pp. 79–109). Thousand Oaks, CA: Sage.

Allen, W. (2013). Rewarding participation in social media enabled communities of practice. In *International AAAI Conference on Weblogs and Social Media.* Retrieved from http://www.aaai.org/ocs/index .php/ICWSM/ICWSM13/paper/view/6257

Al Lily, A. E. (2014). The tribe of educational technologies. *Higher Education Studies, 4*(3), 19–37. Retrieved from http://search.proquest.com /docview/1539696663?accountid=13158

Alston, G. D. (2014). *Cross-cultural mentoring relationships in higher education: A feminist grounded theory study.* Unpublished doctoral dissertation, Texas State University.

Alston, G. D., & Ellis-Hervey, N. (2014). Exploring the nonformal adult educator in twenty-first century contexts using qualitative video data analysis techniques. *Learning, Media and Technology.* doi: 10.10080/ 17439884.2014,968168

Altheide, D. L., & Schneider, C. J. (2013). *Qualitative media analysis* (2nd ed.). Thousand Oaks, CA: Sage.

Anfara, V. A. Jr., & Mertz, N. T. (2015). Introduction. In V. A. Anfara Jr. & N. T. Mertz (Eds.), *Theoretical frameworks in qualitative research* (2nd ed.). (pp. xiii–xxxii). Thousand Oaks, CA: Sage.

Ardévol E., & Gómez-Cruz, E. (2014). Digital ethnography and media practices. In F. Darling-Wolf (Ed.), *The international encyclopedia of media studies: Research methods in media studies* (pp. 498–518). San Francisco: Wiley.

Armstrong, D., & Ogden, J. (2006). The role of etiquette and experimentation in explaining how doctors change behavior: A qualitative study. *Sociology of Health and Illness, 28,* 951–968.

Auster, C. J. (1985). Manuals for socialization: Examples from Girl Scout handbooks 1913–1984. *Qualitative Sociology, 8*(4), 359–367.

Bailey, N., & Van Harkein, E. (2014). Visual images as tools of teacher inquiry. *Journal of Teacher Education, 65*(3), 241–260.

Ballenger, C. (2009). *Puzzling moments, teachable moments. Practicing teacher research in urban classrooms.* New York: Teachers College Press.

Banerjee, A. (2013). *Leadership development among scientists: Learning through adaptive challenges.* Unpublished doctoral dissertation, University of Georgia, Athens.

Barbour, R. (2008). *Doing focus groups.* Thousand Oaks, CA: Sage.

Barone, T., & Eisner, E. (2012). *Arts based research.* Thousand Oaks, CA: Sage.

Bateson, M. C. (1990). *Composing a life.* New York: Penguin Books.

Beale, C. (2013). Keeping the story together: A holistic approach to narrative analysis. *Journal of Research in Nursing, 18,* 692–704.

Becker, H. S. (1993). Theory: The necessary evil. In D. J. Flinders & G. E. Mills (Eds.), *Theory and concepts in qualitative research: Perspectives from the field* (pp. 218–229). New York: Teachers College Press.

Becker, H. S. (2007). *Writing for social scientists: How to start and finish your thesis, book, or article* (2nd ed.). Chicago: University of Chicago Press.

Bierema, L. L. (1996). How executive women learn corporate culture. *Human Resource Development Quarterly, 7*(2), 145–164.

Blankenship, J. C. (1991). *Attrition among male nursing students.* Unpublished doctoral dissertation, University of Georgia, Athens.

Boellstorff, T., Nardi, B., Pearce, C., & Taylor, T. (2012). *Ethnography and virtual worlds: A handbook of method.* Princeton, NJ: Princeton University Press.

Bogdan, R. C., & Biklen, S. K. (2011). *Qualitative research for education: An introduction to theories and methods* (5th ed.). Boston: Pearson.

Bogdan, R. C., & Taylor, S. (1975). *Introduction to qualitative research methods.* New York: Wiley.

Bohannan, L. (1992). Shakespeare in the bush. Reprinted in J. M. Morse (Ed.), *Qualitative health research* (pp. 20–30). Thousand Oaks, CA: Sage.

Borg, W. R., & Gall, M. D. (1989). *Educational research* (5th ed.). White Plains, NY: Longman.

Bracken, S. (2011). Understanding program planning theory and practice in a feminist community-based organization. *Adult Education Quarterly, 61*(2), 121–138.

Braun, V., & Clarke, V. (2013). *Successful qualitative research: A practical guide for beginners.* Thousand Oaks, CA: Sage.

Brinkmann, S., & Kvale, S. (2015). *InterViews: Learning the craft of qualitative research interviewing* (3rd ed.). Thousand Oaks, CA: Sage.

Brockenbrough, E. (2012). Agency and abjection in the closet: The voices (and silences) of black queer male teachers. *International Journal of Qualitative Studies in Education, 25*(6), 741–761.

Buckner, T. M. (2012). *Engaging moments: Adult educators reading and responding to emotion in the classroom.* Unpublished doctoral dissertation, University of Georgia, Athens.

Bullingham, L., & Vasconcelos, A. (2013). "The presentation of self in the online world": Goffman and the study of online identities. *Journal of Information Science, 39,* 101–112.

Burbules, N. C. (1986). *Tootle:* A parable of schooling and destiny. *Harvard Educational Review, 56*(3), 239–256.

Burgess, R. G. (Ed.). (1991). *Field research: A source book and field manual.* New York: Routledge.

Carney, G., Dundon, T., & Ní Léime, A. (2012). Participatory action research *with* and *within* community activist groups: Capturing the collective experience of Ireland's community and voluntary pillar in social partnership. *Action Research, 10*(3), 313–330.

Carr, W., & Kemmis, S. (1995). *Becoming critical: Education, knowledge and action research.* London: Hyperion Books.

Charmaz, K. (2000). Grounded theory: Objectivist and constructivist methods. In N. K. Denzin & Y. S. Lincoln (Eds.), *Handbook of qualitative research* (2nd ed.). (pp. 509–535). Thousand Oaks, CA: Sage.

Charmaz, K. (2011). Grounded theory methods in social justice research. In N. K. Denzin & Y. S. Lincoln (Eds.), *The Sage handbook of qualitative research* (4th ed.). (pp. 359–380). Thousand Oaks, CA: Sage.

Charmaz, K. (2014). *Constructing grounded theory* (2nd ed.). London: Sage.

Chein, I. (1981). Appendix: An introduction to sampling. In L. H. Kidder (Ed.), *Selltiz, Wrightsman & Cook's research methods in social relations* (4th ed.). (pp. 418–441). Austin, TX: Holt, Rinehart and Winston.

Cho, J., & Trent, A. (2006). Validity in qualitative research revisited. *Qualitative Research, 6*(3), 319–340.

Clandinin, D. J. (Ed.). (2007). *Handbook of narrative inquiry: Mapping a methodology.* Thousand Oaks, CA: Sage.

Clandinin, D. J., & Connelly, F. M. (1998). Personal experience methods. In N. K. Denzin & Y. S. Lincoln (Eds.), *Collecting and interpreting qualitative methods* (pp. 150–178). Thousand Oaks, CA: Sage.

Clark, G. K. (1967). *The critical historian*. Portsmouth, NH: Heinemann Educational Books.

Clarke, A. E. (2005). *Situation analysis: Grounded theory after the postmodern turn*. Thousand Oaks, CA: Sage.

Coady, M. (2013). Adult health learning and transformation: A case study of a Canadian community-based program. *Adult Education Quarterly, 63*(4), 321–337.

Cochran-Smith, M., & Lytle, S. (Ed.). (2009). *Inquiry as stance: Practitioner research in the next generation*. New York: Teachers College Press.

Coffey, A., & Atkinson, P. (1996). *Making sense of qualitative data*. Thousand Oaks, CA: Sage.

Collins, J. (2001). *Good to great: Why some companies make the leap and others don't*. New York: HarperCollins.

Collins, J., & Hansen, M. T. (2011). *Great by choice: Uncertainty, chaos, and luck—why some thrive despite them all*. NY: HarperCollins.

Connelly, F. M., & Clandinin, D. J. (1990). Stories of experience and narrative inquiry. *Educational Researcher, 9*(5), 2–14.

Cooper, H. M. (1984). *The integrative research review: A systematic approach*. Thousand Oaks, CA: Sage.

Cooperrider, D., Whitney, D., & Stavros, J. (2008). *The appreciative inquiry handbook: For leaders of change* (2nd ed.). Brunswick, OH: Crown Publisher House.

Corbin, J., & Strauss, A. (2015). *Basics of qualitative research: Techniques and procedures for developing grounded theory* (4th ed.). Thousand Oaks, CA: Sage.

Cortazzi, M. (1993). *Narrative analysis*. London: Falmer Press.

Courtenay, B. C., Merriam, S. B., & Reeves, P. M. (1998). The centrality of meaning-making in transformational learning: How HIV-positive adults make sense of their lives. *Adult Education Quarterly, 48*(2), 102–119.

Cranton, P., & Merriam, S. B. (2015). *A guide to research for educators and trainers of adults* (3rd ed.). Malabar, FL: Krieger.

Creswell, J. W. (2013). *Qualitative inquiry & research design* (3rd ed.). Thousand Oaks, CA: Sage.

Creswell, J. W. (2015). *A concise introduction to mixed methods research*. Thousand Oaks, CA: Sage.

Creswell, J., & Plano Clark, V. (2011). *Designing and conducting mixed methods research* (2nd ed.). Thousand Oaks, CA: Sage.

Cronbach, L. J. (1975). Beyond the two disciplines of scientific psychology. *American Psychologist, 30,* 116–127.

Crosby, J. L. (2004). *How learning experiences foster commitment to a career in teaching English as a foreign language.* Unpublished doctoral dissertation, University of Georgia, Athens.

Crotty, M. (1998). *The foundations of social research.* London: Sage.

Crowe, T. V. (2003). Using focus groups to create culturally appropriate HIV prevention material for the deaf community. *Qualitative Social Work, 2*(3), 289–308.

Daiute, C. (2014). *Narrative inquiry: A dynamic approach.* Thousand Oaks, CA: Sage.

D'Andrade, R. G. (1992). Afterword. In R. G. D'Andrade & C. Strauss (Eds.), *Human motives and cultural models.* Cambridge, England: Cambridge University Press.

Davidson, J., & diGregorio, S. (2013). Qualitative research and technology. In N. K. Denzin & Y. S. Lincoln (Eds.), *Collecting and interpreting qualitative materials* (4th ed.). (pp. 481–511). Thousand Oaks, CA: Sage.

Davidson, S. M. (2006). Exploring sociocultural borderlands: Journeying, navigating, and embodying a queer identity. *Journal of Men's Studies, 14*(1), 13–26.

Davis, C. A. (2014). Unraveled, untold stories: An ethnodrama. *Adult Education Quarterly, 64,* 240–259.

De Fina, A., & Georgakopoulou, A. (2012). *Analyzing narrative: Discourse and sociolinguistic perspectives.* Cambridge, UK: Cambridge University Press.

deMarrais, K. (2004). Qualitative interview studies: Learning through experience. In K. deMarrais & S. D. Lapan (Eds.), *Foundations for research* (pp. 51–68). Mahwah, NJ: Erlbaum.

Denzin, N. K. (1978). *The research act: A theoretical introduction to sociological methods* (2nd ed.). New York: McGraw-Hill.

Denzin, N. K. (1989). *Interpretive biography.* Newbury Park, CA: Sage.

Denzin, N. K. (2014). *Interpretive autoethnography.* Thousand Oaks, CA: Sage.

Denzin, N. K., & Lincoln, Y. S. (2000). *Handbook of qualitative research* (2nd ed.). Thousand Oaks, CA: Sage.

Denzin, N. K., & Lincoln, Y. S. (2011). *The Sage handbook of qualitative research* (4th ed.). Thousand Oaks, CA: Sage.

Denzin, N. K., & Lincoln, Y. S. (2013). *Collecting and interpreting qualitative materials* (4th ed.). Thousand Oaks, CA: Sage.

Dewey, J. (1933). *How we think.* Lexington, MA: Heath.

Dexter, L. A. (1970). *Elite and specialized interviewing.* Evanston, IL: Northwestern University Press.

Dey, I. (1993). *Qualitative data analysis: A user friendly guide for social scientists.* London: Routledge.

Donmoyer, R. (1990). Generalizability and the single-case study. In E. W. Eisner & A. Peshkin (Eds.), *Qualitative inquiry in education: The continuing debate* (pp. 175–200). New York: Teachers College.

Donnelly, M. K. (2014). Drinking with the derby girls: Exploring the hidden ethnography in research of women's flat track roller derby. *International Review for the Sociology of Sport, 49* (3/4), 346–366. doi: 10.1177/1012690213515664

Eisner, E. W. (1998). *The enlightened eye: Qualitative inquiry and the enhancement of educational practice.* Upper Saddle River, NJ: Prentice-Hall.

Ember, C. R., & Ember, M. (2012). *A basic guide to cross-cultural research.* http://hraf.yale.edu/wp-content/uploads/2013–12/

English, L. M. (2005). Third-space practitioners: Women educating for justice in the global south. *Adult Education Quarterly, 55*(2), 85–100.

Enomoto, E. K., & Bair, M. A. (1999). The role of the school in the assimilation of immigrant children: A case study of Arab Americans. *International Journal of Curriculum and Instruction, 1,* 45–66.

Erickson, F. (1986). Qualitative methods in research on teaching. In M. C. Whittrock (Ed.), *Handbook of research on teaching* (3rd ed.). (pp. 119–161). Old Tappan, NJ: Macmillan.

Erickson, F. (2012). Qualitative research methods for science education. In B. J. Fraser, K. Tobin, & C. J. McRobbie (Eds.), *Second international handbook of science education* (pp. 1451–1469). New York: Springer.

Fadiman, A. (1997). *The spirit catches you and you fall down.* New York: Farrar, Strauss and Giroux.

Fear, W. (2012). Discursive activity in the boardroom: The role of the minutes in the construction of social realities. *Group and Organization Management, 37,* 486–520.

Fernandez, M. E., Breen, L. J., &. Simpson, T. A. (2014). Renegotiating identities: Experiences of loss and recovery for women with bipolar disorder. *Qualitative Health Research, 24*(7), 890–900.

Fielding, N. G. (2008). *Interviewing II* (4-volume set). Thousand Oaks, CA: Sage.

Fielding, N. G. (2014). Qualitative research and our digital futures. *Qualitative Inquiry, 20*(9), 1064–1073.

Firestone, W. A. (1987). Meaning in method: The rhetoric of quantitative and qualitative research. *Educational Researcher, 16*(7), 16–21.

Flick, U. (2014). Mapping the field. In U. Flick (Ed.), *The Sage handbook of qualitative data analysis* (pp. 3–18). Thousand Oaks, CA: Sage.

Fontana, A., & Frey, J. J. (2005). The interview. In N. K. Denzin & Y. S. Lincoln (Eds.), *The Sage handbook of qualitative research* (3rd ed.). (pp. 695–727). Thousand Oaks, CA: Sage.

Foster, J. (1994). The dynamics of gender in ethnographic research: A personal view. In R. G. Burgess (Ed.), *Studies in qualitative methodology 4: Issues in qualitative research*. Greenwich, CT: JAI Press.

Foucault, M. (1980). *Power/knowledge: Selected interviews and other writings, 1972–1977* (edited by Colin Gordon). New York: Harvester Press.

Frankenberg, R. (1982). Participant observers. In R. G. Burgess (Ed.), *Field research: A sourcebook and field manual* (pp. 50–52). London: Allen & Unwin.

Gabrys, J. (2013). *Digital rubbish: A natural history of electronics.* Ann Arbor, MI: University of Michigan Press.

Gaffney, D. A., DeMarco, R. F., Hofmeyer, A., Vessey, J. A., & Budin, W. C. (2012). Making things right: Nurses' experiences with workplace bullying—a grounded theory. *Nursing Research and Practice, 2012* (243210). doi: 10.1155/2012/243210

Galvan, J. L. (2012). *Writing literature reviews: A guide for students of the social and behavioral sciences* (5th ed.). Glendale, CA: Pyrczak.

Gans, H. J. (1982). The participant observer as a human being: Observations on the personal aspects of fieldwork. In R. G. Burgess (Ed.), *Field research: A sourcebook and field manual* (pp. 53–61). London: Allen & Unwin.

Gatson, S. (2011). The methods, politics, and ethics of representation in online ethnography. In N. K. Denzin & Y. S. Lincoln (Eds.), *The Sage handbook of qualitative research* (4th ed.). (pp. 513–527). Thousand Oaks, CA: Sage.

Gee, J. P. (2014). *An introduction to discourse analysis: Theory and method* (4th ed.). London: Routledge.

Geertz, C. (1973). *The interpretation of cultures: Selected essays.* New York: Basic Books.

Gibbs, G. R. (2013). Using software in qualitative analysis. In U. Flick (Ed.), *The Sage handbook of analyzing qualitative data.* London: Sage. Accessed at http://eprints.hud.ac.uk/14873/

Glaser, B. G. (1978). *Theoretical sensitivity.* Mill Valley, CA: Sociology Press.

Glaser, B. G., & Strauss, A. (1967). *The discovery of grounded theory: Strategies for qualitative research.* Chicago: Aldine.

Glesne, C., & Peshkin, A. (1992). *Becoming qualitative researchers: An introduction.* White Plains, NY: Longman.

Gold, R. (1958). Roles in sociological field observations. *Social Forces, 36,* 217–223.

Grady, J. (2008). Visual research at the crossroads. *Forum Qualitative Sozialforschung/Forum: Qualitative Social Research, 9*(3). Retrieved from http://www.qualitative-research.net/index.php/fqs/article/view/1173

Gray, D. E. (2014). *Doing research in the real world* (3rd ed.). Thousand Oaks, CA: Sage.

Grbich, C. (2013). *Qualitative data analysis* (2nd ed.). Thousand Oaks, CA: Sage.

Grenier, R. S. (2009). The role of learning in the development of expertise in museum docents. *Adult Education Quarterly, 60*(5), 142–157.

Guba, E. G. (1978). Toward a methodology of naturalistic inquiry in educational evaluation. *CSE Monograph Series in Evaluation, 8.* Los Angeles: Center for the Study of Evaluation, University of California.

Guba, E. G., & Lincoln, Y. (1981). *Effective evaluation.* San Francisco: Jossey-Bass.

Gubrium, J. F., Holstein, J., Marvasti, A. B., & McKinney, K. D. (2012). *The Sage handbook of interview research: The complexity of the craft* (2nd ed.). Thousand Oaks, CA: Sage.

Hahn, C. (2008). *Doing qualitative research using your computer: A practical guide.* Thousand Oaks, CA: Sage.

Hanley, M., & View, L. (2014). Poetry and drama as counternarrative. *Cultural Studies ↔ Critical Methodologies, 14*(6), 558–573.

Harper, D. (2002). Talking about pictures: A case for photo elicitation. *Visual Studies, 17*(1), 13–26.

Harper, D. (2003). Reimagining visual methods: Galileo to Neuromancer. In N. K. Denzin & Y. S. Lincoln (Eds.), *Collecting and interpreting qualitative materials* (2nd ed.). (pp. 176–198). Thousand Oaks, CA: Sage.

Hawkins, G. (2006). *The ethics of waste: How we relate to rubbish.* Lanham, MD: Rowman & Littlefield Publishers.

Hennink, M. M. (2014). *Focus group discussions.* New York: Oxford University Press.

Herr, K,. & Anderson, G. (2015). *The action research dissertation: A guide for students and faculty* (2nd ed.). Thousand Oaks, CA: Sage.

Hewson, C., Yule, P., Laurent, D., & Vogel, C. (2003). *Internet research methods: A practical guide for the social and behavioural sciences.* London: Sage.

Hickson, H., O'Meara, P., & Huggins, C. (2014). Engaging in community conversation: A means to improving the paramedicine student clinical placement experience. *Action Research, 12*(4), 410–425.

Hill Collins, P. (2008). *Black feminist thought: Knowledge, consciousness, and the politics of empowerment.* New York: Routledge.

Hodder, I. (2003). The interpretation of documents and material culture. In N. K. Denzin & Y. S. Lincoln (Eds.), *Collecting and interpreting qualitative materials* (2nd ed.). (pp. 155–175). Thousand Oaks, CA: Sage.

Hohl, S. D., Gonzalez, C., Carosso, E., Ibarra, G., & Thompson, B. (2014). "I did it for us and I would do it again": Perspectives of rural Latinos on providing biospecimens for research. *American Journal of Public Health, 104*(5), 911–916. Retrieved from http://search.proqust .com/docview/1524713438?accountid=13158

Hollenbeck, C. R. (2005). Online anti-brand communities as a new form of social action in adult education. In R. J. Hill & R. Kiely (Eds.), *Proceedings of the 46th annual adult education research conference* (pp. 205–210). Athens, GA: University of Georgia.

Holstein, J. A., & Gubrium, J. F. (2012). *Varieties of narrative analysis.* Thousand Oaks, CA: Sage.

Honigmann, J. J. (1982). Sampling in ethnographic fieldwork. In R. G. Burgess (Ed.), *Field research: A sourcebook and field manual* (pp. 79–90). London: Allen & Unwin.

Hookway, N. (2008). "Entering the blogosphere": Some strategies for using blogs in social research. *Qualitative Research, 8,* 91–113.

Horton, M., & Freire, P. (1990). *We make the road by walking: Conversations on education and social change* (edited by Brenda Bell, John Gaventa, and John Peters). Philadelphia: Temple University Press.

Hughes, J. (Ed.). (2012). *Sage visual methods* (Vols. 1–4). Thousand Oaks, CA: Sage.

Husserl, E. (1970). *The crisis of European sciences and transcendental phenomenology*. Evanston, IN: North University Press.

Hyde, P. (2006). A case study of unconscious processes in an organization. In L. Finlay & C. Ballinger (Eds.), *Qualitative research for allied health professionals: Challenging choices* (pp. 218–231). West Sussex, England: Wiley.

Imel, S. (2011). Writing a literature review. In T. Rocco & T. Hatcher (Eds.), *The handbook of scholarly writing and publishing* (pp. 145–160). San Francisco: Wiley.

James, N., & Busher, H. (2012). Internet interviewing. In J. Gubrium et al. (Eds.), *The Sage handbook of interview research: The complexity of the craft* (2nd ed.). (pp. 177–192). Thousand Oaks, CA: Sage.

Janesick, V. J. (1994). The dance of qualitative research design: Metaphor, methodolatry, and meaning. In N. K. Denzin & Y. S. Lincoln (Eds.), *Handbook of qualitative research* (pp. 209–235). Thousand Oaks, CA: Sage.

Jarecke, J. (2011). *Teacher-learner beliefs in medical education: A mixed methods study of the third-year experience*. Unpublished dissertation, The Pennsylvania State University.

Johnson-Bailey, J. (2004). Enjoining positionality and power in narrative work: Balancing contentious and modulating forces. In K. Desmarrais & S. Lapan (Eds.), *Foundations for research: Methods of inquiry in education and the social sciences* (pp. 123–138). New York: Erlbaum.

Jonassen, D. H., & Hernandez-Serrano, J. (2002). Case-based reasoning and instructional design: Using stories to support problem solving. *Educational Technology Research and Development, 50*(2), 65–77.

Josselson, R., Lieblich, A., & McAdams, D. P. (Eds.). (2007). *The meaning of others: Narrative studies of relationships*. Washington, DC: American Psychological Association.

Jowett, M., & O'Toole, G. (2006). Focusing researchers' minds: Contrasting experiences of using focus groups in feminist qualitative research. *Qualitative Research, 6*(4), 453–472.

Kelle, U. (2004). Computer-assisted qualitative data analysis. In C. Seale, G. Gobo, J. R. Gubrium, & D. Silverman (Eds.), *Qualitative research practice* (pp. 473–489). Thousand Oaks, CA: Sage.

Kemmis, S., McTaggert, R., & Nixon, R. (2014). *The action research planner: Doing critical participatory action research.* New York: Springer.

Kerrigan, M. (2014). Understanding community colleges' organizational capacity for data use: A convergent parallel mixed methods study. *Journal of Mixed Methods Research, 8*(4), 241–362.

Kilbourn, B. (2006). The qualitative doctoral dissertation proposal. *Teachers College Record, 108*(4), 529–576.

Kim, S. J. (2014). The career transition process: A qualitative exploration of Korean middle-aged workers in postretirement employment. *Adult Education Quarterly, 64*(1), 3–19.

Kincheloe, J. L., & McLaren, P. (2000). Rethinking critical theory and qualitative research. In N. K. Denzin & Y. S. Lincoln (Eds.), *Handbook of qualitative research* (2nd ed.). (pp. 279–314). Thousand Oaks, CA: Sage.

Kincheloe, J. L., McLaren, P., & Steinberg, S. (2011). Critical pedagogy and qualitative research: Moving to bricolage. In N. K. Denzin & Y. S. Lincoln (Eds.), *The Sage handbook of qualitative research* (pp. 163–178). Thousand Oaks, CA: Sage.

Knowles, J. G., & Cole, A. L. (2007). *Handbook of the arts in qualitative research: Perspectives, methodologies, examples, and issues.* Thousand Oaks, CA: Sage.

Koro-Ljungberg, M. (2012). Methodology is movement is methodology. In S. Sternberg & G. Cannella (Eds.), *Critical qualitative research reader* (pp. 82–90). New York: Peter Lang.

Kozinets, R., Dolbec, P., & Earley, A. (2014). Netnographic analysis: Understanding culture through social media data. In U. Flick (Ed.), *The Sage handbook of qualitative data analysis* (pp. 262–276). Thousand Oaks, CA: Sage.

Krippendorff, K. H. (2013). *Content analysis: An introduction to its methodology.* Thousand Oaks, CA: Sage.

Krueger, R. A., & Casey, M. A. (2015). *Focus groups: A practical guide for applied research* (5th ed.). Thousand Oaks, CA: Sage.

Kuhne, G., & Quigley, B. A. (1997). Understanding and using action research in practice settings. In B. A. Quigley & G. Kuhne (Eds.), *Creating practical knowledge through action research* (pp. 23–40). New Directions for Adult and Continuing Education, no. 73. San Francisco: Jossey-Bass.

Labov, W. (1982). Speech actions and reactions in personal narrative. In D. Tannen (Ed.), *Analyzing discourse: Text and talk* (pp. 354–396). Washington, DC: Georgetown University Press.

Lachal, J., Speranza, M., Taïeb, O., Falissard, B., Lefèvre, H., Moro, M. R., & Revah-Levy, A. (2012). Qualitative research using photo-elicitation to explore the role of food in family relationships among obese adolescents. *Appetite, 58,* 1099–1105.

Lather, P. (1992). Critical frames in educational research: Feminist and post-structural perspectives. *Theory into Practice, 31*(2), 87–99.

Lather, P. (2006). Paradigm proliferation as a good thing to think with: Teaching research in education as a wild profusion. *International Journal of Qualitative Studies in Education, 19*(1), 35–58.

Lather, P., & St. Pierre, E. A. (2013). Post-qualitative research. *International Journal of Qualitative Studies in Education, 26*(6), 629–633.

Leavy, P. (2015). *Method meets art: Arts-based research practice* (2nd ed.). New York: Guilford Press.

LeCompte, M. D., & Preissle, J., with Tesch, R. (1993). *Ethnography and qualitative design in educational research* (2nd ed.). Orlando, FL: Academic Press.

LeCompte, M. D., & Schensul, J. J. (2010). *Designing and conducting ethnographic research: An introduction* (2nd ed.). Lanham and New York: AltaMira Press.

Lee, R. M. (2000). *Unobtrusive methods in social research.* Philadelphia: Open University.

Levinson, D. J., & Levinson, J. D. (1996). *The seasons of a woman's life.* New York: Ballantine.

Lichtman, M. V. (2013). *Qualitative research in education: A user's guide.* Thousand Oaks, CA: Sage.

Lightfoot, S. L. (1983). *The good high school.* New York: Basic Books.

Lincoln, Y. S. (1995). Emerging criteria for quality in qualitative and interpretive research. *Qualitative Inquiry, 1*(1), 275–289.

Lincoln, Y. S. (2010). "What a long, strange trip it's been . . .": Twenty-five years of qualitative and new paradigm research. *Qualitative Inquiry, 16*(1), 3–9.

Lincoln, Y. S., & Guba, E. G. (1985). *Naturalistic inquiry.* Thousand Oaks, CA: Sage.

Lincoln, Y. S., Lynham, S. A., & Guba, E. G. (2011). Paradigmatic controversies, contradictions, and emerging confluences, revisited

In N. Denzin and Y. S. Lincoln (Eds.), *The Sage handbook of qualitative research* (pp. 97–128). Thousand Oaks, CA: Sage.

Lindlof, T., & Taylor, B. (2011). *Qualitative communication research methods.* Thousand Oaks, CA: Sage.

Liu, W., Manias, E., & Gerdtz, M. (2012). Medication communication between nurses and patients during nursing handovers on medical wards: A critical ethnographic study. *International Journal of Nursing Studies, 49*(8), 941–952.

Lodico, M., Spaulding, D., & Voegtle, K. (2010). *Methods in educational research: From theory to practice* (2nd ed.). San Francisco: Jossey-Bass.

Lofland, J. (1974). Styles of reporting qualitative field research. *American Sociologist, 9*, 101–111.

Lofland, J., & Lofland, L. H. (1995). *Analyzing social settings: A guide to qualitative observation and analysis* (3rd ed.). Belmont, CA: Wadsworth.

Lofland, J., Snow, D., Anderson, L., & Lofland, L. H. (2006). *Analyzing social settings: A guide to qualitative observation and analysis* (4th ed.). Belmont, CA: Wadsworth/Thomas Learning.

Lopez, C. J. (2013). *Early intensive behavior treatment for children with autism: A multiple case study of long term outcomes.* Unpublished dissertation, California State University, Stanislaus.

Lorenz, L. S. (2010). Brain injury survivors: Narratives of disability and healing. *Disability in society.* R. Berger (Series Ed.). Boulder, CO, and London: Lynne Riener.

Macnaghten, P., & Myers, G. (2004). Focus groups. In C. Seale, G. Gobo, J. F. Gubrium, & D. Sliverman (Eds.), *Qualitative research practice* (pp. 65–79). Thousand Oaks, CA: Sage.

Madison, D. S. (2012). *Critical ethnography: Method, ethics, and performance* (2nd ed.). Thousand Oaks, CA: Sage.

Manovski, M. (2014). *Autoethnography and music education: Singing through a culture of marginalization.* Boston: Sense Publishing.

Margolis, E., & Pauwels, L. (Eds.). (2011). *The Sage handbook of visual research methods.* Thousand Oaks, CA: Sage.

Marotzki, W., Holze, J., & Verständig, D. (2014). Analysing virtual data. In U. Flick (Ed.), *The Sage handbook of qualitative data analysis* (pp. 450–464). Thousand Oaks, CA: Sage.

Marshall, C., & Rossman, G. B. (2015). *Designing qualitative research* (6th ed.). Thousand Oaks, CA: Sage.

Martin, D., & Yurkovich, E. (2014). "Close-knit" defines a healthy Native American Indian family. *Journal of Family Nursing, 20*(1), 51–72.

Matteucci, X. (2013). Photo elicitation: Exploring tourist experiences with researcher-found images. *Tourism Management, 35*, 190–197.

Maxwell, J. A. (2013). *Qualitative research design: An interactive approach* (3rd ed.). Thousand Oaks, CA: Sage.

Mayfield-Johnson, S., Rachal, J. R., & Butler, J. III. (2014). "When we learn better, we do better": Describing changes in empowerment through photovoice among community health advisors in a breast and cervical cancer health promotion program in Mississippi and Alabama. *Adult Education Quarterly, 64*(2), 91–109.

McAdams, D. P., Josselson, R., & Lieblich, A. (Eds.). (2013). *Turns in the road: Narrative studies of lives in transition.* Washington, DC: American Psychological Association.

McCulloch, G. (2004). *Documentary research in education, history and the social sciences.* London: RoutledgeFalmer.

McLean, S. (2013). Public pedagogy, private lives: Self-help books and adult learning. *Adult Education Quarterly, 63*(4), 373–388.

Merriam, S. B. (1988). *Case study research in education: A qualitative approach.* San Francisco: Jossey-Bass.

Merriam, S. B. (1989). The structure of simple reminiscence. *The Gerontologist, 29*(6), 761–767.

Merriam, S. B. (2015). Transformational learning and HIV-positive young adults. In V. A. Anfara Jr. & N. T. Mertz (Eds.), *Theoretical frameworks in qualitative research* (2nd ed.) (pp. 80–95). Thousand Oaks, CA: Sage.

Merriam, S. B., & Muhamad, M. (2013). Roles traditional healers play in cancer treatment in Malaysia: Implications for health promotion and education. *Asian Pacific Journal of Cancer Prevention, 14*(6), 3593–3601.

Merton, R., Riske, M., & Kendall, P. L. (1956). *The focused interview.* New York: Free Press.

Mertz, N. T., & Anfara, V. A. Jr. (2015). Conclusion: Closing the loop. In V. A. Anfara Jr. & N. T. Mertz (Eds.), *Theoretical frameworks in qualitative research* (pp. 227–235). Thousand Oaks, CA: Sage.

Michel, A. (2014). Participation and self-entrapment: A 12-year ethnography of Wall Street participation practices' diffusion and evolving consequences. *Sociological Quarterly, 55*(3), 514–536. doi: 10.1111/tsq.12064

Miles, M. B., Huberman, A. M., & Saldaña, J. (2014). *Qualitative data analysis: A methods sourcebook* (3rd ed.). Thousand Oaks, CA: Sage.

Mishler, E. G. (1995). Models of narrative analysis: A typology. *Journal of Narrative and Life History, 5*(2), 87–123.

Mishoe, S. C. (1995). The effects of institutional context on critical thinking in the workplace. *Proceedings of the 36th Annual Adult Education Research Conference* (pp. 221–228). University of Alberta, Edmonton, Alberta, Canada.

Montuori, A. (2005). Literature review as creative inquiry: Reframing scholarship as a creative process. *Journal of Transformative Education, 3*, 374–393.

Moon, P. (2011). Bereaved elders: Transformative learning in late life. *Adult Education Quarterly, 61*(1), 22–39.

Moss, G., & McDonald, J. W. (2004). The borrowers: Library records as unobtrusive measures of children's reading preferences. *Journal of Research in Reading, 27*(4), 401–412.

Moustakas, C. (1990). *Heuristic research: Design, methodology, and applications.* Thousand Oaks, CA: Sage.

Moustakas, C. (1994). *Phenomenological research methods.* Thousand Oaks, CA: Sage.

Muncey, T. (2010). *Creating autoethnographies.* Thousand Oaks, CA: Sage.

Murdock, G. P. (1983). *Outline of world cultures* (6th ed.). New Haven, CT: Human Relations Area Files.

Murdock, G. P., Ford, C. S., Hudson, A. E., Kennedy, R., Simmons, L. W., & Whitney, J. M. (2008). *Outline of world cultures* (6th rev. ed. with modifications). Human Relations Area File. New Haven, CT: Yale University.

Norman, D. A. (1993). *Things that make us smart: Defending human attributes in the age of the machine.* Reading, MA: Addison-Wesley.

Ntseane, P. G. (1999). *Botswana rural women's transition to urban business success: Collective struggles, collective learning.* Unpublished doctoral dissertation, University of Georgia, Athens.

Ntseane, P. G. (2004). Botswana rural women's transition to urban small business success: Collective struggles, collective learning. *Gender and Development, 12*(2), 37–43.

Ntseane, P. G. (n.d.). Interview transcript. University of Georgia, Athens.

Ozanne, J. L., Adkins, N. R., & Sandlin, J. A. (2005). Shopping [for] power: How adult literacy learners negotiate the marketplace. *Adult Education Quarterly, 55*(4), 251–268.

Padgett, D. K., Smith, B. T., Derejko, K. S., Henwood, B. F., & Tiderington, E. (2013). A picture is worth . . . ? Photo elicitation interviews with formerly homeless adults. *Qualitative Health Research, 23*(11), 1435–1444.

Parmentier, G., & Roland, S. (2009). Consumers in virtual worlds: Identity building and consuming experience in Second Life. *Recherche et Applications en Marketing* (English edition), *24*(3), 43–55.

Patton, M. Q. (1978). *Utilization-focused evaluation.* Beverly Hills, CA: Sage.

Patton, M. Q. (1981). *Practical evaluation.* Beverly Hills, CA: Sage.

Patton, M. Q. (1985, April). Quality in qualitative research: Methodological principles and recent developments. Invited address to Division J of the American Educational Research Association, Chicago.

Patton, M. Q. (2002). *Qualitative research and evaluation methods* (3rd ed.). Thousand Oaks, CA: Sage.

Patton, M. Q. (2015). *Qualitative research and evaluation methods* (4th ed.). Thousand Oaks, CA: Sage.

Paulus, T., Lester, N., & Dempster, P. (2014). *Digital tools for qualitative research.* Thousand Oaks, CA: Sage.

Perry, H. (2008). Integrating adult education and public health policy: A case study of policy formation in Uganda. Unpublished dissertation, University of Georgia, Athens.

Peshkin, A. (1988). In search of subjectivity—one's own. *Educational Researcher, 17*(7), 17–22.

Piersol, L. (2014). Listening place. *Australian Journal of Outdoor Education, 17*(2), 43–53. Retrieved from http://search.proquest.com /docview/1511026278?accountid=13158

Pillow, W. (2003). Confession, catharsis, or cure? Rethinking the uses of reflexivity as methodological power in qualitative research. *Qualitative Studies in Education, 16*(2), 175–196.

Pink, S. (2012). *Advances in visual methodology.* Thousand Oaks, CA: Sage.

Pink, S. (2013). *Doing visual ethnography* (3rd ed.). Thousand Oaks, CA: Sage.

Plano Clark, V., Schumacher, K., West, C., Edrington, J., Dunn, L., Harzstark, A., . . . Miaskowski, C. (2013). Practices for embedding an interpretive qualitative approach within a randomized trial. *Journal of Mixed Methods Research, 7*(3), 219–242.

Plunkett, R., Leipert, B., Ray, S. L., Olson, J. K. (2014). Healthy spaces in meaningful places: The rural church and women's health promotion. *Journal of Holistic Nursing*, 1–12. doi: 10.1177/0898010114546191

Prasad, P. (2005). *Crafting qualitative research: Working in the postpositivist traditions.* Armonk, NY: M.E. Sharpe.

Preissle, J. (2006). Envisioning qualitative inquiry: A view across four decades. *International Journal of Qualitative Studies in Education, 19*(6), 685–695.

Preissle, J., & Grant, L. (2004). Fieldwork traditions: Ethnography and participant observation. In K. deMarrais & S. D. Lapan (Eds.), *Foundations for research: Methods of inquiry in education and the social sciences* (pp. 161–180). Mahwah, NJ: Erlbaum.

Preston, R. (1995). *The hot zone.* New York: Random House.

Probst, B., & Berenson, L. (2014). The double arrow: How qualitative social work researchers use reflexivity. *Qualitative Social Work, 13*(6), 813–827.

Punch, M. (1994). Politics and ethics in qualitative research. In N. K. Denzin & Y. S. Lincoln (Eds.), *Handbook of qualitative research* (pp. 83–97). Thousand Oaks, CA: Sage.

Pyrch, T. (2007). Participatory action research and the culture of fear. *Action Research, 5*(2), 199–216.

Ramaswamy, A. (2014). Natya yoga therapy: Using movement and music to create meditative relief in schizophrenia (based on ashtanga yoga). *Action Research, 12*, 237–253.

Ratcliffe, J. W. (1983). Notions of validity in qualitative research methodology. *Knowledge: Creation, Diffusion, Utilization, 5*(2), 147–167.

Rathje, W. L. (1979). Trace measures. In L. Sechrest (Ed.), *Unobtrusive measurement today.* New Directions for Methodology of Social and Behavioral Science, No. 1 (pp. 75–91). San Francisco, CA: Jossey-Bass.

Rathje, W. L., & Murphy, C. (2001). *Rubbish: The archaeology of garbage.* Tucson, AZ: University of Arizona Press.

Richards, L. (2015). *Handling qualitative data* (3rd ed.). London: Sage.

Richards, T. J., & Richards, L. (1998). Using computers in qualitative research. In N. K. Denzin & Y. S. Lincoln (Eds.), *Collecting and interpreting qualitative materials* (pp. 211–245). Thousand Oaks, CA: Sage.

Richardson, L. (2000). Writing: A method of inquiry. In N. K. Denzin & Y. S. Lincoln (Eds.), *Handbook of qualitative research* (2nd ed.). (pp. 923–948). Thousand Oaks, CA: Sage.

Richardson, L., & St. Pierre, E. A. (2005). Writing: A method of inquiry. In N. K. Denzin & Y. S. Lincoln (Eds.), *The Sage handbook of qualitative research* (3rd ed.). (pp. 959–978). Thousand Oaks, CA: Sage.

Richer, M., Ritchie, J., & Marchionni, C. (2009). "If we can't do more, let's do it differently!": Using appreciative inquiry to promote innovative ideas for better health care work environments. *Journal of Nursing Management, 17*(8), 947–995.

Richer, M., Ritchie, J., & Marchionni, C. (2010). Appreciative inquiry in health care. *British Journal of Healthcare Management, 16*(4), 164–172.

Riessman, C. K. (2007). *Narrative methods for the human sciences.* Thousand Oaks, CA: Sage.

Roach, C. M. (2014). "Going native": Aca-fandom and deep participant observation in popular romance studies. *Mosaic, 47*(2), 33–49.

Roberson, D. N. Jr., & Merriam, S. B. (2005). The self-directed learning process of older, rural adults. *Adult Education Quarterly, 55*(4), 269–287.

Robertson, R. V., Bravo, A., & Chaney, C. (2014, online first). Racism and the experiences of Latino/a college students at a PWI (predominantly white institution). *Critical Sociology,* 1–21.

Rossiter, M. (1999). Understanding adult development as narrative. In M. C. Clark & R. S. Caffarella (Eds.), *An update on adult development theory: New ways of thinking about the life course.* New Directions for Adult and Continuing Education, no. 84. San Francisco: Jossey-Bass.

Roulston, K. (2010). *Reflective interviewing: A guide to theory and practice.* London and Thousand Oaks, CA: Sage.

Ruona, W.E.A. (2005). Analyzing qualitative data. In R. A. Swanson & E. F. Holton (Eds.), *Research in organizations: Foundations and methods of inquiry* (pp. 223–263). San Francisco: Berrett-Koehler.

Ruth-Sahd, L. A., & Tisdell, E. J. (2007). The meaning and use of intuition in novice nurses: A phenomenological study. *Adult Education Quarterly, 57*(2), 115–140.

Ryan, J., Rapley, M., Dziurawiec, S. (2014). The meaning of coping for psychiatric patients. *Qualitative Health Research, 24*(8), 1068–1079.

Saldaña, J. (2013). *The coding manual for qualitative researchers* (2nd ed.). Thousand Oaks, CA: Sage.

Salmons, J. (2015). *Qualitative online interviews* (2nd ed.). Thousand Oaks, CA: Sage.

Schatzman, L., & Strauss, A. L. (1973). *Field research.* Englewood Cliffs, NJ: Prentice Hall.

Schensul, J. J., & LeCompte, M. D. (2013). *Essential ethnographic methods: A mixed methods approach. Ethnographer's toolkit, book 3* (2nd ed.). Lanham, MD: AltaMira Press.

Schiffrin, D., Tannen, D., & Hamilton, H. E. (Eds.). (2001). *The handbook of discourse analysis.* Malden, MA: Blackwell.

Schram, T. H. (2003). *Conceptualizing qualitative inquiry.* Upper Saddle River, NJ: Merrill Prentice Hall.

Schreier, M. (2014). Qualitative content analysis. In U. Flick (Ed.), *The Sage handbook of qualitative data analysis* (pp. 170–183). Thousand Oaks, CA: Sage.

Schultz, J. G. (1988). Developing theoretical models/conceptual frameworks in vocational education research. *Journal of Vocational Education Research, 13*(3), 29–43.

Schwandt, T. A. (1993). Theory for the moral sciences; Crisis of identity and purpose. In D. J. Flinders & G. E. Mills (Eds.), *Theory and concepts in qualitative research* (pp. 5–23). New York: Teachers College Press.

Seale, C. (1999). *The quality of qualitative research.* London: Sage.

Seale, C. (2008). Using computers to analyse qualitative data. In D. Silverman & A. Marvasti, *Doing qualitative research* (pp. 233–256). Thousand Oaks, CA: Sage.

Seidman, I. (2013). *Interviewing as qualitative research* (4th ed.). New York: Teachers College Press.

Selltiz, C., Jahoda, M., Deutsch, M., & Cook, S. W. (1959). *Research methods in social relations.* Austin, TX: Holt, Rinehart and Winston.

Siha, A. (2014). Power to the students: Using critical pedagogy to develop and sustain adult basic writing skills. In C. Boden-McGill & K. P. King (Eds.), *Developing and sustaining adult learners* (pp. 51–68). Charlotte, NC: Information Age.

Smith, E. F., Gidlow, B., & Steel, G. (2012). Engaging adolescent participants in academic research: The use of photo-elicitation interviews to evaluate school-based outdoor education programmes. *Qualitative Research, 12*(4), 267–287. doi: 10.1177/1468794112443473

Smith, L. M. (1978). An evolving logic of participant observation, educational ethnography, and other case studies. In L. Shulman (Ed.), *Review of research in education* (pp. 316–377). Itasca, IL: Peacock.

Snelson, C. (2015, online first—September 26, 2013). Vlogging about school on YouTube: An exploratory study. *New Media and Society, 17*(3), 321–339.

Spiegelberg, H. A. (1965). *The phenomenological movement* (Vol. 2). The Hague, Netherlands: Martinus Nijhoff.

Spradley, J. S. (1979). *The ethnographic interview*. New York: Holt, Rinehart and Winston.

Sprow Forté, K. (2013). Educating for financial literacy: A case study with a sociocultural lens. *Adult Education Quarterly, 63*(3), 215–235.

Stake, R. E. (1988). Case study methods in educational research: Seeking sweet water. In R. M. Jaeger (Ed.), *Complementary methods for research in education* (pp. 253–278). Washington, DC: American Educational Research Association.

Stake, R. E. (1995). *The art of case study research*. Thousand Oaks, CA: Sage.

Stake, R. E. (2005). Qualitative case studies. In N. K. Denzin & Y. S. Lincoln (Eds.), *The Sage handbook of qualitative research* (3rd ed.). (pp. 443–466). Thousand Oaks, CA: Sage.

Stake, R. E. (2006). *Multiple case study analysis*. New York: The Guilford Press.

Stake, R. E. (2010). *Qualitative research: Studying how things work*. New York: The Guilford Press.

Stanley, M. (2006). A grounded theory of the wellbeing of older people. In L. Finlay & C. Ballinger (Eds.), *Qualitative research for allied health professionals: Challenging choices* (pp. 63–78). West Sussex, England: Wiley.

Steinbeck, J. (1941). *Sea of Cortez*. New York: Viking Penguin.

Steinberg, S., & Cannella, G. (Eds.). (2012). *Critical qualitative research reader*. New York: Peter Lang.

Stellefson, M., Chaney, B., Ochipa, K., Chaney, D., Haider, Z., Hanik, B., Chavarria, E., & Bernhardt, J. (2014). YouTube as a source of chronic obstructive pulmonary disease patient education: A social media content analysis. *Chronic Respiratory Disease, 11*(2), 61–71.

Stewart, D. W., & Shamdasani, P. N. (2015). *Focus groups: Theory and practice* (3nd ed.). Thousand Oaks, CA: Sage.

Stewart, K., & Williams, M. (2005). Researching online populations: The use of online focus groups for social research, *Qualitative Research, 5*(4), 395–416.

Strauss, A. L. (1987). *Qualitative analysis for social scientists*. Cambridge, England: Cambridge University Press.

Strauss, A. L., & Corbin, J. (1994). Grounded theory methodology: An overview. In N. K. Denzin & Y. S. Lincoln (Eds.), *Handbook of qualitative research*. Thousand Oaks, CA: Sage.

Strauss, A., Schatzman, L., Bucher, R., & Sabshin, M. (1981). *Psychiatric ideologies and institutions* (2nd ed.). New York: Wiley.

Stringer, E. (2014). *Action research* (4th ed.). Thousand Oaks, CA: Sage.

Stuckey, H. L. (2009). Creative expression as a way of knowing in diabetes adult health education: An action research study. *Adult Education Quarterly, 60*(1), 46–64.

Stuckey, H. L., & Tisdell, E. J. (2010). The role of creative expression in diabetes: An exploration into the meaning making process. *Qualitative Health Research, 20*, 42–56.

Taylor, E. W. (2006). Making meaning of local nonformal education: Practitioner's perspective. *Adult Education Quarterly, 56*(4), 291–307.

Taylor, S. J., & Bogdan, R. (1984). *Introduction to qualitative research methods* (2nd ed.). New York: Wiley.

Tedlock, B. (2011). Braiding narrative ethnography with memoir and creative nonfiction. In N. K. Denzin & Y. S. Lincoln (Eds.), *Handbook of qualitative research* (4th ed.). (pp. 331–339). Thousand Oaks, CA: Sage.

Terkel, S. (2001). *Will the circle be unbroken? Reflections on death, rebirth, and hunger for a faith.* New York: Ballantine.

Tesch, R. (1990). *Qualitative research: Analysis types and software tools.* New York: Falmer.

Thaker, S. (2008). *Understanding the role of culture in the health-related behaviors of older Asian Indian immigrants.* Unpublished dissertation, University of Georgia, Athens.

Thaker, S. (n.d.). Interview transcript. University of Georgia, Athens.

Thomas, W. I., & Znaniecki, R. (1927). *The Polish peasant in Europe and America.* New York: Knopf.

Thornton, S. J. (1993). The quest for emergent meaning: A personal account. In D. J. Flinders & G. E. Mills (Eds.), *Theory and concepts in qualitative research* (pp. 68–82). New York: Teachers College Press.

Tierney, W. G. (1993). The cedar closet. *Qualitative Studies in Education, 6*(4), 303–314.

Timmermans, S., & Oh, H. (2010). The continued social transformation of the medical profession. *Journal of Health and Social Behavior, 51*, S94–S105.

Tinkler, P. (2013). *Using photographs in social and historical research.* Thousand Oaks, CA: Sage.

Tisdell, E. J. (2003). *Exploring spirituality and culture in adult and higher education.* San Francisco: Jossey-Bass.

Tisdell, E. J., Taylor, E. W., & Sprow Forté, K. (2013). Community-based financial literacy education in a cultural context: A study of teacher beliefs and pedagogical practice. *Adult Education Quarterly, 63*(4), 338–356.

Tobin, J., & Tisdell, E. J. (2015, online first). "I know down to my ribs": A narrative research study on the embodied adult learning of creative writers. *Adult Education Quarterly,* pp. 1–17.

Tracy, S. J. (2013). *Qualitative research methods.* West Sussex, UK: Wiley-Blackwell.

Treadwell, J. (2012). From the car boot to booting it up? Ebay, online counterfeit crime and the transformation of the criminal market-place. *Criminology and Criminal Justice, 12,* 175–191.

Trotman, D. (2006). Interpreting imaginative lifeworlds: Phenomeno-logical approaches in imagination and the evaluation of educational practice. *Qualitative Research, 6*(2), 245–265.

Tuttas, C. (2015). Lessons learned using web conference technology for online focus groups. *Qualitative Health Research, 25,* 122–133.

Tyler, J. (in press). From spoke to hub: Transforming organizational vision and strategy with story and visual art. *Adult Education Quarterly.*

Uldam, J., & McCurdy, P. (2013). Studying social movements: Challenges and opportunities for participant observation. *Sociology Compass, 7*(11), 941–951.

Underberg, N., & Zorn, E. (2013). *Digital ethnography.* Austin, TX: University of Texas Press.

Valente, J. S. (2005). *The role of self-directed learning in older adults' health care.* Unpublished doctoral dissertation, University of Georgia, Athens.

Van Maanen, J. (1979). Reclaiming qualitative methods for organizational research: A preface. *Administrative Science Quarterly, 24*(4), 520–526.

Van Maanen, J. (1982). Fieldwork on the beat. In J. Van Maanen, J. M. Dabbs, & R. R. Faulkner (Eds.), *Varieties of qualitative research* (pp. 103–151). Beverly Hills, CA: Sage.

Van Maanen, J. (2011). *Tales of the field: On writing ethnography* (2nd ed.). Chicago: University of Chicago Press.

Van Manen, M. (2014). *Phenomenology of practice: Meaning-giving methods in phenomenological research and writing.* Walnut Creek, CA: Left Coast Press.

Vicars, M. (2012). Toward a rhizomatic methodology: How queer! In S. Sternberg & G. Cannella (Eds.), *Critical qualitative research reader* (pp. 468–478). New York: Peter Lang.

Wainwright, S. P., Williams, C., & Turner, B. S. (2006). Varieties of habitus and the embodiment of ballet. *Qualitative Research, 6*(4), 535–558.

Waldron, J. (2013). YouTube, fanvids, forums, vlogs, and blogs: Informal music learning in a convergent on- and offline music community. *International Journal of Music Education, 31*(1), 91–105.

Walford, G. (2001). *Doing qualitative educational work: A personal guide to the research process.* London and New York: Continuum.

Ward, A. (2011). "Bringing the message forward": Using poetic re-presentation to solve research dilemmas. *Qualitative Inquiry, 17*(4), 355–363.

Webb, E., Campbell, D. T., Schwartz, R. D., & Sechrest, L. (1966). *Unobtrusive measures: Nonreactive research in the social sciences.* Chicago: Rand McNally.

Webb, E., Campbell, D. T., Schwartz, R. D., & Sechrest, L. (1981). *Nonreactive measures in the social sciences* (2nd ed. of *Unobtrusive measures*). Boston: Houghton Mifflin.

Webb, E., Campbell, D. T., Schwartz, R. D., & Sechrest, L. (2000). *Unobtrusive measures: Nonreactive research in the social sciences* (revised ed.). Thousand Oaks, CA: Sage.

Weeks, S. (n.d.). Interview. Unpublished transcript, University of Georgia, Athens.

Wenger, E. (1998). *Communities of practice: Learning, meaning, and identity.* New York: Cambridge University Press.

Werner, O., & Schoepfle, G. M. (1987). *Systematic fieldwork: Ethnographic analysis and data management* (Vol. 2). Thousand Oaks, CA: Sage.

Wilensky, A. S., & Hansen, C. D. (2001). Understanding the work beliefs of nonprofit executives through organizational stories. *Human Resource Development Quarterly, 12*(3), 223–239.

Wiles, J. L., Rosenberg, M. W., & Kearns, R. A. (2005). Narrative analysis as a strategy for understanding interview talk in geographic research. *Area, 37*(1), 89–99.

Wolcott, H. F. (1992). Posturing in qualitative inquiry. In M. D. LeCompte, W. L. Millroy, & J. Preissle (Eds.), *The handbook of qualitative research in education* (pp. 3–52). Orlando, FL: Academic Press.

Wolcott, H. F. (1994). *Transforming qualitative data: Description, analysis, and interpretation.* Thousand Oaks, CA: Sage.

Wolcott, H. F. (2003). *The man in the principal's office: An ethnography* (updated ed.). Walnut Creek, CA: AltaMira Press.

Wolcott, H. F. (2005). *The art of fieldwork* (2nd ed.). Walnut Creek, CA: AltaMira Press.

Wolcott, H. F. (2008). *Ethnography: A way of seeing* (2nd ed.). Walnut Creek, CA: AltaMira Press.

Wolcott, H. F. (2009). *Writing up qualitative research* (3rd ed.). Thousand Oaks, CA: Sage.

Wright, R. R. (2008). Research as quest: An autoethnographic exploration of embodied class, intellectual obsession, and the academy. *Journal of Curriculum and Pedagogy, 5*(2), 69–94.

Wright, R. R., & Sandlin, J. (2009). Popular culture, public pedagogy, and perspective transformation: *The Avengers* and adult learning in living rooms. *International Journal of Lifelong Education, 28*(4), 533–551.

Wuthnow, R. (2012). *The God problem: Expressing faith and being reasonable.* Los Angeles: University of California Press.

Yin, R. K. (1984). *Case study research: Design and methods.* Newbury Park, CA: Sage.

Yin, R. K. (2014). *Case study research: Design and methods* (5th ed.). Thousand Oaks, CA: Sage.

Zeki, S. (2000). *Inner vision: An exploration of art and the brain.* New York: Oxford University Press.

Zorrilla, A. (2012). *More than meets the eye: Adult education for critical consciousness in Luis Camnitzer's art.* Unpublished doctoral dissertation, Penn State University-Harrisburg.

索引

國家圖書館出版品預行編目資料

質性研究：設計與施作指南/Sharan B. Merriam,
Elizabeth J. Tisdell著；邱炳坤等譯.
－－初版.－－臺北市：五南圖書出版股份
有限公司, 2018.02
　面；　公分
譯自：Qualitative research: a guide to
design and implementation
ISBN 978-957-11-9530-8 （平裝）

1.社會科學　2.質性研究　3.研究方法

501.2　　　　　　　　　　106024336

1HAC

質性研究：設計與施作指南

作　　　者 — Sharan B. Merriam, Elizabeth J. Tisdell

總校閱者 — 邱炳坤（150.4）

譯　　　者 — 邱炳坤　李俊杰　李欣霓　黃美珍　楊宗文

　　　　　　陳子軒　李建興　陶以哲　楊啟文　高麗娟

　　　　　　姜敏君　顏伽如

發 行 人 — 楊榮川

總 經 理 — 楊士清

總 編 輯 — 楊秀麗

副總編輯 — 黃文瓊

責任編輯 — 陳俐君　李敏華

封面設計 — 姚孝慈

出 版 者 — 五南圖書出版股份有限公司

地　　　址：106台北市大安區和平東路二段339號4樓

電　　　話：(02)2705-5066　　傳　　真：(02)2706-6100

網　　　址：https://www.wunan.com.tw

電子郵件：wunan@wunan.com.tw

劃撥帳號：01068953

戶　　　名：五南圖書出版股份有限公司

法律顧問　林勝安律師事務所　林勝安律師

出版日期　2018年 2 月初版一刷
　　　　　2021年 3 月初版二刷

定　　　價　新臺幣420元

經典永恆・名著常在

五十週年的獻禮──經典名著文庫

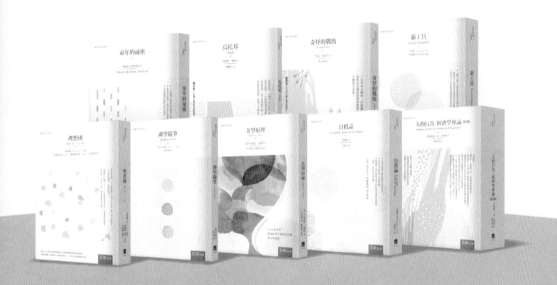

五南，五十年了，半個世紀，人生旅程的一大半，走過來了。
思索著，邁向百年的未來歷程，能為知識界、文化學術界作些什麼？
在速食文化的生態下，有什麼值得讓人雋永品味的？

歷代經典・當今名著，經過時間的洗禮，千錘百鍊，流傳至今，光芒耀人；
不僅使我們能領悟前人的智慧，同時也增深加廣我們思考的深度與視野。
我們決心投入巨資，有計畫的系統梳選，成立「經典名著文庫」，
希望收入古今中外思想性的、充滿睿智與獨見的經典、名著。
這是一項理想性的、永續性的巨大出版工程。
不在意讀者的眾寡，只考慮它的學術價值，力求完整展現先哲思想的軌跡；
為知識界開啟一片智慧之窗，營造一座百花綻放的世界文明公園，
任君遨遊、取菁吸蜜、嘉惠學子！